옥한흠, 일상을 말하다

자존심을 지키며 다르게 사는, 성도의 즐거움

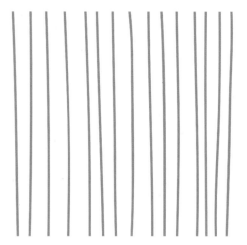

옥한흠, 일상을 말하다

옥한흠 지음

하온

• • • • 옥한흠 목사님의 설교가 힘이 있는 이유는 철저한 연구와 준비가 있는 설교였기 때문이고, 그리고 전하신 말씀대로 사시려고 몸부림치셨던 삶이 있었기 때문입니다. 지금도 간혹 목사님의 설교를 들을 때면 이 두 가지 사실을 떠올리며 마음이 먹먹해질 때가 있습니다.

이런 점에서 옥 목사님의 강의를 담은 책이 발간되니 기쁘고 감사합니다. 이 책은 그리스도인과 일상의 여러 문제를 심도 있게 다룬 희귀한 자료인 동시에, 목사님의 스피릿과 육성을 생생히 들을 수 있다는 점에서 참 귀합니다. 이 책을 통해 진리를 대하시는 옥한흠 목사님의 진지한 모습을 느낄 수 있으리라 기대하며 추천합니다.

이찬수 _ 분당우리교회 담임목사

• • • • 강남 지역 "연합신앙강좌"는 두 가지 중요한 키워드를 가지고 있었습니다. 하나는 분열된 교회의 연합이고, 또 하나는 세속화되어 가는 교회 안의 바른 신앙 정립이었습니다.

이 강좌는 개교회주의에 함몰되어 경쟁하듯 목회하던 시대에 교회와 목회자들이 연합하는 모습을 보여주는 귀한 시도였습니다. 교단이 다르고 각각의 목회자가 추구하는 색깔은 달랐지만, 복음주의라는 공통점을 중심으로 함께 연합하여 한국 교회의 유익을 구했습니다. 동시에 세상 속에서 그리스도인의 정체성을 잃지 않고도 성숙한 시민으로 살아가는 신앙적 태도를 설명하고 가르쳐주기 위해 지혜를 모았습니다.

옥 목사님의 가르침에는 구태의연한 사고(思考)의 틀을 깨고 새롭게 생각하고 행동하도록 도전하는 힘이 있습니다. 이 강좌는 1980년대에 있었지만, 옥 목사님의 통찰은 오랜 시간을 뛰어넘어 오늘을 살아가는 우리에게도 자신을 되돌아보며 반성하게 합니다. 작금의 코로나 상황 속에서 세상 사람들에게 뭇매를 맞고 있는 한국 교회가 다시 귀담아 들어야 할 메시지가 담겨 있습니다. 일상 가운데 제자도를 붙들고 작은 예수로 살아가자고 외치는 옥한흠 목사님의 목소리에 우리 모두 귀 기울일 수 있기를 바라며 이 책을 추천합니다.

김명호_ 대림교회 담임목사

•••• 옥한흠 목사님의 일대기를 영화로 만들면서, 김명혁 원로 목사님(강변교회)을 만난 일이 있었다. 그때 1982년부터 1989년까지 서울 강남 지역 다섯 교회가 함께했던 "연합신앙강좌"에 대해 말씀하셨는데 이후 손봉호 장로님도 옥한흠 목사님을 추억하며 당시 함께했던 이 강좌를 언급하셨다. 다섯 교회는 사랑의교회(옥한흠 목사), 남서울교회(홍정길 목사), 할렐루야교회(이종윤 목사), 강변교회(김명혁 목사), 서울영동교회(손봉호 장로)였다.

두 분은 옥한흠 목사님의 강의를 회상하면서, 강의를 위해 실로 엄청나게 준비하셨음을 단박에 느꼈다고 하셨다. 나 역시 원고를 읽는 동안 옥 목사님의 열정과 함께, 일상에서도 복음으로 살아가는 원리와 방법을 나누어주시려고 얼마나 고민하셨는지 확인했다. 그동안 목사님의 책을 적지 않게 읽었지만, 개인적으로 이런 주제를 다룬 책이 참 좋다. 누구나 궁금해하는 부분을 알려주고 복음적인 해결책까지 주기 때문이다.

목사님은 성도들이 일상에서 궁금해하지만, 목회자들에게 차마 물어보지 못하던 가려운 부분을 기막히게 알고 계셨다. 이제 갓 믿음 생활을 시작한 새 가족에게 좋은 길잡이가 될 것이다. 그리고 청년과 평신도들이 꼭 읽었으면 한다. 매우 쉽게 쓰였지만 아주 중요한 주제들을 다루고 있다. 개인적으로 섬기는 공동체에서 성도들이 궁금해하는 부분도 만날 수 있었다. 마치 옥한흠 목사님을 만나 직접 배우는 듯한 특별한 체험이었다.

김상철_〈제자, 옥한흠〉영화감독

이 책에 수록된 저자의 글은 1982년부터 1989년까지 서울 강남 지역의 다섯 교회에서 "연합신앙강좌"라는 이름으로 주제별로 진행되었던 신앙 수련회에서 옥한흠 목사가 맡아 전했던 원고만 따로 모아 정리한 것이다.

연합신앙강좌는 개교회주의를 극복하고, 건강한 교회 연합 운동의 작은 불꽃이 되기를 바라며 강변교회(1회)를 시작으로, 뜻을 같이하는 목회자와 신학자 총 10명이 모여 교회를 돌아가면서 12회까지 개최했다. 다섯 교회는 같은 교단에 속해 있지 않았음에도 연합하여 기쁨으로 동역했다. 각각의 주제와 장소와 일시는 아래와 같다.

1회. 현대와 크리스천의 삶 (강변교회, 1982년 1월 21~23일)

2회. 현대와 크리스천의 신앙 (영동교회, 1982년 4월 22~24일)

3회. 현대와 크리스천의 사명 (남서울교회, 1982년 7월 1~3일)

4회. 한국 교회의 종교개혁 (할렐루야교회, 1982년 10월 28~30일)

5회. 현대교회와 성령 운동 (사랑의교회, 1983년 3월 3~5일)

6회. 현대교회와 결혼 문제 (강변교회, 1983년 5월 12~14일)

7회. 현대교회와 봉사생활 (영동교회, 1983년 10월 13~15일)

8회. 한국 교회와 제사 문제 (할렐루야교회, 1984년 1월 12~14일)

9회. 바람직한 교회 형태 (사랑의교회, 1985년 5월 2~4일)

10회. 현대와 크리스천의 윤리 (남서울교회, 1986년 5월 22~24일)

11회. 현대교회와 국가 (강변교회, 1988년 3월 3~5일)

12회. 한국 교회와 세계 선교 (영동교회, 1989년 1월 12~14일)

8년 동안 열두 번 진행된 연합 강좌는 한국 교회가 선교 100주년을 맞이하여 자신을 돌아보고 반성하며 한 단계 성숙하기 위해 몸부림친 흔적이자 역사이다. 당시 기독교와 그리스도인이 당면한 시대적이고 실제적인 문제들을 하나하나 솔직하고 진지하게 성경으로 풀어가려고 애썼다. 특히 평신도가 관심 있게 묻지만, 분주한 교회 사역으로 깊이 있게 나눌 수 없었던 실제적인 이야기가 풍성하고 구체적으로, 균형 있게 다루어졌다. 강사 목회자들은 각 회를 거듭할수록 신학적인 면밀함과 목자의 따뜻한 가슴으로 각각의 주제에 관해 성경적으로 올바로 검토해서 최선의 대답을 내놓고자 애썼으며, 이러한 과정에서 성도들의 이해력과 분별력은 크게 확장되었다.

1980년대 당시 하나님의 불을 받아 함께 은혜를 나누던 현장을 머릿속에 그려보면서 읽는다면 독자들은 하나님의 경륜과 마음을 더 깊이 경험하게 될 것이다. 본문에 인용된 성경 구절은 당시에는 개역한글판이었으나 모두 《개역개정》(4판)에 따라 수정했음을 밝혀둔다.

1부

성도의 일상생활

1

별세한 조상과
그리스도인의 양심

그리스도인들이 제사를 지내도 되는가 하는 질문을 받으면 일반적으로 부정적인 견해를 보이는 것이 현실입니다. 곤욕을 치르는 초신자들을 돕기 위해 제사 문제를 현실적으로 합리화하려는 노력도 없지는 않지만, 성경적으로 시원한 대답을 찾기는 쉽지 않습니다. 제사가 민중 관습에 속한 제도인지 아니면 종교적 신앙에 속하는 것인지에 대해서는 아직 토론의 여지가 많습니다. 그러나 이 두 가지는 불가분의 관계가 있으므로 아무리 부모 공경을 위한 단순한 의식이라고 주장하더라도 일단 거기에 이교나 미신적 배경이 있음이 밝혀진 이상 교회에서 그것을 용납할 수는 없습니다. 제사가 단순히 부모 공경 의례가 아니요, 일종의 종교적 신앙이라는 사실은 이미 율곡 선생도 밝힌 바 있고, 민속문화를 연구한 최길성 교수도 분명히 말하기를 제사는 사자(死者) 숭배이며, 그 뒤에는 일종의 우상적인 요소가 깔려 있다고 밝혔습니다.

유교와 무속 신앙 사이의 차이점을 알아보자면, 유교는 죽은 자를 숭배하는 데 있어 자기 조상에게만 제한을 두고, 무속은 죽은 자는 누구나 숭배의 대상이 될 수 있다고 봅니다. 그 대상이 조상이든지 죽은 자 전부든지 간에 일단 신앙의 대상이 되면 사자는 신이 될 수도 있고, 망령도 될 수 있고, 귀신도 될 수 있습니다.

일반적으로 제사 지내는 사람 마음에는 돌아가신 부모님을 잘 모시면 자손이 복을 받고, 잘못 모시면 저주를 받는다는 강박관념이 있습니다. 그 밑바닥에는 죽은 조상을 가정의 보호자로 모시는 종교 심리가 다분히 깔려 있습니다. 따라서 제사에는 '예배한다', 즉 '신을 달랜다'는 것과 '사랑한다', '두려워한다'는 감정이 복합적으로 작용합니다. 이렇게 놓고 볼 때 기독교에서 제사라는 용어를 쓰는 것은 도무지 어울리지 않는다고 해야 합니다.

그러나 현실적으로 보면 한국이 동양 문화권에 속해 있으므로 제사 문제는 예수 믿는 사람들에게나 믿기를 원하는 사람들에게 모두 실제적인 문제가 됩니다. 저는 이 문제를 별세한 조상에 대한 의례원칙과 그에 따른 실제적인 문제를 살펴보는 것에 한정하여 살펴보려 합니다.

별세한 조상에 대한 의례원칙

사람은 임종하는 순간부터 '별세한 조상'이 됩니다. 별세하면 입관하고 장례식을 치릅니다. 그다음에 3일 만에 가는 삼우제와 연중에 성묘 가는 것과 기일을 기억하면서, 안 믿는 사람은 제사를 지내고 믿는 사람은 추도예배를 드립니다. 그런데 지금까지 교회에는 이런 의식을 공식화하는 절대적인 의례원칙이 없었습니다. 개별 교회마다 나름의 절차를 만들어 시행해 왔을 뿐입니다. 여기에 문제점이 전혀 없는 바가 아닙니다. 이런 상황에서 조금이나마 도움이 되는 의례원칙을 몇 가지 정리해 살펴보겠습니다.

첫째, 성경에는 별세한 사람에 대하여 교훈하는 말씀이 직접적으로 나타나 있지 않습니다. 다시 말하면, 실제로 '이렇게 하라'는 식의 명령을 하는 곳이 없습니다. 그렇게 보면 기독교는 동양 문화권에 속한 종교와는 거리가 멀어 보입니다. 기독교의 인격론은 살아 있는 사람에게 한정됩니다. 그러므로 죽은 자에 대하여 어떻게 인격적인 대우를 할지에 관한 교훈이 성경 안에 있을 리 없습니다.

둘째, 각자 처한 상황에 따라 처리하는 융통성이 있습니다. 성경에 죽은 자를 위한 절대적인 기준이 없다는 말은 다양한 문화와 각자 상황에 따라 그 문제를 자유스럽게 다룰 수 있다는 의미도 됩니다. 예를 들면, 가족이 세상을 떠나 가정예배를 드릴 때 간단히 준비하는 사람도 있지만, 대단히 거창한 의식을 행하기도 합니다. 또 발인할 때 관 앞에서 유가족과 조객이 모여 예배를 드리고 운구하는 것이 일반적인데, 어떤 사람들은 특별히 마당에 관을 내놓고 모든 사람이 둘러서서 복잡한 의식을 치르면서 관 위에 꽃 한 송이씩을 차례로 얹어 놓는 헌화 같은 의식을 매우 중시하기도 합니다. 이런 일들은 각자가 은혜롭다고 생각하는 방식에 따라 결정할 수 있는 절차이므로 아무도 '왜 그렇게 하느냐'라고 따질 권리가 없습니다. 그러므로 장례식과 거기 따르는 제반의식은 전통과 편의에 따라 각자 자유롭게 만들어 융통성 있게 시행할 수 있습니다.

셋째, 이교적인 것은 일단 배제해야 합니다. 다른 종교에서 유래된 것은 그 형태가 신을 섬기는 것이든, 부모를 공경하는 것이든 간에 따르지 않는 것이 신앙적입니다. 흔히 다른 종교가 고집하는 의례를 교회에서 끌어다가 모방할 이유가 전혀 없습니다. 김태봉 목사의 말처럼, 오늘날 죽은 자를 위해 교회에서 행하는 의식 가운데 예배를 제외하고는 이교적인 요소를 내포하는 부분이 상당히 많다는 지적은 크게 잘못된 것이 아닙니다. 예를 들어, 기독교식 장례 절차 중인데도 하관식 때 동남을 주장하거나 정동을 주장하는 것은 풍수지리설을 고집하는 데서 생기는 것이므로 이런 일은 일단 배제하는 것이 좋습니다. 또 향을 피우는 것도 유교적입니다. 그 자체는 잘못이 아닙니다. 악취가 나기 쉬우므로 향을 피울 수도 있습니다. 그러나 이는 유교적 배경을 가진 행위이므로 일단은 고려해야 합니다. 그리고 같은 이유에서 촛불도 특별한 이유가 없는 한 켜지 않는 것이 좋습니다.

또 한 가지 생각할 것은 세상 떠나신 분에게 자녀로서 굴건제복(屈巾祭服)하는 문제입니다. 삼베로 상복을 요란하게 만들어 입는다든지, 또 맨발에 머리를 풀고 굴건제복하고 엎드려 곡을 하는 것은 어떻게 보면 덕스럽다고 할 수 있을지 모릅니다. 요즘 세상에는 부모님이 세상을 떠나도 우는 사람이 별로 없어서 그런 행위가 미덕으로 비칠 수 있습니다. 인정이 메마른 삭막한 세상에서 겉으로라도 슬픈 태도를 보이는 것은 좋은 인상을 줍니다. 그러나 그와 같은 의식이 철저하게 유교적인 배경을 가지고 있다는 데 어려움이 있습니다.

결국, 우리 처지에서는 유교에서 왔든, 무속신앙에서 전해졌든 간에 이교적인 요소를 가진 것이면 교회 의례에서는 모두

다 피하는 것이 좋겠다는 결론을 내릴 수밖에 없습니다.

넷째, 우상을 섬기는 요소가 있다면 철저하게 배제해야 합니다. 죽은 자에 대해 예배의 대상이 될 만한 요소를 남겨 두는 것은 교회에서 있을 수 없습니다.

다섯째, 다른 종교에서 행하는 의례를 기독교적인 것으로 대체해야만 한다는 사고방식에서 벗어나야 합니다. 좋은 예가 삼우제(三虞祭)인데 불신자들이 한다고 해서 이것을 기독교적으로 바꾸려는 사고방식 자체를 재고해야 합니다. 대치 혹은 대용하는 과정에서 유혹에 빠질 수 있기 때문입니다. 그리고 꼭 3일날에 묘지에 갈 필요 없이 장의사에 문의해서 묘가 다 되었으면 5일이나 7일 후에 한 번 가보면 됩니다. 삼우제를 예배로 대치하고, 그날을 굳이 고집한다면 어떤 면에서 우리가 마귀에 걸려들었다는 인상을 남길 수 있습니다. 성도는 3일이라는 날짜에 매일 필요가 없다고 생각합니다.

여섯째, 양심에 고통을 주지 않는 범위에서 해야 합니다. 사도 바울은 범사에 양심을 따라 주를 섬겼다고 말했습니다. 이것을 할 수도 있고 저것을 할 수도 있지만, 그러나 두 가지를 놓고서 양심에 고통을 받지 않는 범위 안에서 해야 합니다. 좋은 예로 부모님이 돌아가셔서 상을 치르는 동안 안 믿는 친구들이 찾아오거나 부모님의 친구분들이 오셔서 술을 달라고 할 때 허용하고 안 하고는 양심이 결정할 문제입니다. 교회에서는 술을

옥한흠, 일상을 말하다

사용하지 말라고 율법화하지는 않습니다. 만약 그것을 사용하면서 양심에 계속 고통을 느낀다면 사용하지 않는 것이 신앙적입니다. 양심에 고통을 받으면서까지 남을 위해 희생할 필요는 없습니다.

또 사치스러운 장례식도 양심의 문제가 될 수 있습니다. 예수님의 이름으로 구제해야 할 대상인 헐벗고 가난하고 병든 자를 위해서는 돈 쓰기를 몹시 꺼리던 사람이 돌아가신 분을 위해서는 장례와 매장 비용에 몇 천만 원을 들인다는 것은 그의 양심에 가책을 받게 하는 일이라고 생각합니다. 이런 경우에는 각자가 자기 신앙 양심에 따라 해결해야 합니다.

일곱째, 별세한 부모에 대해 하는 모든 의례는 예우(禮遇)와 추도라는 개념 안에서 다루어져야 합니다. 자녀로서 부모에게 예의를 지키고 부모님의 은혜와 유업을 기억하면서 추모하는 성격이어야 합니다. 세상을 떠난 부모의 장례에 자녀 된 자들이 정성을 바치는 이유는 예우에 있지 다른 것은 아닙니다. 추도식은 부모에 대한 추모 때문에 지키는 것뿐입니다.

마지막으로, 모든 것이 하나님께 영광이요 또 우리에게는 은혜가 되도록 해야 합니다.

이처럼 여덟 가지 원칙을 놓고 나름대로 판단해서 처리한다면 큰 과오를 범하지는 않을 것입니다.

실제적인 몇 가지 문제

이제부터 실제적인 문제를 다루어보겠습니다. 대부분 교회가 제사에 대한 구체적인 지도를 전혀 하지 않고 있습니다. 서울에 있는 몇몇 교회를 대상으로 한 앙케트 조사 결과, 제사에 대해서는 대부분 부정적인 반응을 보이면서도 과도기 상황을 인정해야 한다는 점에서 단서를 붙인 교회가 한두 곳 있었습니다. 즉, 전체 분위기가 예수 믿지 않는 가정에서는 한두 해 정도는 전통적인 의식대로 따라가다가 점차 추도예배로 바꾸도록 지도하는 게 바람직하다는 것입니다. 그러나 이런 방법이 얼마만큼 효과를 보았는지는 모르지만 그보다는 처음부터 선을 분명히 그어 지도하는 것이 좋다고 생각합니다.

영락교회는 장례식과 기타 의례준칙을 그런대로 갖춘 교회입니다. 그 교회에서 교인을 지도하는 내용을 소개해보면, 별세한 부모에 대한 의례는 임종부터 시작됩니다. 병자가 위독한 상태에 빠지면 병원에 입원했던 환자라도 지체 말고 가정으로 옮기고 침착하게 다음 사항을 지켜야 합니다.

첫 번째, 임종을 앞두고 가족들은 울지 말고 침착하게 찬송하면서 성경 말씀을 들려줍니다. 또 우리 죄를 대신해 십자가에 달려 돌아가신 예수 그리스도를 기억하며 하나님 나라의 길을 환하게 볼 수 있도록 적극 도와야 합니다. 육체의 기관 중에서 마지막까지 남는 것이 청각이라고 합니다. 의사가 의식이 없다고 진단했더라도 죽어가면서 말은 듣는 경우가 많습니다. 그러므로 상대방이 대답하지 못해도 계속 찬송을 부르고, 성경을 읽어주어 마지막까지 승리하도록 돕는 것이 바람직합니다.

두 번째, 병자가 임종하기 직전에 확인할 것이 있으면 자세히 물어 그 내용을 명확하게 해야 합니다. 녹음기가 있으면 꼭 녹음을 합니다. 병자가 운명하면 지체 없이 탈지면으로 코와 귀를 막습니다. 보통 운명할 때는 입을 벌리는데 입을 다물게 하고 턱밑을 뭔가로 받칩니다. 그리고 베개를 조금 높이고, 몸이 굳어지기 전에 손과 발을 똑바로 하여 자연스러운 자세가 되도록 합니다. 이렇게 하고 나서 침착하게 교회의 지시를 기다립니다. 교회 연락이 끝나면 가족들은 검소한 옷으로 갈아입고 부인들은 요란한 화장도 지웁니다. 그래서 사람들이 왔을 때 부모님이 세상을 떠난 것에 대한 애도와 슬픔을 드러내도록 하는 것이 예의입니다. 신자의 가정에서는 맨발 차림에 머리를 푼다든지, 곡을 한다든지 하는 일은 삼가야 합니다.

그다음 일은 보통 기독교 상조회에 맡기는데 어떤 교회는 교역자들이 직접 수의를 입히고 입관하기도 합니다. 그러나 요즘은 기독 상조회가 전문화되어 있으므로 그런 사람에게 맡기는 것이 좋습니다. 그리고 입관 준비나 장례식은 전적으로 교회에 일임하면 됩니다.

신자는 특별한 상복을 입거나 상장 혹은 굴건제복은 하지 않는 것이 좋습니다. 다만 남자는 검은색 양복과 검은색 넥타이를 하는 것이 점잖고 좋습니다. 서양에서는 통일된 스타일입니다. 모든 것이 검은색으로 준비되면 좋지만 그렇게 준비가 안된 상태라면 평상복에 검은색 넥타이 정도는 매야 합니다. 아니면 장식용 검은 리본 같은 것을 사용해도 됩니다. 여기서 저 집은 저렇게 했는데 나는 이렇게 하면 욕하지 않을까 하는 생각은 안 해도 됩니다. 그것을 율법으로 정해 강요하는 사람은 없습니다. 이렇게도 저렇게도 하는 것입니다. 돌아가신 분을 진심으로 애도하는 마음으로 하면 됩니다. 여자 상주도 마찬가지로 백색이나 검은색 옷을 아래 위로 입거나 또 평상복으로 할 때는 머리에 상표(喪表)를 붙이는 것이 좋습니다.

영구 앞에는 세상 떠난 분의 모습을 담은 사진과 그분이 사용하던 성경, 찬송과 생화를 준비합니다. 생화를 쓰는 유래가 어디서 왔는지 모르지만, 상당히 깨끗하고 여러 면에서 촛불이나 향보다 좋아 보입니다. 그래서 예수 믿는 가정에선 일단 사람이 세상을 떠나면 분향 대신 헌화를 하도록 하는 편이 훨씬 은혜스럽습니다. 그렇지만 그것도 꼭 분향을 못하니 대체할 뭔가가 있어야 한다는 강박관념에서 그렇게 되어서는 안 됩니다. 조의를 표하는 의도에서 만족해야 합니다.

다음으로 절하는 문제에 대하여 생각해봅시다. 신자의 가정에서 시체를 향해 절하는 것은 삼가야 합니다. 그것은 우상의 요소를 갖고 있으므로 절하는 것 자체가 잘못입니다. 그리고 다른 조문객도 절하지 않도록 해야 합니다. 어떤 경우는 안 믿는 사람이므로 절하도록 허용한다는 가정도 있는데 그것은 좋지 않다고 생각합니다. 옳지 않다고 생각하는 것을 남이 하도록 그냥 두는 것이 신자에게 적합한 양심은 아니기 때문입니다. 들어가서 조용히 서서 혹은 무릎 꿇고 묵념을 하는 것으로도 충분한 애도 표현이 가능합니다.

또 한 가지 주의할 것이 있습니다. 기도할 때 "오, 하나님! 이 죽은 사람이 꼭 천당에 들어갈 수 있도록 도와주시옵소서"라는 얼빠진 기도는 할 필요가 없습니다. 고인을 위한 불필요한 기도 대신에 "주여! 남은 가족이 하나님 영광을 위해 살 수 있도록 도우소서"라고 기도하는 것이 신자의 올바른 태도입니다. 그렇게 하고 나서 상주들과 절이나 악수를 하는 것이 보통입니다. 간혹 일부는 예수를 믿고 일부는 예수를 안 믿는 경우, 유교식도 아니고 기독교식도 아닌 이상한 분위기 속에서 진행되어 당황스러울 때도 있습니다. 이럴 때 앞사람이 관 앞에서 절을 한다고 하여 따라 하지 말고 신자가 취해야 할 본분을 지키는 것이 옳다고 생각합니다.

상가에서 주류 사용은 일체 금하는 것이 좋습니다. 그리고 교역자들이 가족을 위해 발인할 때까지 함께해주는 것은 교회

규례대로 하면 되는데, 매일 한 번씩 가서 예배드리는 경우도 있고, 밤낮 가서 드리거나 세상 떠났을 때 한 번, 발인할 때 한 번 하는 식으로 끝나기도 합니다. 장례 시 삼일장이냐 오일장이 냐 하는 문제도 준비 기간 때문에 삼일장을 많이 하는데 이것도 지나치게 날짜에 사로잡히면 유교적인 사고방식을 벗어나지 못하는 나약성을 드러내기 쉽습니다. 그러므로 상을 당한 가정의 형편에 따라 하는 것이 좋습니다. 하관 예배를 드리는 것은 교역자에게 맡기면 됩니다.

추도예배, 이렇게 준비하라

이제부터 추도예배에 관한 문제를 언급하고자 합니다. 추도예배를 드릴 때 식구가 먹기 위한 상은 좋지만, 죽은 자를 위하여 차리는 상은 허용할 수 없습니다. 그리고 몇 년 동안 추도예배를 드려야 하는가는 규정이 없으므로 가정의 사정에 따라 하면 됩니다. 일반적으로는 3년 정도만 드리고 계속 여부는 가족이 의논해서 합니다. 추도예배 인도자는 교역자가 하면 좋으나 예수를 오래 믿고 신앙이 제대로 잡힌 가정에서는 가장이 자녀들과 친지들을 불러놓고 예배드리는 것이 좋습니다. 예배를 드린 후 떠나신 분을 추모하면서 녹음기의 육성을 듣든지 사진

첩이나 영상에 담은 모습을 다시 내어본다든지 하여 고인이 남기고 간 여러 은혜로운 이야기들을 나누어 자녀들에게 가정의 뿌리를 분명하게 인식시키는 기회로 삼습니다.

추도 시에 지방(紙榜)만 붙이지 않으면 상을 차려놓고 절해도 된다고 가르치는 교회가 있으나 그것은 상황 윤리를 따르는 것이 아닌가 합니다. 그런 식으로 가르치면 제사 문제로 고통당하는 사람들에게는 좋게 들리겠지만 연약한 신앙 양심에 바람직하지 못한 결과를 가져옵니다. 죽은 자의 혼을 예배했다는 가책을 어떻게 피할 수가 있겠습니까? 이런 문제는 처음부터 확실히 해두는 것이 좋습니다.

전통적인 기독교 가정은 독자적으로 추도식을 하고, 새로 예수 믿고 돌아온 가정에서는 추도일이 돌아오면 교역자가 도와주는 것이 바람직합니다. 그들은 아무것도 모르므로 조상을 숭배하다가 갑자기 중단하면 조상이 저주를 내려 가정에 우환이 생길지 모른다는 불안감을 안고 있기도 합니다. 그러므로 일주기 추도식은 교역자가 가족들과 함께 예배드리고 위로하고 격려하는 것으로 합니다.

또 혼성가정, 즉 반은 예수 믿고 반은 안 믿는 가정에서 한쪽은 제사 지내려고 하고 한쪽은 안 된다는 경우가 있습니다. 이럴 때는 항상 강한 쪽이 이깁니다. 강하다는 것이 꼭 극단적인 대립을 의미하는 것은 아닙니다. 이것은 기도하면서 깊이 생각해야 할 문제입니다. 과거에 우리 선조들은 이런 문제로 순교를 당한 일도 있습니다. 그러므로 상대방이 내 신앙을 시험하려고 고의로 이 문제를 들고나온다면 양보해서는 안 됩니다. 그러나 불신 가족이 그런 악의에서가 아니고 순수하게 제사를 지내야 하겠다고 고집한다면 하는 대로 두는 것도 나쁘지 않다고 생각합니다.

그러나 그들과 함께 제사 행위에 동조하는 것은 삼가야 합니다. 음식 만드는 데 같이 거드는 정도는 괜찮습니다. 한 가족으로서 가사를 함께 돕는 행위까지 정죄할 수는 없습니다. 불신 가족의 눈에 비친 그리스도인이 너무 융통성 없고 까다롭기만 하다면 가족에게 구원의 복음을 전할 가능성은 더 희박해집니다. 그러므로 도울 일은 열심히 해주는 것이 더 은혜롭다고 생각합니다. 열심히 도와주고, 할 일은 다 하되 정식으로 제사 지내는 자리는 피하는 것이 좋습니다.

여기서 실제적인 예화를 하나 드는 것이 이해에 도움이 될 것입니다. 전라도 지방이 고향인 어느 완고한 가정 출신의 집사 이야기입니다. 그분은 1년에도 여러 차례 제사 지내는 가정에서 태어났지만 형제 중 처음으로 부부가 예수를 믿게 되었습니다. 서울에 살았지만, 제사 때는 꼭 내려가야 했습니다. 엄격한 유교 사상이 배인 가정이라 제사를 무시한다면 가문과 인연을 끊어야 하는 형편이었습니다. 그래서 제사 때마다 부부가 내려가 제사준비를 하는 데에는 손을 아끼지 아니하고 도왔습니다. 더 많은 경비를 부담하면서 그렇게 했습니다. 그러고서 제사상 앞에 서서 배례해야 하는 순서가 되면 절하는 대신 조상을 추모하는 의미에서 머리를 숙여 기도했습니다. 엎드려 절을 하는 형제들 틈에서 그분은 뻣뻣하게 서 있었습니다. 처음에는 견디기 어려울 정도의 위협과 구박을 받았으나 절대로 굽히지 않았습니다. 그러면서 연중에는 형제들 생일 때마다 예의를 지켜 정성껏 축하해주고, 다른 형제들이 생각하지 못하는 상세한 부분까지 배려하면서 사랑을 표현했습니다. 사랑으로 헌신하면서도 진리는 고집하는 전도 전략으로 인내한 결과 10년의 세월이 흐르면서 전 가문이 예수 믿고 돌아오게 되었습니다.

이와 같은 처신은 어떤 면에서 지혜라고 생각합니다. 물론, 처음부터 대결하여 싸우는 방법도 있습니다. 그러나 상대방이 기독교를 전혀 모르는 상태에서 그들과 정면 대결한다고 하여 그들이 제사를 지내지 않을 것도 아니므로 이런 상황에서는 기도하면서 지혜롭게 처신하는 것이 좋다고 생각합니다.

한 가지 예를 더 들고 끝맺겠습니다. 10년 전 일입니다. 불신 가정에서 처음 예수 믿은 한 대학생이 성경과 찬송을 가지고 교회 가면 부모가 야단을 치니까 교회에서 집에 갈 때는 친구 집에 맡겨놓고 빈 몸으로 들어갔다가 또 올 때는 그 친구 집에 가서 가지고 나오곤 했습니다. 그리고 제삿날이 돌아오면 항상 부모와 정면충돌했기에 제삿날 이틀 전부터는 아예 잠적을 해버렸습니다. 그래서 학생은 단기적으로는 싸움에서 이길 수 있었습니다. 10년이 지난 지금에 와서 보면 그 학생이 잘했다고 생각합니다. 처음부터 적당히 했더라면 굽힐 수밖에 없었습니다.

그렇지만 정면충돌만이 능사는 아니므로 특별한 상황에서는 기도하면서 하나님이 지혜 주시는 대로 처신해야 합니다. 한 가지 분명한 것은 타협은 있을 수 없다는 사실입니다. 진리와 양심은 끝까지 굽혀서는 안 됩니다. 처음에는 많은 장애가 있겠지만 결국은 승리한다는 신념으로 제사 문제에도 임해야 합니다.

●1984년 1월, 강변교회

2

성 문제:
상황 윤리를 넘어서려면

/

'현대는 성 개방의 시대'라는 말을 흔히 듣습니다. 이전의 우리
사회에는 '남녀칠세부동석'(男女七歲不同席)이란 엄격한 도덕관
이 있었습니다. 지금으로부터 50년에서 60년 전까지만 해도 조
상의 윤리와 도덕을 지배하던 유교 관념이 이제는 점차 타락하
여 현재의 성 개방 풍조에까지 이르게 되었습니다.

　　미국을 보더라도 청교도 정신이 풍미하던 2~3백 년 전까
지는 성 윤리가 엄격하게 유지되어 왔습니다. 당시 사회에는 오
늘날 현대인의 양식으로는 이해하기 힘들 정도로 융통성이 전
혀 없어 보이는 윤리관이 팽배해 있었습니다. 구체적으로 말하

자면, 주일에는 부부관계를 허용치 않고 성적인 어떤 행위도 용납지 않았습니다.

당시 어떤 기록을 보면 사회상의 단면을 잘 알 수 있습니다. 켐벨이라는 선장이 3년 만에 귀향했는데 마침 그날이 공교롭게도 주일이었습니다. 부인은 주일도 아랑곳하지 않고 너무 반가워서 마당으로 뛰어나가 남편을 끌어안고 입을 맞추었습니다. 그런데 그 사실이 당시 윤리에 어긋나 부인은 죄인의 몸으로 수갑을 차고 감옥에 갇혀야 했다는 내용입니다.

이런 실화가 현대인에게는 어떻게 받아들여질까요? 성 개방 시대인 오늘날, 켐벨 부인 이야기는 전설 같은 에피소드로 기이한 흥밋거리가 되기에 충분한 소재입니다.

확산되는 성 개방 풍조

세월의 흐름에 따라 미국 사회의 가치관도 크게 변했습니다. 가장 획기적인 일은, 1957년에 미국의 최고 재판소에서 성(性)을 자유롭게 표현하는 외서(猥書)를 법으로 규제하는 것이 헌법 정신에 어긋난다는 판결을 내린 것입니다. 그때부터 성의 물결이 봇물 터지듯 밀어닥치기 시작했습니다.

이 분야에서 선구적인 역할을 한 사람이 있으니 《플레이보이》설립자인 휴 헤프너입니다. 그는 주제넘게도 이렇게 말했습니다. "순결을 주장하는 것은 억압의 다른 표현이다. 억압은 어떠한 형태든 해롭다. 순결을 지키려다 정신적인 억압을 당하기보다는 순결을 포기하는 것이 현대인에겐 지혜로운 일이다."

그 여파는 곳곳에서 정말 심각하게 나타나고 있습니다. 다른 서구 지역도 마찬가지지만 특별히 미국 사회의 통계를 보면 7분에 1명꼴로 추행 사건이 일어나고, 결혼한 두 쌍 중의 한 쌍이 이혼하고, 이혼한 두 쌍 중 한 쌍이 정상이든 비정상이든 재혼을 하는 혼란에 빠지고 있습니다.

서구 사회를 여행하다 보면 조그마한 시골 상점에도 외설 잡지가 공공연히 진열되어 있습니다. 십 대 청소년도 언제든 원하기만 하면 잡지를 펴놓고 볼 수 있는 심각한 상황입니다. 또 돈을 주고 가입하면 전화를 통해 갖가지 추잡한 말과 저속한 음향, 퇴폐적인 음악을 들을 수 있습니다. 비디오카세트는 얼마든지 구할 수 있으며 성행위 장면을 상영하는 영화라든지, 또 그와 같은 행위를 실제로 보여주는 지하 클럽 등이 있다는 것은 미국 사회에서 이미 상식적인 일입니다.

지난 5월에 발행된 한 외국 잡지에서, 미국 사회를 잠식하는 외설 문화에 위기를 느낀 나머지 미국의 검찰총장이 일련의 회의를 소집한 기사를 본 적이 있습니다. 그 잡지에서도 이미 때가 늦었다고 개탄한 것처럼 제가 생각하기에도 이 문제를 바로잡기에는 이미 때가 늦었다는 생각이 듭니다.

또 얼마 전 일본에서는, 고교생 4천 명을 대상으로 각자 원하는 소원 4가지를 차례대로 써보라는 앙케트를 한 적이 있는데, 그중 세 번째 소원이 성적인 자유를 요구한 것이었습니다. 부모의 간섭이나 성 윤리 제도의 억압에서 과감히 벗어나고 싶다는 젊은이들의 몸부림이 우리와 가까운 일본에서 지금 거세게 소용돌이치고 있습니다.

북구라파의 스웨덴이나 덴마크, 핀란드는 세계에서 첨단을 걷는 성 개방 국가로 손꼽습니다. 사실인지 아닌지 모르지만 어머니가 고등학교에 다니는 딸의 가방을 검사해보고 피임약이 없으면 몰래 넣어줄 정도라고 들었습니다. 이미 그 나라들은 도저히 상상할 수 없을 지경까지 이르렀다는 사실은 많은 기록을 통해 알 수 있습니다.

얼마 전, 선교사 한 분이 보내온 편지에서 들은 이야기인데, 스웨덴의 어떤 성직자가 강단에서 동성연애를 정죄하고 성경적인 근거로 책망하다가 어느 시민의 고소로 감옥에 갈 뻔한 사건이 있었다고 합니다.

거기 비하면 우리나라는 그래도 조금 낫습니다. 그러나 성의 방종과 오염이 여기저기서 시궁창 썩는 냄새처럼 진동하고 있다는 사실을 우리도 인식할 때가 되었습니다.

옥한흠, 일상을 말하다

아무도 자신할 수 없는 문제

우리 사회에서 성 문란의 실정은 어떠합니까? 굳이 산부인과 통계를 참고하지 않더라도 그 심각한 정도는 상식적으로 알수 있습니다. 이혼율이 날로 증가일로에 있고, 성범죄가 심각한 사회문제로 야기되고 있음을 보아도 그렇습니다. 그 극단적인 예로, 스물한 살이 된 어느 여성은 "꼭 사랑이 있어야 섹스를 하나요? 사랑 없이도 얼마든지 즐길 수 있는 게 아닌가요?"라고 조금도 부끄럽지 않은 얼굴로 당돌하게 반문했다는 소식도 들었습니다.

또 전부는 아니지만, 상당수 대학생이 보수적인 정조 관념을 가진 사람들을 구식(舊式)이라고 따돌릴 만큼 그들은 점차로 서구 사회의 타락한 형태를 닮아가고 있습니다. 얼마 전에 간통 문제가 법적으로 규제할 만한 행위가 아니라고 주장한 사람들이 있었습니다. 소위 지성인이라고 자처하는 그들의 주장은 다음과 같습니다.

"우리나라가 서구 사회와 같이 선진국 대열에 들어서려면 간통죄 따위를 법으로 다스리면서 영창에 처넣은 일을 부끄럽게 여겨야 합니다. 선진국이 되려면 그 정도는 눈감아주어야 합니다. 두 남녀가 서로 합의해서 관계를 맺었다면 그것은 법으로 다스릴 문제가 아닙니다. 당사자의 권리에 속한 문제이므로 간통죄로 규정하는 것은 낡은 사고방식입니다. 간통죄는 현대사회를 모르는 후진사회의 법제도입니다." 그들의 이런 주장은 이제 일각에서 공공연히 받아들여지는 현실이 되고 말았습니다.

외설로 말하자면 또 다른 심각한 분야가 있습니다. 외설 비디오가 지금 얼마만큼 보급되었는지 우리나라에서는 통계 자료를 구할 수 없습니다. 그러나 통계상 숫자는 모르지만 우리 느낌으로 그 해독이 심각한 것은 분명합니다. 저속한 비디오가 여관, 이발소, 다방과 같은 유흥업소와 상당수 가정의 침실을 파고 들어가 범람하고 있다는 사실을 부인할 사람은 없습니다.

어느 교회에서 고등부 학생들이 수련회를 갔는데 어떤 학생이 부모의 외설 비디오를 몰래 가지고 와서 친구들과 함께 보았다는 기가 막힌 이야기를 들은 적이 있습니다. 표면상으로는 외설이 법으로 규제되고 있으나 안으로는 계속 곪아 터지는 것이 우리가 당면한 성 윤리 부재 상황입니다. 이런 상황에서 "한국의 그리스도인은 과연 건전한가?", "오염되지 않고 순결한가?"라고 묻는다면 과연 어떻게 답할 수 있을까요?

물론, 깨끗한 삶을 유지하는 사람도 분명히 있습니다. 역시 예수 믿는 사람이 안 믿는 사람보다는 생활이 깨끗한 것으로 보입니다. 대학가에 가보나, 직장에 가보나, 가정에 가보나 성적으로 깨끗하게 살고자 하는 사람 중에는 그리스도인이 많음을 금방 알 수 있습니다. 사회의 윤리적인 측면에서 볼 때도, 맑은

물줄기가 이만큼이라도 흐를 수 있도록 방파제 역할을 한 것이 그리스도인의 노력 덕분임을 부인할 수는 없습니다.

그러나 내부적으로는 교회의 한쪽 모퉁이가 이미 허물어져 가고 있습니다. 언젠가 어느 신학도와 만나 담소를 나눈 적이 있는데, 그 학생은 자신의 이성 문제를 상담하면서 이런 말을 했습니다. "목사님, 교수님은 눈치를 못 채시지만, 우리 학교 학생들을 보면 남녀 학생이 마음만 맞으면 동거하는 사례가 한두 건이 아니에요." 그 학생의 말은 너무 충격적이고 어처구니가 없어서 저는 한참 침묵을 지킬 수밖에 없었습니다. 그렇게 비윤리적인 학생이 신학생 대우를 받는 현실을 어떻게 해석해야 할까요? 문제는 신학생뿐만이 아닙니다.

평신도 입장을 넘어서서 교역자 세계로 들어가더라도 성 문제는 거미줄처럼 복잡하게 얽혀 있습니다. 성직자들이 성 문제로 쓰러지도록 마귀가 간교를 부리는데, 최후 발악을 하는 마귀의 전략이 교역자 세계에서도 어느 정도 먹혀들고 있다는 생각이 듭니다.

이스라엘 백성이 광야에서 제일 치명타를 받은 것이 성 문제였습니다. 발람의 꾀에 빠진 이스라엘 민족들이 얼마나 깊이 연루되었던지, 하루 만에 가장 많이 하나님의 심판을 받고 생명을 잃은 사건의 원인은 바로 성 문제에서 비롯되었습니다. 2만 3천 명이 하룻밤에 전부 희생당한 것을 우리는 성경을 통해 잘 알고 있습니다. 광야에서 성이라는 무기를 가지고 상당히 성과를 올린 마귀는 오늘날에도 동일한 무기로 교회와 성도를 공략하려 하고 맨 먼저 지도자들을 수단과 방법을 가리지 않고 쓰러뜨리려고 합니다.

얼마 전에 들은 이야기인데 미국의 어느 교역자 집회에서는 부흥사와 저명한 목사님들이 모여 "오늘날 우리 성직자들이 성 문제로 너무 많은 희생을 당하는데 우리가 여기서 벗어나지 못한다면 하나님 나라에 큰 치명타를 줄 수 있기에 우리 함께 회개하자"라고 하여 교역자들이 합심 기도한 일이 있다고 합니다. 그만큼 교회에도 성 문제가 주는 심각한 면이 있습니다.

어느 날 신분을 밝히지 않은 어떤 부인이 밤늦게 제게 전화를 했습니다. 그녀의 남편은 성실한 목사였는데 실수하여 스물한 살 여성과 깊은 사련(邪戀)에 빠지게 되었다고 합니다. 그래서 이 문제를 어떻게 해결해야 할 것인지를 상담해왔습니다. 이러한 실례를 두고 볼 때 하나님 영광을 위하여 우리는 모두 심각하게 자신을 되돌아보아야 할 때가 되었다고 생각합니다.

이 악한 세상에서 성 문제에 절대적으로 자신 있는 사람은 아무도 없습니다. 성경에도, 믿음 좋던 다윗이 한순간에 무너졌고 성결한 사람 요셉도 수없이 유혹을 받았습니다. 우리나라의 모 목사님도 훌륭한 분이었는데 성 문제로 순식간에 넘어지고 말았습니다. 아무도 이 문제에서 자신 있다고 말할 수 없습니다. 어떠한 상황에서도 나는 안전하다고 할 수 없으며, 그저 연약한 인간일 뿐입니다. 오직 주님이 지켜주실 때만이 자신을 지킬 수 있고 청결한 삶을 유지할 수 있습니다.

말세에 고통하는 때가 이르다

우리가 처한 환경이 성 오염의 온상이 되고 있음은 모두가 주지하는 바입니다. 오늘날 교회는, 성직자는 물론이거니와 평신도까지 성 문제로 인한 심각한 위협에 직면해 있습니다.

독일의 모 신학자는 "혼전 관계를 가져도 좋습니다. 그것은 신앙과 무관한 것이니까요"라고 떠벌리고 다니는가 하면, 캐나다의 어느 신부는 "결혼 전에 3개월에서 18개월 정도, 시험 결혼을 한 다음 좋다고 생각되면 정식 결혼을 하는 것이 바람직하다. 그래야 자기 마음에 맞고 잘 어울리는 상대를 만나는 것 아니겠느냐"라고 권합니다. 그것도 세상 학자들이 권하는 것이 아니고 성직자, 또 신학자라는 사람들이 이런 부도덕을 권면하니 참으로 안타까운 일입니다.

제가 귀국하던 1978년에 미국의 모 장로교단에서는 동성연애를 합법화하자는 안건을 총회에 내놓아 매스컴을 떠들썩하게 한 적이 있었습니다. 저도 그때 라디오 실황을 들으면서 통탄하던 기억이 납니다.

이렇듯 오늘날 교회는 심각한 부도덕 상황에 빠져들고 있습니다. 한국 교회가 아직은 깨끗하다고 하나 어디에 기준을 두고 그렇게 말하는 것인지 저로서는 감을 잡을 수 없습니다. 사회 윤리도 타락하고 교회도 암암리에 성 윤리가 무너진 실정에서 미래학자인 엘빈 토플러의 말에 깊이 수긍이 갑니다. 토플러는 자신의 저서에서 "가정은 바야흐로 완전한 소멸 직전에 있다. 현재와 같은 상황에서 결혼제도가 언제까지나 지속하리라고 기대하는 것은 분수에 지나친 일이다. 이제는 가정이 완전히 깨어지는 단계이므로 미래에는 오늘날과 같은 가정이 남아 있지 않을 것이다"라고 말했습니다.

그때까지 살아볼 수 없으므로 알 수 없지만, 지금과 같은 상황이 지속된다면 그의 말이 전혀 빈말이 아님을 알게 될 것입니다. 주위에는 가정이나 결혼의 필요성을 느끼지 못하는 독신녀가 많습니다. 미국 사회에서는 독신이나 이혼 남녀가 급증하는데 이것을 보아도 가정이 깨어지고 있음을 알 수 있습니다.

가정이 깨어진다는 것은 이미 성 윤리의 뿌리가 흔들리고 있다는 뜻입니다. 디모데후서 3장 1, 4절은 "너는 이것을 알라 말세에 고통하는 때가 이르러 … 쾌락을 사랑하기를 하나님 사랑하는 것보다 더〔한다〕"라고 진단합니다. 지금 우리가 처한 상황을 드러내는 말씀이라고 생각합니다.

사람의 길은 여호와의 눈앞에 있다

성경에는 성의 본질이 악한 것으로 나오지 않습니다. 인간을 남녀로 만드신 하나님의 시야에는 남녀가 아름답고 선한 모습으로 묘사됩니다. 그러나 인간이 죄를 범하고 난 후부터 성은 극도로 오염되고 부패했습니다. 제멋대로 남용하고 오용(誤用)하다 보니 순수한 성이 인간의 손에서 혼란스럽고 부끄럽게 변질됐습니다. 인간에게 축복의 조건이었던 성이 인간의 타락으로 인간사의 무서운 함정으로 등장했습니다.

《요한행전》이라는 외경이 있는데, 그 외경에는 이런 말이 기록되어 있습니다. "성교(性交)는 악마의 경험이요, 주님으로부터 우리를 나누는 장애물이며, 불복종하는 시초요, 생명의 끝이요, 죽음이라." 요한행전은 성의 본질을 왜곡하고 있습니다.

어거스틴은 성교를 그 자체로 죄(罪)라고 단정했습니다. 또한 오리겐은 성(性)을 혐오한 나머지 스스로 남자 되길 포기하고 말았습니다. 이처럼 초대교회는 성을 죄악시하고 성교를 혐오의 대상으로 간주했습니다. 그래서 거룩해지려면 무조건 성과 자기 자신을 유리(遊離)해야 한다는 관념이 지배적이었습니다. 이 성 문제가 인간을 파멸로 끌어들이는 요인이 된다면 성 그 자체가 죄이며, 성교 자체가 나쁜 것이 맞습니다.

그러나 하나님은 우리가 한쪽으로만 치우치길 원치 않으십니다. 우리는 다른 부분도 보아야 합니다. 인간이 죄를 범한 이후에 하나님께서는 '결혼'이라는 제도를 허락하셨습니다. 결혼이라는 울타리 안에서 성은 하나님의 축복으로 승화됩니다.

잠언 5장 15-16절을 볼까요? "너는 네 우물에서 물을 마시며 네 샘에서 흐르는 물을 마시라 어찌하여 네 샘물을 집 밖으로 넘치게 하며 네 도랑물을 거리로 흘러가게 하겠느냐." 우리는 '우물'이 무엇이며 또 '흐르는 물'이 무엇인지 금방 알아챕니다. 인정된 결혼의 범주 안에서는 부부가 서로 성을 공유할 수 있고, 또 하나님의 축복으로 누릴 수 있습니다. 이것을 하나님은 우물물로 비유하는데 "집 밖으로 넘치게 해서는 안 된다"라는 뜻은 부부가 정조를 지키고, 하나님 안에서 이 축복을 공유해야 한다는 의미입니다.

그다음에 "그 물이 네게만 있게 하고 타인과 더불어 그것을 나누지 말라 네 샘으로 복되게 하라"(잠 5:17-18)는 말씀은 정상적인 결혼 관계 안에서는 타락한 인간에게도 성이 자유롭게 허용된다는 의미입니다.

"네가 젊어서 취한 아내를 즐거워하라 그는 사랑스러운 암사슴 같고 아름다운 암노루 같으니 너는 그의 품을 항상 족하게 여기며 그의 사랑을 항상 연모하라 내 아들아 어찌하여 음녀를 연모하겠으며 어찌하여 이방 계집의 가슴을 안겠느냐 대저 사람의 길은 여호와의 눈앞에 있나니 그가 그 사람의 모든 길을 평탄하게 하시느니라"(잠 5:18-21).

이 말씀 중에 "사람의 길은 여호와의 눈앞에 있다"라는 구절을 보겠습니다. 부부 관계를 이 말씀에 비추어 해석해보면, 부부가 성생활을 하는 것은 하나님 눈앞에서 조금도 부끄럽지 아니한, 하나님이 허락하신 축복이라는 것입니다.

이렇게 성경은, 결혼 안에서의 성이 죄가 아니라 하나님의 축복이라 규정합니다. 그뿐 아니라, 하나님은 인간에게 정욕의 유혹을 피하는 수단으로 결혼제도를 허락하셨습니다. "음행을 피하기 위하여 남자마다 자기 아내를 두고 여자마다 자기 남편을 두라 … 만일 절제할 수 없거든 결혼하라 정욕이 불같이 타는 것보다 결혼하는 것이 나으니라"(고전 7:2, 9). 결혼은 죄를 범하지 않는 수단으로도 선용(善用)될 만큼 하나님이 허락하신 축복의 조건입니다.

또한, 결혼생활에서 얻은 자손은 하나님 축복의 열매로 인정받습니다. "보라 자식들은 여호와의 기업이요 태의 열매는 그의 상급이로다"(시 127:3). 그러므로 우리는 정상적인 결혼 관계를 벗어난 모순된 상황에서의 성 윤리를 지적하고 검토해야 합니다. 즉, 혼외정사나 기타 정상적이지 않은 성에 대한 태도와 생각이 성 윤리 문제의 요인이 됩니다.

칼 바르트도 이 주제에 관해 흥미로운 말을 남겼습니다. "모든 상황에서 성적 책임, 성적 대화, 남녀의 성적 기능과 가능성은 그들이 하나님 명령에 순종할 때 더욱 뚜렷해지고 다양해지며 절대 불변하는 사랑과 조화됩니다. 그러므로 결혼 안에서는 남녀가 공존하고 예속되며 서로의 인격이 존중됩니다. 이런 관계에서 갖는 성교는 사랑의 특권이며 혈통의 유산이 됩니다. 그러나 이처럼 서로 공존하고 인격적으로 존중하는 관계에서 이루어지지 않는 모든 성교는 악마의 행위입니다."

이 악마의 행위가 공공연히 자행되는 무대가 우리 사회이며 그 영향은 교회 성도들에게까지 미치고 있음을 염두에 두어야 합니다. 하나님은 자녀들이 이러한 악으로부터 어떻게 보호받기를 원하셨을까요? 하나님은 "간음하지 말라"라는 한 마디 계명 속에 함축해 인간에게 율법으로 주심으로써 이런 악마의 행위를 경계하고자 하셨습니다. 이 7계명 안에 성 윤리의 궁극적인 답이 숨어 있습니다.

상황 윤리를 이기는 길

주님께서는 우리 행위뿐만 아니라 생각까지도 정결하길 원하십니다. "나는 너희에게 이르노니 음욕을 품고 여자를 보는 자마다 마음에 이미 간음하였느니라"(마 5:28). 즉, 생각과 행위가 똑같이 이 문제에 저촉된다고 가르치십니다. 젊었을 때는 이 본문을 읽을 때마다 당혹감을 느꼈는데, 지금은 나름대로 정리가 되었습니다.

사춘기 젊은 남녀는 본능적으로 이성에게 많은 관심을 갖는데 머리로 이성을 그려보는 것조차 음욕이라고 한다면, 나는 거기에 대하여 꼭 그렇다고 대답하기를 주저합니다. 사춘기의 생리는 하나님이 만드신 인간의 본능이며, 또 그 본능으로 결혼도 성립됩니다. 그러므로 젊은이들에게 과거처럼 무조건 "여인을 보고 음욕만 품어도 간음이다"라고 가르친다면 아마 노이로제에 걸릴 청소년들이 수없이 나올 것입니다. 그러므로 남녀 간의 사랑은 이미 허용된 하나님의 축복이라고 규정하고, 젊은이들이 잘못된 길로 빠져들지 않도록 선도하고 계몽할 필요가 있습니다.

그러나 엄밀히 말해 여인을 보고 음욕을 품어서는 안 되는 사례, 곧 절대적 윤리가 있습니다. 침범할 수 없는 위치에서는 과감히 생각을 떨쳐버려야 합니다. 일부 사람들, 심지어 교회 안에서도 "간음하지 말라"는 예수님의 계명을 잘못 해석할 때가 종종 있습니다. 사람의 생각까지를 계명에 포함해 지켜야 한다는 말씀에 상당한 거부반응을 보입니다.

잘 알고 있듯이 그것이 상황 윤리입니다. 상황 윤리는 현대의 젊은이에게 크게 어필합니다. 조셉 플레처Joseph Fletcher라는 상황 윤리학자는 다음과 같이 자기 이론을 피력합니다. "어떤 상황이든 간에 사랑에 기여할 수 있다면 모든 행위는 타당한 윤리다. 특히 성 문제에서 그 형태가 정사이든지, 동성연애든지, 혼음이든지 그것이 선한가 악한가는 그 시간에 그 행위를 하는 사람이 사랑에 흡족했느냐, 또 상대방의 사랑 요구에 만족을 주었는가에 따라 결정되어야 한다. 만약 그 행위가 두 사람의 사랑에서 우러나온 것이고 사랑의 요구를 채워준 것이라면 그것은 악이 아니라 선이다. 그러므로 예수 믿는 사람들은 예수님이 가르쳐주신 윤리적인 계명을 받아들일 만큼 어리석어서는 안 되고 좀 더 지혜로울 필요가 있다."

이 말은 '사랑한다'라는 구실만 내세우면 성적으로 어떤 행위를 해도 죄가 되지 않으며 선하기까지 하다는 모순된 견해입니다. 이런 사상에 빠진 많은 젊은이가 성적으로 오염되고 있습니다. 이런 것은 지나간 신학 사조이지만 그들이 주장한 상황 윤리의 골자는 지금도 많은 사람의 정신세계를 지배합니다.

오늘날 사회 일각에서 발생하는 성범죄는 '사랑한다'라는 감정에서 비롯됩니다. "나는 더 이상 이 사람을 사랑하지 않고 저 사람을 사랑한다"는 생각에서 비롯된, 정도(正道)가 아닌 감정 때문에 많은 가정이 도탄에 빠집니다. 사랑으로 자신을 합리화시키며, 어떠한 성행위에 대해서도 죄라는 가책을 받지 않으려고 위장하는 현대인의 가면을 벗겨야 합니다. 교회 안에 잘못된 성 윤리가 들어와 있지는 않은지 심사숙고할 때입니다.

하나님께서는 사랑과 공의를 절대 혼동하지 않으십니다. 사랑은 어디까지나 율법을 지키는 동기로 부여될 때만 위대하고 좋은 것이지, 사랑이 율법을 폐지할 만한 위치에 있지는 않습니다. 그러므로 사랑만 내세우면 무슨 행위를 해도 하나님 앞에서나 사람 앞에서 죄가 안 된다고 내세울 만한 조건은 성경 어디에도 없습니다. 사랑은 모든 율법의 완성일 수는 있지만, 사랑이 곧 율법이 될 수는 없습니다. 우리는 깨끗한 성 도덕 유지를 위해 이 점을 분명히 명심해야 합니다.

성경적 성 윤리의 실체

이제 성경이 제시하는 성 윤리에 대해 몇 가지 원리를 정리해봅니다.

첫 번째 원리는 하나님의 형상을 닮는 것입니다. 이것이 궁극적인 목표입니다. "사랑하는 자들아 우리가 지금은 하나님의 자녀라 장래에 어떻게 될지는 아직 나타나지 아니하였으나 그가 나타나시면 우리가 그와 같을 줄을 아는 것은 그의 참모습 그대로 볼 것이기 때문이니 주를 향하여 이 소망을 가진 자마다 그의 깨끗하심과 같이 자기를 깨끗하게 하느니라"(요일 3:2-3).

하나님의 자녀는 하나님처럼 되길 소망하는 자들입니다.

그러므로 자신을 정결케 하고 깨끗하게 하려고 계속 노력합니다. 성 윤리의 궁극적인 원리는 하나님처럼 거룩하고 하나님을 닮아가는 데 있습니다. 이런 기준이 있으므로 성도가 성 문제를 다룰 때 세상 사람과 같은 사고방식으로 할 수는 없습니다.

두 번째, 성 윤리는 "간음하지 말라"는 7계명 속에 완전히 포함되어 있음을 명심해야 합니다.

세 번째, "간음하지 말라"는 계명은 구약시대의 계명이어서 오늘날 신약시대에는 소극적으로 해석해도 된다는 사람이 있지만 그렇지 않습니다. 그 계명은 예나 지금이나 변치 않고 엄숙히 존재합니다.

인간이 극도로 부패했으므로 구약시대에 하나님께서는 이혼을 허용하셨습니다. 그런데 사람들은 이 제도를 악용했습니다. 바리새인들이 예수님께 와서 "모세는 이혼을 하라고 하지 않았습니까? 그런데 당신은 어떻게 하겠습니까"라고 물은 적이 있습니다. 그런데 주님께서는 이혼에 대한 구체적인 규칙을 정해주시지 않고 본래의 정신을 강조하셨습니다. 다시 말하면, 우리 주의를 본래의 정신으로 돌리려고 하셨습니다. 창조 질서에 기초해 "하나님이 짝지어주신 것을 사람이 나누지 못할지니라"(마 19:6)라는 정신으로 우리를 이끄셨습니다.

구약시대에는 처첩제도나 이혼제도를 볼 수 있으나 그것은 예수님이 말씀하신 대로 인간이 약하고 부패했으므로 도입된

제도입니다. "간음하지 말라"는 7계명 속에 '이혼'과 '첩을 두는 것', '혼외정사'는 인간이 해서는 안 되는 금기로 모두 포함되어 있다고 보아야 합니다. 이 7계명 정신에 순종할 때만 성 윤리에서 자신을 온전히 지킬 수 있습니다.

네 번째, 우리가 하나님을 사랑하고 하나님을 기쁘시게 하려면 계명을 지켜야 합니다. "너희가 나를 사랑하면 나의 계명을 지키리라"(요 14:15).

다섯 번째, 우리가 성령의 은혜 안에 거하면 성이나 성 윤리 전반에 대해 하나님의 계명대로 순종할 수 있습니다. "내가 이르노니 너희는 성령을 따라 행하라 그리하면 육체의 욕심을 이루지 아니하리라"(갈 5:16). 아무리 성적인 유혹이 난무해도, 성령 안에 거하면 모든 유혹을 물리치고 승리할 수 있습니다.

이상 다섯 가지가 성경에 나타나 있는 성 윤리의 실체입니다.

한국 교회를 향한 세 가지 경고

현대 한국 교회에는 시정해야 할 많은 문제점이 있습니다. 이러한 의미에서 한국 교회에 대하여 세 가지를 경고해야 할 필요를 느낍니다.

첫째로, 한국 교회의 성적 오염 문제입니다. 즉, 급속도로 변화된 성 의식에 관해 눈여겨보아야 합니다. 제가 어릴 때만 해도, 교회 마당에서 다 큰 남녀가 둘이서 이야기를 나누며 웃기만 해도 버릇없는 짓이라고 야단이 났습니다. 남녀 학생들을 수양관에 보내는 일은 상상조차 할 수 없었습니다. 예배당에서는 당연히 남녀가 구별해 예배를 드려야 했습니다.

그런데 지금은 한국 교회의 성 윤리와 성에 대한 이해가 급속도로 변했습니다. 오늘날은 얼마나 너그러워졌는지 교회 마당에서 남녀가 손을 잡고 다녀도 흉을 보지 않습니다. 둘이서 무언중에 사랑 표현을 하고 심지어 예배시간에 둘이 꼭 붙어 앉아 소곤소곤해도 누구 하나 지적하는 사람이 없습니다. 오히려 그것을 문제 삼으면 구식이라는 핀잔을 받을까 봐 젊은이들 앞에서 짐짓 괜찮은 체하며, 속마음은 편치 않지만 겉으로는 태연자약한 것이 기성세대의 모습입니다. 이처럼 이해와 관용의 명분 아래 성 개방적인 요소들이 교회 안에 생겼습니다.

몇 가지 예를 들면, 오늘날 교회는 청소년들의 탈선을 큰 문제로 다루지 않고 있습니다. 대부분 적당히 처리하고 덮어주려고 합니다. 자녀가 성적인 문제로 그릇된 길을 갈 때 옛날 부모들처럼 고통하며 부끄러워하지 않습니다. 알지 못하는 사이에 벌써 오염되어버린 것입니다.

교회 지도자들도 마찬가지입니다. 이혼에 대해서도 상당히 너그러워져서 '얼마나 힘들었으면 이혼했을까!'라는 선에서 덮어버리고 이혼을 문제 삼아 하나님 앞에서 안 된다고 말하는 사례가 거의 없습니다. 오히려 당사자를 불러 앉혀 놓고 "하나님이 당신의 죄를 용서해주신다는 것을 믿습니까?"라고 위로할 정도니 문제가 심각합니다. 또 사회의 성적인 타락 현장에 대해 교회가 공적으로 경고한다든지 도전하는 사례를 찾아볼 수 없습니다. 오늘날 교회는 자기도 모르는 사이에 윤리의 겉옷이 벗겨진 채 속옷이 흉하게 드러나고 있습니다.

둘째로, 성 윤리에서 교회가 세상의 모범이 되지 못하고 있다는 점입니다. 용서와 위로의 복음이라는 점을 남용해서 교회가 회개나 치료보다는 듣기 좋은 말로 성적 범죄의 은신처 구실을 하고 있다는 것입니다. 정말 교회가 제 기능과 역할을 온전히 감당하려면 고통스러운 수술을 감행하여 회개하게 하는 역사가 일어나야 합니다. 그렇지 않으면 교회는 사회의 모범이 되지 못할 것입니다.

지난번 일본에 갔을 때 동경의 모 교회를 방문한 적이 있었습니다. 그곳은 한국에서 건너간 여인들이 탈선하여 밤에 호스티스 생활을 하는 사람들이 많이 모이는 교회였습니다. 유감스럽게도 그런 부류의 사람들이 몇백 명이나 되었습니다. 그런데 그 교회 출석 교인 한 사람이 개탄하기를, 그런 여인들의 행위를 회개하게 하고 하나님 앞에서 살도록 도와주는 것이 교회의 역할인데 그렇게 하지 못하고 있다는 것이었습니다. 타락된 생활을 하면서 교회에 나와 위로받고 평안을 얻어 또다시 사회에 나가 저속한 행위를 거듭하는 그들에게 과연 하나님의 위로만 필요할까요? 교회의 역할과 기능이 무엇입니까? 한국 교회 모두가 이 경고를 심각하게 생각해야 합니다.

셋째로, 가중되는 성 타락의 위험에 대처하는 방안을 적극 준비하지 못하고 있다는 점입니다. 대부분 교회가 여기에 구체적인 대책이 없는 상태입니다. 중고등부 학생 대상으로 성에 대한 잘못된 이해를 잡아주기 위한 구체적인 프로그램도 갖추지 못한 형편입니다.

신학교 형편도 마찬가지입니다. 교역자의 길에 들어서면 제일 무서운 유혹이 성적 유혹입니다. 목회자는 대체로 많은 여성에게 둘러싸여 있기 때문입니다. 목사가 제자훈련이나 식사를 할 때면 세상의 안 믿는 남자들이 색안경을 끼고 목사를 이상하게 보곤 합니다. 이러한 면에서 목사는 위험지대에 노출된 사람이므로 신학교에서도 성 윤리 교육을 철저히 해야 합니다. 그런데 우리나라 신학교 교육은 아직 이 문제에 손을 대지 않습니다. 목사에게는 이 성적 문제나 부부 문제에 관한 상담이 많이 들어오는데 자칫 잘못하면 오히려 유혹을 받는 계기가 되는 점에 유의해야 합니다. 상대방의 약점이 노출되어 오히려 유혹의 미끼가 되는 경우가 있습니다.

그래서 외국의 경우, 부부 상담을 하다 잘못되는 예가 종종 있다고 합니다. 따라서 부부 관계에 관한 상담을 할 때는 두 사람을 같이 만나 해결점을 모색하는 것이 바람직합니다. 또 기억해야 하는 것은 교회에서 가장 믿음 좋은 사람, 그리고 목사가 가장 사랑하는 사람을 마귀가 이용합니다.

이상 세 가지 점이 우리 모두 받아들여야 할 경고이며 문제점입니다. 여기에 대해 어떤 대책이 서야 한다는 것은 알 수 있지만, 아직 구체적이고 뚜렷한 처방은 없는 실정입니다.

교회가 회복해야 할 능력

끝으로, 교회와 개인의 순결을 유지하며, 하나님의 자녀로서 주님께 영광 돌리기 위하여 바람직한 성 윤리의 방향을 제시하고자 합니다.

우선, 교회는 용서와 치료의 능력을 다시 회복해야 합니다. 십자가의 복음만이 성적으로 타락한 사람을 구제하고 용서하며 치료할 수 있습니다. 아무리 악한 성적 범죄라 해도 십자가 복음이 감당하지 못할 만큼 악할 수는 없습니다. 아무리 추악한 범죄를 저질렀다고 해도 예수님의 용서보다 비중이 더 큰 범죄는 없습니다. 예수님의 용서 앞에서는 어떠한 죄라도 용서받고, 십자가 능력 앞에서 어떠한 죄라도 용서받을 수 있으며, 어떠한 죄인이라도 평안을 얻습니다. 이 놀라운 능력이 빛을 발하도록 새롭게 회복되어야 합니다. 용서의 능력이 회복되면 동시에 치료의 능력도 회복됩니다. 용서받고 치료받아 다시는 범죄의 자리에 들어가지 않도록 도와야 합니다.

오늘날 교회가 이 능력을 회복하지 못한다면 교회는 언제까지나 성 문제에 말려들어 힘을 잃고 말 것입니다. 목사와 평신도 모두 주님의 큰 사랑과 용서를 배워야 합니다. 현장에서 간음하던 여인을 용서해주시던 주님의 큰 용서는 우리 모두를 치료하고 정결케 하는 능력이기 때문입니다.

다음으로, 건강한 가정을 영위하려면 우리 모두 최선을 다해야 할 책임이 있음을 잊지 말아야 합니다. 가정생활이 건전하고 부부 관계가 아름다울 때는 성 문제에 따른 어떠한 유혹에도 두려워할 것이 없습니다. 그러나 가족이 불화하고 부부 사이에 문제가 생기면 마귀의 간교한 수단 앞에 가정은 무릎을 꿇고 맙니다. 그러므로 부부 관계에서 어떠한 허물이 있더라도 그리스도 안에서 용납하고, 서로 분방하지 아니하여 사랑으로 하나 되어야 합니다.

또한, 가정의 행복을 유지하려면 어떠한 성적 타락에 대해서도 과감히 도전해야 합니다. 에밀 브루너는 "결혼제도가 부패하면 사회제도도 부패하고 정치적인 혼란이 온다"라고 말한 적이 있는데 그의 주장은 실로 타당성이 있습니다.

사회가 성적으로 타락한 것을 공동 책임으로 여기며 사회 정화 작업에 공동의식을 가지고 대처해야 합니다. 자기 문제가 아니라고 방관한다면 우리는 다같이 부정적인 상황에 머물 수밖에 없습니다. 그러므로 모두 에밀 브루너의 말을 유념하여 사회의 성적 타락에 적극 도전해야 합니다.

최근의 어느 외국 잡지에 실린 기사에서 가져온 예화 하나를 소개하고자 합니다. 버지니아주 비치시(市)에 저속한 외설 문화가 밀려와 많은 영혼을 부패하게 하며 악영향을 미쳤습니다. 어느 정도였는가 하면 1983년도에 강간 사건이 60건 일어났는데, 그다음 해에 무려 127건으로 늘었습니다. 112퍼센트가 증가한 것입니다. 이 상황을 보다 못한 스태그먼 목사가 외설적인 영업 일체를 하지 못하게 해달라고 법원에 소송을 제기했는데 패소하고 말았습니다.

그래도 스태그먼은 좌절하지 않고 고심하며 기도하던 중에 비치시에 있는 80명의 목회자들에게 서명을 받기로 했습니다. 그들은 기다렸다는 듯이 여기에 전부 서명하고 외설 문화를 추방하고자 한마음으로 단합했습니다. 그리고 5천여 명의 신자들에게 추가 서명을 받아 법적 투쟁을 벌인 결과, 드디어 지역에서 외설 문화를 추방하는 데 성공했습니다. 그 이후로 영화, 테이프, 전화, 비디오 등이 제 기능에 맞게 사용되고 있다는 기사를 외국 잡지에서 본 적이 있습니다.

우리도 그곳 시민들처럼 악에 도전하는 자세를 배워야 합니다. 가정과 사회를 정화하기 위하여 자신을 먼저 가다듬고 사회의 빛과 소금 역할을 성실히 감당해야 합니다. 한국 사회에서 바른 성 윤리가 유지되려면 그리스도인의 역할이 중차대하며, 이것이 커다란 영향력으로 확대된다는 점을 잊어서는 안 됩니다.

●1986년 5월, 남서울교회

옥한흠, 일상을 말하다

3

제자들의
마지막 시험

예수께서 빌립보 가이사랴 지방에 이르러 제자들에게 물어 이르시되 사람들이 인자를 누구라 하느냐 이르되 더러는 세례 요한, 더러는 엘리야, 어떤 이는 예레미야나 선지자 중의 하나라 하나이다 이르시되 너희는 나를 누구라 하느냐 시몬 베드로가 대답하여 이르되 주는 그리스도시요 살아 계신 하나님의 아들이시니이다 예수께서 대답하여 이르시되 바요나 시몬아 네가 복이 있도다 이를 네게 알게 한 이는 혈육이 아니요 하늘에 계신 내 아버지시니라 _마 16:13-17.

"예수님은 누구신가?" 이 질문은 제자들이나 청중이 아니라, 예수님이 먼저 제자들과 우리에게 던지신 질문입니다. 하나님 편에서는 "예수는 누구인가" 하는 질문이 가장 중요하다고 판단하셨기에 이것을 묻도록 하셨습니다. 그 질문에 대한 대답에 따라 그의 장래가 결정되기 때문입니다. 오늘도 하나님은 개개인의 심령에 찾아오셔서 "예수님은 누구시냐" 하고 질문하십니다. 여기에 대해 모든 사람은 양심적으로, 자신 있게, 분명하게 대답해야 합니다. 지금 분명하게 답하지 못한다면 나중에 무서운 결과를 가져올 것이기 때문입니다.

예수님의 가장 중요한 질문

우선 본문에 대한 몇 가지 서론적인 검토를 하고 넘어가겠습니다. 예수님이 가이사랴 빌립보에서 제자들에게 질문하는 이 상황은 예수님의 사역 초기에 일어난 일이 아니고 후기에 속합니다. 예수님이 2년 반 동안 활동하신 후에 가이사랴 빌립보 지방에 제자들과 함께 가셔서 이 질문을 던지신 것입니다. 요한복음 1장을 보면, 제자들이 처음 예수님을 따를 때부터도 그분이 어떤 분이시라는 것은 어느 정도 알고 있었습니다.

그런데 지금 예수께서는 무리를 따돌리고 제자들만 데리

고, 마치 은신처를 찾아오신 것처럼 깊숙이 자연으로 들어가 그들과 마주 앉으십니다. 이때까지는 제자들에게 자신을 누구로 생각하느냐고 물으신 적이 없었습니다. 우리는 여기서 어떤 영적인 암시를 받을 수 있습니다. 예수를 처음 믿을 때 예수님이 누구시라고 고백하는 것도 대단히 중요하지만, 어떤 면에서는 예수를 오래 믿은 사람일수록 자주 예수님이 누구신가를 깊이 확인하고 고백해야 할 필요성이 많다는 것입니다.

이것은 예수님이 제자들에게 던진 마지막 시험이기도 합니다. '과연 너희가 하나님의 일을 맡겨도 될 만한 자들이냐?', '정말 너희는 내 증인이냐?' 하는 것을 확인하기 위한 유일한 질문이었습니다. 이 질문은 세례받을 때 한 것으로 끝나서는 안 됩니다. 처음 예수를 분명하게 고백했던 사람도 나중에 가서는 얼마든지 변질될 수 있기 때문입니다. 성경을 배우면 배울수록, 신앙이 깊어지면 깊어질수록 이 질문에 대한 대답을 분명히 해야 합니다.

또한, 이 본문이 우리에게 가르쳐주는 것은 예수님이 누구시냐에 대한 대답은 개인적인 고백이어야 한다는 것입니다. 사람들의 통상적인 상식이나 세상 여론에 따라 이 질문에 답해서는 안 됩니다. 베드로는 개별적으로 자기 신앙을 고백했습니다. 예수님은 이것을 원하십니다.

요한복음 18장 33~34절을 보면 빌라도가 예수님을 재판하면서 "네가 유대인의 왕이냐"라고 물었을 때 예수님은 아주 심각하게 되물으셨습니다. "이는 네가 스스로 하는 말이냐 다른 사람들이 나에 대하여 네게 한 말이냐." 이것은 오늘날 주님께서 모든 사람을 대상으로 한 번 따지게 될 문제라고 생각합니다. 예수님이 누구시냐에 대한 대답은 개인적인 신앙고백이어야지 주변 사람들의 의견을 반복해서는 안 됩니다.

또 하나, 17절에서 지적하신 것처럼 '예수님이 누구시냐'에 대한 대답은 인간 능력으로는 불가능하다는 사실입니다. "바요나 시몬아 네가 복이 있도다 이를 네게 알게 한 이는 혈육이 아니요 하늘에 계신 내 아버지시니라." 아무리 주님을 오래 따라다녔더라도 예수님이 누구시냐에 대한 대답은 자기 스스로는 하지 못합니다. 성령의 감동을 받은 자, 성령으로 마음이 열린 자, 성령으로 그리스도를 발견하고 만난 자만이 예수님이 누구시냐에 분명히 답할 수 있습니다. 이 점은 서론적으로 미리 확인해두는 것이 좋겠습니다.

기독교 신앙의 핵심은 이 고백에 담겨 있다

"나를 누구라 생각하느냐"는 주님의 질문에 베드로는 이렇게 답합니다. "주는 그리스도시요 살아 계신 하나님의 아들이시니이다"(마 16:16). 마가복음 8장 29절에서는 약간 간추려서 "주는 그리스도시니이다"라고 대답합니다. 따라서 핵심은 '그리스도'입니다. 마태가 '하나님의 아들'을 첨가한 것은 마태복음의 독자가 유대인이었기 때문인지도 모르겠습니다. 그리스도는 히브리어로 '메시아'입니다. 유대인들은 메시아를 기다렸지만, 자기들이 만든 세속적인 메시아를 기다렸지 하나님의 아들로 오신 메시아를 원한 것은 아니었습니다. 이런 의미에서 마태는 유대인을 대상으로 마태복음을 쓰면서 예수 그리스도는 메시아이며 하나님의 아들이시라는 사실을 더욱 명확히 밝힌 것입니다.

그리스도는 또한 "기름부음 받았다"라는 뜻입니다. 우리가 이미 잘 아는 대로 구약의 선지자와 제사장과 왕은 하나님이 특별히 선정해서 세웠다는 의미로 기름부음을 받았습니다. 그러므로 예수님은 기름부음 받은 분, 즉 하나님께서 온 인류의 메시아로 세우신 분이었습니다. 이 그리스도라는 명칭은 예수님이 하나님이요 참사랑이라는 양면성을 잘 표현합니다.

하지만 성경을 주의 깊게 살펴보면 이 그리스도라는 이름은 예수님이 "하나님의 아들"이라는 것, 다시 말하면 '하나님'이시라는 데 강조점이 있습니다. 대제사장이 예수를 심판할 때 "네가 하나님의 아들 그리스도인지 우리에게 말하라"고 하자, 예수님은 "네가 말하였느니라"라고 하셨습니다(마 26:63-64). 더 재미있는 것은 예수님을 재판하던 대제사장이 "네가 그리스도

이거든 우리에게 말하라"고 할 때 "내가 말할지라도 너희가 믿지 아니할 것"이라고 하시며 대답을 유보하셨다는 것입니다(눅 22:67-70). 그러자 대제사장은 네가 하나님의 아들이냐고 재차 물었습니다.

이것을 보면 "네가 그리스도냐?" 하는 질문과 "네가 하나님의 아들이냐?" 하는 질문이 거의 같은 성격을 띠고 있음을 알 수 있습니다. 그리스도라는 이름은 하나님의 아들, 즉 하나님이라는 사실을 강조합니다. 예수님이 십자가에 못 박혀 돌아가신 가장 큰 이유 중 하나가 바로 자신을 하나님이라고 주장한 데 있었습니다. 법률가 오일 닐턴은 말하기를 "예수의 재판에서 문제가 되었던 것은 피고인 예수의 어떤 행위가 아니라 그의 주체 의식이었다"라고 분명히 지적했습니다. 법률가의 눈으로 재판 과정을 정확하게 분석해보면 그렇게 말할 수 있었습니다. 예수님이 십자가에 못 박혀 돌아가신 것은 당신께서 하나님이라고 한 자기주장 때문이었습니다.

예수님이 부활하신 후에 제자들은 예수님이 그리스도이심을 분명히 확인하고 증거했습니다. "하나님께서 그를 사망의 고통에서 풀어 살리셨으니 이는 그가 사망에 매여 있을 수 없었음이라"(행 2:24). 사망에 매여 있을 수 없었던 이유는 그가 그리스도였기 때문입니다. 그리스도라는 말이 서신서에서만 약 300회 이상 나오는 이유는 무엇입니까? 기독교 신앙은 "예수는 그리스도"라는 고백에 깊이 뿌리 박고 있기 때문입니다. 그리스도인은 예수님을 그리스도라고 고백하는 자들입니다.

이제, 예수님의 그리스도 되심에 대해, 즉 하나님 되심에 대해 여러 가지로 이야기해보겠습니다.

편견 없이 그리스도를 만나라

무엇보다 먼저 유대인 되심을 이야기할 수 있습니다. 유대인들이 우리에게 증명해준 것이 대단히 많은데 그중에서도 특별히 예수님이 역사적으로 존재했던 인물이었음을 확실히 증명합니다. 복음서를 보면 유대인들은 "예수님이 사람이었느냐"를 문제 삼은 일이 없습니다. 또한, "예수님은 역사적으로 실재하는 인물인가"에 대해서도 전혀 문제 삼지 않습니다. 이것을 보면 예수님이 참사람이었으며, 역사적인 인물이었다는 것에 대해서는 의심의 여지가 없습니다.

한동안 신학계는 "예수님이 실재 인물인가"에 대한 논쟁으로 심각했습니다. 그러나 지금은 그러한 논쟁을 하지 않습니다. 현대인들도 예수님의 역사성 부분은 그다지 문제 삼지 않는 것 같습니다. 물론, 현대인 중에는 속으로 그것을 은근히 의심하고, 예수를 기독교가 조작해낸 인물로 보는 사람도 있습니다.

또 이미 진부해진 옛 서적을 들추면서 그런 문제를 다룬 책에 호감을 가지고 예수님의 인성이나 역사적인 실재성에 자기 나름대로 상상의 나래를 펴며 교만한 생각을 할지도 모릅니다. 그러나 현대인들은 상당히 지혜롭고 이기적이어서 감히 그런 생각을 입 밖으로 내지 않습니다. 오늘날과 같이 세계가 좁아지고 사람들의 의식 수준이 높아진 마당에 만일 그리스도가 실재 인물이 아니라고 주장하면 바보 취급을 당하기 쉽기 때문입니다. 그래서 현대인들은 마음으로는 예수님이 실재 인물이 아니라고 생각해도 겉으로는 잘 표현하지 않습니다. 젊은이들도 이에 대해 그런대로 수긍합니다. 그렇지 않으면 자기가 그만큼 역사에 어둡다는 이야기가 되기 때문입니다.

브리태니커 백과사전은 약 2만 단어를 사용해 예수 그리스도를 설명하는데, 이는 인물란에서 가장 많은 지면을 할애하는 것입니다. 그런데 그중에 예수가 실재 인물이었는가에 관한 문제를 제기하는 부분은 한 군데도 없습니다. 《역사의 개요 *The Outline of History*》라는 책을 쓴 H. G. 웰스라는 역사학자는 예수님에 대해 대단히 모독적인 이야기를 했습니다. 그는 역사책 10페이지에 달하는 긴 지면을 이용해 예수님에 대해 논합니다. 그렇게 예수를 반대하는 사람이지만 "예수가 실제로 존재했던 인물이었는가"에 대해서는 전혀 문제 삼지 않고 있습니다.

맨체스터 대학교의 성서 비평학자인 F. F. 브루스는 예수가 하나의 신화라고 생각하는 사람은 절대 역사가가 될 수 없다고 강조했습니다. 몇몇 작가들이 "그리스도는 신화다"라는 상상으로 글을 쓰지만, 그들에게는 역사적인 근거가 없습니다. 편견 없는 역사가에게 그리스도의 역사성은 줄리어스 시저 이야기처럼 너무나 자명한 이야기이기 때문입니다.

오토 베츠Otto Betz라는 학자는 《예수 그리스도에 대해 무엇을 알고 있는가What Do We Know about Jesus?》라는 책에서 이런 말을 했습니다. "무게 있는 학자 중에 지금 그리스도 예수의 비역사성을 주장하는 사람은 한 명도 없다." 예수님이 실재 인물이라는 것은 의심할 여지 없는 분명한 사실이고 타당한 근거가 있다고 합니다.

성경 하나만으로도, 만일 성경이 없다고 해도 역사적인 자료만으로도 예수님의 실재성은 부인할 수 없는 사실입니다. 이 문제가 마음에서 해결되지 않은 사람이 있습니까? "예수님이 실제로 존재한 인물인가"에 대해 은근히 의심하는 사람이 있습니까? 아무도 그런 사람을 설득할 수는 없습니다.

그들을 위해 두 가지 해결책을 제시하고 싶습니다. 만약 성경을 믿지 못하겠다면 성경 밖에 있는 모든 자료를 근거로 하여 솔직히 검토해보기 바랍니다. 과학적 이론과 연구 방법을 추구하는 지성인이자 현대인답게 말입니다. 실제로 한번 검토해보고 답을 얻어보십시오. 다른 하나는, 예수 그리스도를 마치 유령처럼 생각하면서 성경을 읽어보십시오. 성경이 과연 성경답게 읽힐까요?

자신의 신성을 주장한 유일한 종교 지도자

이제 남은 문제가 하나 있습니다. "예수는 과연 그리스도인가?" 다시 말하면 "예수가 과연 하나님의 아들이며 하나님으로서 인간의 몸을 입고 오신 우리의 구원자이신가?" 하는 문제에 부딪힙니다. 이 사실은 예수님이 직접 하신 말씀을 통해, 예수님의 부활 사건을 통해, 성경 말씀을 통해, 기독교 역사를 통해, 예수를 믿는 자들의 신앙 고백과 그들의 인격과 삶의 변화를 통해 확증할 수 있습니다.

우선 예수께서 직접 하신 말씀들을 기억합시다. 일일이 성경을 찾지 않더라도 기억나는 말씀이 있습니다. "나는 부활이요 생명이니 나를 믿는 자는 죽어도 살겠고 무릇 살아서 나를 믿는 자는 영원히 죽지 아니하리니 이것을 네가 믿느냐"(요 11:25-26). 이는 하나님 아들의 입에서만 나올 수 있는 말씀입니다. "내가 곧 길이요 진리요 생명이니 나로 말미암지 않고는 아버지께로 올 자가 없느니라"(요 14:6). 이것도 사람의 입에서는 나올 수 없는 말씀입니다.

엘리야는 예수님과 대등할 정도로 많은 기적을 행했지만, 엘리야가 하나님의 아들은 아니었습니다. 엘리야가 하는 말은 예수님의 말씀과 근본적으로 달랐습니다. 모세는 어느 면에서는 예수님과 맞먹을 정도로 권위가 있었습니다. 그러나 그는 하나님의 아들이 아니었습니다. 모세의 말과 예수님의 말씀은 너무나 차이가 큽니다. "인자의 살을 먹지 아니하고 인자의 피를 마시지 아니하면 너희 속에 생명이 없느니라"(요 6:53). 예수님이 아니고는 아무도 이런 말을 할 수 없습니다.

직접적인 말씀도 있습니다. "아브라함이 나기 전부터 내가 있느니라"(요 8:58). 이것은 분명히 예수님 자신이 하나님이라고 하는 직접적인 진술입니다. 14장 9절을 보면 더욱 그러합니다. 빌립이 하나님을 보여달라고 할 때 주님은 말씀하셨습니다. "나를 본 자는 아버지를 보았거늘 어찌하여 아버지를 보이라 하느냐." 이런 말씀들을 찬찬히 검토해보면 그는 분명히 하나님이시고 하나님의 아들이시며 그리스도이십니다.

토마스 슈츠는 이런 말을 했습니다. "모세나 바울이나 석가나 공자 등 종교 지도자로 인정된 사람 중에 자신을 하나님이라고 주장한 사람은 아무도 없었다. 그러나 예수 그리스도는 예외였다. 그는 자신의 신성을 주장한 유일한 종교 지도자였다." 성경을 보면 "네가 하나님의 아들이냐? 네가 그리스도냐? 네가 유대인의 왕이냐?" 하는 질문에 대해서는 한 번도 머뭇거리거나 대답을 회피한 적이 없었고, 대답을 수정한 적도 없었습니다. 다른 것에 대해서는 대답하지 않았을 때도 있었지만 "네가 하나님의 아들이냐" 하는 질문에는 반드시 대답하셨습니다. 이만큼 그가 하나님의 아들임은 분명합니다.

유명한 기독교 변증학자인 C. S. 루이스는 이런 말을 했습니다. "나는 가끔 사람들이 예수에 대해 어리석은 말을 하지 못하도록 노력하고 있습니다." 그 어리석은 말이란, 예수를 위대한 성인(聖人)으로 받아들일 용의는 있는데 그의 주장을 하나님의 것으로 받아들이진 못하겠다는 것입니다. 이것이 왜 어리석은 말입니까? 예수님이 하신 말씀을 그대로 받아들여 평가한다면 그분을 단지 성인으로 칭하고 끝날 수는 없기 때문입니다. 루이스는 사람이 이런 말을 했다면 미치광이 아니면 지옥에서 올라온 악마라고 해야 한다고 말했습니다. 그렇지 않다면 그분은 진짜 하나님입니다. 그러므로 우리는 예수님의 말씀을 앞에 놓고 양자택일을 할 수밖에 없습니다. 하나님 아들로 인정할 것인지, 아니면 미치광이나 지옥에서 올라온 악마라고 할 것인지, 둘 중 하나를 선택해야만 합니다. 중간 상태로는 있을 수 없습니다. 도덕군자, 성자, 위인이라는 호칭은 예수님에게 도무지 타당하지 않다고 했습니다.

루이스의 말을 다시 한번 들어보십시오. "당신은 그를 바보로 단정할 수도 있고 그에게 침을 뱉을 수도 있습니다. 아니면 그의 발아래 엎드려 그를 하나님이라고 부를 수도 있습니다. 그러나 예수님에게 선심을 쓰는 체하며 위대한 도덕군자 운운하는 것은 너무나 불합리한 제안입니다." 핵심을 찌르는 이야기라고 생각합니다. 예수님을 사랑하고 그리스도를 고백하는 성도는 이런 정도의 긍지와 자부심이 있어야 합니다. 예수님을 하나님의 아들로 인정하지 않으려는 사람이 있다면 예수님이 실제로 하신 말씀을 직접 보여주면 됩니다. 양심적으로 생각할 수 있는 사람이라면 루이스의 말처럼 예수를 거짓말쟁이나 미치광이라고 생각하든지, 아니면 그분이야말로 하나님의 아들이라고 인정할 것입니다.

작가 루 월리스는 친구 잉거솔과 함께 예수의 부활은 거짓이요, 기독교는 사람들을 속이는 거짓 진리라는 것을 증명하기 위해 미국과 유럽의 여러 도서관을 다니며 많은 자료를 모은 후 성경을 반박하고 예수가 하나님이나 구원자가 아님을 입증하기 위해 논문을 쓰기 시작했습니다. 1장은 그런대로 썼는데 2장을 쓰면서 그는 원고지를 집어던지고 무릎을 꿇고 말았습니다. 거짓말을 쓸 수 없었기 때문이었습니다. 예수님은 분명히 부활하셨고 분명 하나님의 아들이라는 사실을 부인할 수 없었습니다. 거기에서 변화를 받고 나중에 쓴 책이 노벨 문학상까지 받은 《벤허》입니다.

부활의 증거는 이렇게 명백하다

또 하나 중요한 사건은 예수님의 부활 사건입니다. 부활은 그분이 정말 하나님의 아들이라는 사실을 가장 멋있게 입증한 사건입니다. 그런 주님의 부활을 가장 멋있게 입증하고, 증거한 자들은 아이러니하게도 그분을 십자가에 못 박아 죽였던 유대 지도자들이었습니다. 예수께서 평소에 "십자가에 못 박혀 죽고 사흘 만에 다시 살아날 것"이라고 하신 말씀을 제자들은 마음에 담아두지 못하고 있었습니다. 그분이 살아나셨다는 소식을 듣고도 전혀 기억하지 못했습니다.

그런데 대제사장들이나 예수를 십자가에 못 박았던 자들은 그분이 다시 살아나실 것이 겁이 나 빌라도에게 요청하여 사흘만 지키자고 했습니다. 이렇게 로마 군인을 동원하여 사흘간 지키는 사전 조치가 없었더라면 정말 신신학자들이 말하는 것처럼 그분의 부활은 예수님을 잃고 슬픔에 빠져 있던 제자들이 궁여지책으로 만들어낸 하나의 망상이거나 조작된 신화였다고 우길지도 모릅니다.

그러나 감사하게도 대제사장들과 유대 지도자들은 빌라도의 특명을 받아 무덤을 큰 돌로 인봉하고, 로마 군인들을 시켜 사흘간 지키게 했습니다. 그리고 예수님을 죽인 유대 지도자들은 진실을 이야기하는 파수꾼들의 말을 은폐하기 위해 뇌물을

옥한흠, 일상을 말하다

썼습니다. 이 뇌물도 예수님의 부활을 증명하는 하나의 자료가 됩니다. 뇌물을 주었다는 루머가 온 사방에 퍼졌기 때문입니다. 의인 예수를 잡아 넘기는 대가로도 은 30밖에 주지 아니한 자들이었습니다. 그런 구두쇠들이 예수님의 부활을 은폐하기 위해 돈을 주었다는 것입니다. 얼마나 급했으면 뇌물을 주었겠습니까? 이런 말은 굉장히 중요합니다. 마태복음 28장 12절을 참고하면 많은 돈을 주었다고 했습니다. 이 파수꾼들은 복이 많은 자들입니다. 부활 사건을 제일 먼저 목격했을 뿐만 아니라, 그것으로 돈까지 얻게 되었으니 말입니다.

또 하나, 부활 사건을 입증하는 것은 오순절 후에, 예수님이 살아나셨다고 온 유대와 예루살렘이 떠들썩하게 제자들이 돌아다녔는데도 유대인들이 침묵을 지킨 사실입니다. 그들이 얼마나 악독한 사람들입니까? 그런데 자기들이 죽인 예수가 다시 살아났다고 떠드는 제자들의 말이 거짓이라면 가만히 두었겠습니까? 반론을 제시하려고 갖가지 수사나 모든 수단을 동원했을 것입니다. 그러나 제자들의 말을 뒤집어엎을 만한 어떤 증거도 찾지 못했습니다. 그래서 그들은 입을 다물었습니다. 그것 하나만은 양심적이었습니다. 산헤드린 공의회에서 베드로와 요한을 심문할 때도 그들은 왜 너희가 거짓말하느냐고 추궁하지 않았습니다. 단지 예수가 살아났다는 말을 하지 말라고 했습니다. 그래서 존 스토트는 유대 지도자들의 침묵이야말로 예수가 살아나셨다는 제자들의 증언만큼 감동적이라고 표현했습니다.

다음으로, 오순절 이후에 회개하고 돌아온 유대인들이 예수 그리스도가 부활하신 하나님의 아들임을 증명합니다. 그들은 예수를 십자가에 못 박아 죽이자고 고래고래 소리 지르던 사람들이었습니다. 예수님이 십자가에 못 박혀 돌아가셨을 때 그 앞에서 입을 삐죽거리고 "네가 그리스도거든 뛰어내려보라"고 소리치던 자들이 나중에 가책을 받을 이유가 어디 있겠습니까? 예수가 진짜 살아나셨다는 사실을 부인할 수 없었기 때문입니다. 그래서 그들은 가책을 받았고 회개하고 하나님 앞으로 돌아왔습니다. 이것만큼 확실한 증거가 없는 것입니다.

부활은 신앙의 승패를 결정하는 중요한 사건입니다. 부활이 사실이 아니라면 그리스도가 하나님의 아들이라는 사실도 부정됩니다. 부활이 부정된다면 우리의 구원자로서 자격도 상실합니다. 많은 자유주의 신학자나 이단자가 예수 그리스도의 부활에 집중 포격을 가한 이유도 여기 있습니다. 이것이 거짓임을 증명할 수만 있다면 기독교의 뿌리를 뽑을 수 있다는 것입니다. 스트라스 워르는 "만약 부활이 인정되면 기독교에서 생동감 있고 근본이 되는 모든 것이 인정될 것이고, 만약 부활이 부정되면 다른 모든 것도 부정된다"라고 썼습니다.

2세기의 이단 철학자였던 켈수스 이래 부활 사건은 기독교에 대한 주요 공격 목표가 되어 왔습니다. 교회사를 쓴 필립 샤

프는 부활 사건은 인간 역사의 최대 기적이거나 아니면 역사가 기록한 최대 착각이라고 했습니다. 그렇습니다. 착각이든지 아니면 기적이든지 둘 중 하나입니다. 그렇지만 우리가 하나님 말씀 앞에서 사건을 은밀히 검토해보면 그것이 실재였다는 것을 알 수 있고, 또 그것이 진실임을 확인한 사람은 그리스도가 하나님의 아들임을 무릎 꿇고 긍정하지 않을 수 없습니다.

세계적인 법률학자이자 영국의 법무장관, 케임브리지 대학교의 총장이었던 린더 홀스트는 "나는 증거라는 것이 무엇인지 잘 안다. 소위 거짓이냐 참이냐는 것을 확증할 줄도 알고, 그 증거가 무엇인지 분명히 말할 수도 있다. 내 눈으로 볼 때 부활과 관련하여 성경이 제시하는 증거는 아직 그 어떤 것을 통해서도 깨뜨릴 수 없는 증거다"라고 했습니다.

당신은 부활을 믿습니까? 예수님은 부활하셨습니까? 우리는 "예수님이 부활하셨는가"라는 질문에 누가 물어도, 심지어 사탄이 묘하게 질문해와도 아멘이라고 대답해야 합니다. 얼마나 신나는 이야기입니까? 하나님의 아들이 세상에 오셔서 죄짐을 지고 담당하신 후에 부활하셨습니다. 얼마나 기가 막힌 이야기입니까!

예수님은 누구입니까? 그리스도이십니다. 하나님의 아들이십니다. 그는 부활하신 우리의 구원자이십니다. 이 모든 의미가 '그리스도'라는 단어에 다 들어 있습니다.

예수님이 그리스도라는 사실은 2천 년 기독교 역사를 통해서도 증명됩니다. 예수님이 어떻게 2천 년 동안 이렇게 멋지게 세계를 정복하셨습니까? 그분은 손에 칼도 창도 들지 않았는데 어떻게 세상을 다스리실 수 있었을까요? 이렇게 할 수 있었던 것은 그분이 진실로 하나님의 아들이요 살아 계신 우리의 그리스도이기 때문입니다. 예수님의 십자가와 부활이 거짓이라면 세상이 아무리 악하다 해도 어떻게 2천 년 동안 그 거짓말이 참으로 통할 수 있었겠습니까? 아무리 아담 이후로 인간 세계가 타락했다고 해도 한 가지 거짓말, 그것도 갈릴리 어부들이 조작해낸 거짓말이 진실로 통할 수 있을 만큼 이 세계가 어리석다고 생각하지는 않습니다.

헨리 보시는 말하기를, "소크라테스와 아리스토텔레스는 40년을 가르쳤고, 플라톤도 30~40년을 가르쳤는데, 예수님은 단 3년을 가르쳤다. 그러나 예수 그리스도의 3년은 다른 세 사람의 120년간의 교훈을 훨씬 능가한다"라고 했습니다.

이 예수님을 기록한 것이 성경입니다. 이미 성경이 무엇인가에 대해서는 잘 알 것입니다. 제가 알고 있기로는 성경은 1년에 거의 4억 권이나 판매됩니다. 맥가피라는 학자의 말을 빌리면, "어느 나라 혹은 도시에서 성경이 불타 없어졌다고 해봅시다. 그러면 당신은 국립 도서관이나 공립 도서관에 가서 성경을 금방 한 권 재생할 수 있습니다. 가령 문학자들이 인용한 성경 구절, 역사가들이 인용한 성경 구절 등 각 분야에서 인용한 성경 구절을 전부 추려 모아도 성경 한 권이 됩니다". 다소 과장되었지만 대단한 이야기입니다. 그만큼 예수님의 영향이 미치지 않은 구석이 없음을 말해줍니다. 그래서 세계 역사를 '히스토리'history라고 한 말이 맞습니다.

오늘날 세계 종교를 볼 때 세계적인 종교는 기독교라고 할 수밖에 없습니다. 이슬람교를 믿는 종교인이 7억이 넘는다고 해도, 기독교 외의 종교들은 대부분 어떤 인종이나 특수한 환경에 제한되어 파급되는 것이지, 국경이나 인종을 완전히 초월한 종교는 기독교밖에 없습니다. 예수님은 살아계시기 때문에 오늘날 이처럼 역사를 지배하십니다.

어느 교회 벽보에 붙어 있는 사진을 보고 큰 충격을 받은 적이 있습니다. 소련에서 예수 믿다 잡힌 청년이 고문당하다 죽은 사진, 아프리카에서 예수 믿다가 잡혀 거꾸로 매달려 죽은 사진, 중국에서 예수 믿는 청년을 끌어다가 두들겨 패는 사진 … 너무나 충격적이었습니다. 이 순간에도 우리가 모르는 사이에, 예수 그리스도가 그리스도이며 하나님의 아들이라고 자기 신앙을 고백했다고 피 흘리고 죽어가는 순교자들이 세계 도처에 얼마나 되는지 알 수 없습니다. 어느 종교에 이렇게 많은 순교자가 배출되고 있습니까? 어느 종교에 매 맞아 죽어가면서 자기 신앙을 고백하는 사람이 있습니까? 불교에 있습니까? 이 슬람교에 있습니까? 유교나 힌두교에 있습니까? 어느 종교에도 그와 같은 순교자가 배출되지는 않았습니다.

생명을 내어놓고 예수님이 그리스도라고, 하나님의 아들이라고 고백하는 이유는 그가 진실로 우리의 구원자이기 때문입니다. 이 세상 끝날까지 피를 흘리면서도 예수님이 그리스도라고 고백하는 사람들은 줄을 이어 그치지 않고 계속될 것입니다. 그래서 하늘에 있는 십사만 사천 명에게 별명 붙이기를 "목 베임을 당한 자들"(계 20:4)이라고 하셨습니다. 하나님의 아들을 위해 그만한 대가를 지불할 수 있는 것이지 허구의 인물을 위해 목 베임을 당할 사람은 아무도 없을 것입니다.

마지막으로, 예수님은 그리스도이신가는 예수를 믿고 그리스도를 영접하므로 변화된 사람의 인격과 삶을 통해 분명히 증명됩니다. 예수님이 가상의 인물이라면 어떻게 그분이 오늘날 이 많은 사람을 변화시키고 새롭게 할 수 있겠습니까?

전도하다 보면 참 재미있는 에피소드를 봅니다. 학력 수준이나 사회적 배경, 누리는 여건을 보면 평생 고개 숙일 일 없어 보이는 사람들의 마음을 어떻게 해서 감동시킬 수 있을까요? 돈을 갖다 주고 빌어야 할까요? 슬픈 이야기로 눈물을 흘리게 만들면 될까요? 아침저녁 드나들면서 논리적으로 설득할 수 있을까요? 불가능합니다. 그런데 예수의 복음 한 마디에 마음이 녹는 것을 볼 때마다 그분이야말로 하나님 아들이 아닌가 하는 생각이 듭니다. 하나님의 아들이기 때문에 이런 일이 가능한 것입니다. 그분이 사람의 마음에 들어가실 때 놀라운 회개의 역사가 일어납니다. 인격이 변하고, 사람이 변합니다. 저 역시 그런 사람입니다. 자신에게 일어나는 놀라운 역사를 다른 형제에게서 많이 목격하다 보면 오늘날 예수가 그리스도라는 것을 자연스럽게 알 수 있게 됩니다. 그러므로 그리스도인은 어디를 가더라도 예수님은 그리스도시요, 하나님의 아들이라고 담대하게 말할 수 있어야 합니다. 자신만만하게, 두려워하지 말고, 미소를 지으면서 이야기해야 합니다.

예수를 처음 믿을 때 예수님이 누구라고 고백하는 것도 대단히 중요하지만, 예수를 오래 믿은 사람일수록 자주 예수님이 누구신가를 깊이 확인하고 고백해야 할 필요성이 많습니다. "예수님이 누구이신가"에 대한 대답은 개인적인 고백이어야 한다는 점이 중요합니다. 무리가 예수님을 어떻게 말하느냐에 따라 대답할 문제가 아닙니다. 우리는 개별적으로 자기 신앙을 고백해야 합니다. 예수님은 이것을 원하십니다.

• 1982년 4월, 서울영동교회

4

영적 건강의
시금석

예수님은 마태복음 9장 36절에서 이렇게 말씀하십니다. "무리를 보시고 불쌍히 여기시니 이는 그들이 목자 없는 양과 같이 고생하며 기진함이라."

베드로와 요한은 이렇게 말합니다. "우리는 보고 들은 것을 말하지 아니할 수 없다"(행 4:20).

바울은 로마서 9장 1~3절에서 이렇게 고백합니다. "내가 그리스도 안에서 참말을 하고 거짓말을 아니하노라 나에게 큰 근심이 있는 것과 마음에 그치지 않는 고통이 있는 것을 내 양심이 성령 안에서 나와 더불어 증언하노니 나의 형제 곧 골육의

친척을 위하여 내 자신이 저주를 받아 그리스도에게서 끊어질 지라도 원하는 바로라."

캐나다 토론토에서 피플스 교회Peoples Church를 개척하고 한때 큰 감화를 끼친 오스왈드 스미스 목사는 이렇게 이야기합 니다. "물에 빠진 아이를 위해서는 안타까워하면서 멸망하는 영 혼을 위해서는 왜 그렇지 못합니까? 사랑하는 사람이 바다에 빠져 죽어가는 것을 본다면 안타까워 우는 것이 당연하지 않습 니까? 사랑하던 사람의 주검을 담은 관을 볼 때 통곡하지 않을 사람이 있겠습니까? 그런데 주위에서 고귀한 영혼이 멸망하며 암흑과 절망의 어둠 속으로 영원히 빠져드는 것을 보면서도 아 무것도 느끼지 못하는 현실을 보십시오! 우리 마음이 얼마나 싸 늘하게 식어 있는 것입니까? 예수님이 느끼신 연민의 정을 우 리는 알지 못합니다."

이상에서 인용한 인용문 네 개에는 공통점이 있습니다. 하 나님의 사랑을 맛본 자녀들에게 전도는 예외 없이 자연스러운 현상이라는 것입니다. 무리를 보시고 불쌍히 여기는 일은 예수 님의 자연스러운 심정입니다. 보고 들은 예수 그리스도를 말하 지 않을 수 없다고 한 베드로의 충동 역시 자연스럽습니다. 자 기 만족이 구원받지 못하고 멸망하는 것을 보면서 차라리 자신 이 저주를 받더라도 그들을 구원하고 싶다고 한 바울의 고백 역 시 진실 어린 열망입니다. 사랑하는 자의 주검을 담은 관을 따라가면서 우는 것이 자연스러운 것처럼 지옥문을 향해 걸어가는 수많은 영혼을 볼 때 고통을 느끼고, 전하고 싶고, 구원하고 싶은 것은 자연스러운 일입니다. 누가 시켜서 하는 것이 아닙니다.

전도는 은사인가 사명인가

전도란 이런 것입니다. 제가 좀 답답하게 생각하는 주장이 있는데, 저 스스로 공감하지 못하는 데서 오는 답답함입니다. 이런 주장을 많이 들어보았을 것입니다. "전도는 은사입니다. 은사받은 사람이 하는 일입니다. 은사가 없는 사람은 소극적인 면에서 협조하는 것으로 족합니다." 물론 이것은 신학적으로 깊은 토론이 필요한 문제 중 하나입니다. 하지만 저는 동의할 수 없습니다. 오늘은 이 부분을 말할 것입니다.

자신이 은사를 받지 못했으니 전도를 하지 않아도 된다든지, 소극적으로 협조만 해주면 그만이라는 식의 생각을 하는 분이 있다면 이 시간에 한 번 진지하게 고민해보는 것이 좋겠습니다. 또 하나 답답하게 생각하는 문제가 있습니다. 그것은 신약 성경에서 평신도에게 전도하라는 명령이 거의 없다는 사실을 가지고 전도는 특정한 부류가 전담하는 것인 양 생각하는 일입니다. 여러분이 기억하는 "너는 말씀을 전파하라 때를 얻든지 못 얻든지 항상 힘쓰라"(딤후 4:2)라고 한 명령은 목회자 디모데에게 하는 말씀이지 평신도를 대상으로 한 것은 아닙니다. 이런 부분을 아는 사람들은 평신도에게 전도하라고 하는 것은 성경적이 아니라고까지 주장합니다. 전도는 특별한 소명을 받은 하나님의 종들이 하는 것이요, 평신도에게 지나친 부담을 주는 것은 잘못이라는 의미입니다. 그래서 전도하지 않아도 된다는 생각을 합니다. 저는 오늘 말씀에서 이 두 가지 문제를 다루려고 합니다.

먼저 결론부터 말하겠습니다. 전도는 시켜서 하는 것이 아니며, 은사받아 하는 것도 아니라 구원받은 하나님의 자녀이면 누구나 느끼는 본능적인 충동입니다. 하나님의 사랑을 맛본 자에게는 자연스럽게 찾아오는 자원하는 심정입니다.

전도가 과연 은사의 문제인가를 우선 생각해봅시다. 미국의 어느 주류 보수 교단의 통계를 보니까 95퍼센트에 해당하는 신자들이 1년 동안 전도를 한 명도 하지 않았다고 합니다. 전도를 은사받은 사람의 전담물로 착각하고 태평스럽게 앉아 있는 이들이 많습니다. 심지어 교회가 그런 식으로 가르쳤기 때문에 교인들은 오히려 자기가 내는 헌금이나 몇 푼의 전도비로 전도에 동참하는 것으로 착각했는지도 모릅니다.

과연 전도가 은사의 문제일까요? 로마서 12장 6~8절을 보면 7가지 은사가 나옵니다. 고린도전서 12장 4~11절에는 9가지 은사가 나옵니다. 그 은사를 면밀하게 검토해보면 전도가 은사라는 내용은 없습니다. 물론, 그것이 은사의 전부를 나열한 것은 아닐 것입니다. 그러나 그 안에 전도라는 은사가 없다는 사실은 분명합니다. 에베소서 4장 11~12절에는 은사와 관계된 교회 직분 7가지가 나옵니다. 여기에 보면 복음 전하는 자의 직책이 있습니다. 아마 이것을 보고 은사라고 했다는 생각도 듭니다.

그러나 제가 볼 때 이것은 어디까지나 소명과 관계된 특별한 은사를 말합니다. 물론, 교회 지도자 중에는 전도에 특별한 소명을 받은 사람들이 있습니다. 오늘날의 선교사들이나 빌리 그레이엄 같이 평생 전도하는 일에 자신의 전부를 바쳐 헌신하는 사람이 있습니다. 이것은 소명과 관계된 특별한 은사입니다. 알다시피 은사 중에는 '믿음'이라는 것이 있습니다. 그러면 그 믿음이라는 은사를 놓고도 "믿음도 은사입니다. 그러므로 이 은사를 받은 사람만 믿음을 가질 수 있고 구원받을 수 있습니다"라고 말할 수 있습니까? 비록 믿음이 하나님의 선물이지만 일반적인 믿음과 특별 은사로서의 믿음을 혼동하면 좀 이상해집니다. 거기서 나오는 믿음은 특별한 일을 위해 하나님이 주신 특별한 믿음을 의미합니다. 이것은 특별 소명과 관련 있는 믿음입니다. 따라서 이런 믿음은 일반 사람에게 그대로 적용할 수 없습니다. 구원받는 믿음은 예수 안에 들어오는 모든 사람이 선물로 다 받는 것이지 몇 사람에게만 주어지는 특권적인 은사가 아닙니다.

전도도 마찬가지라고 봅니다. 사도행전이나 서신서를 연구해보면 전도는 몇몇 사람에게 국한된 특별한 일이라는 인상을 받을 수도 있습니다. 그러나 사도행전이나 서신서는 당시 교인들의 전도 상황을 세밀하게 기록하려고 쓴 책이 아님을 기억해야 합니다. 다시 말해 중요한 인물들의 전도 사항이나 활동을 기록해서 모든 사람에게 교훈을 주려고 기록한 것이지 모든 평신도의 전도 상황을 기록하고 보고하는 책이 아니라는 말입니다. 그곳에는 스데반이나 빌립 같은 인물이 등장하지만, 어디까지나 우리에게 전도하는 자의 모범이 무엇인지 보인 것이지 특별 은사를 받은 사람의 전기는 아닙니다.

선교와 전도는 확실히 구별됩니다. 1952년 독일 빌링겐 Willingen 국제선교대회I.M.C. 이후부터 드디어 선교와 전도가 개념적으로 다르게 해석되기 시작했습니다. 그 후부터 전도와 선교는 일반적으로 구별돼왔습니다. 선교는 넓은 의미입니다. 전도는 좁은 의미입니다. 분명히 만일 누가 아프리카나 인디언 마을과 같은 특별한 곳에 간다면 소명 못지않게 전도의 은사가 있어야 한다고 봅니다. 그런 소명을 감당하려면 은사가 있어야 합니다. 그러나 이웃에 있는 불쌍한 영혼을 찾아가 전도하는 데 무슨 대단한 은사를 찾을 필요가 있겠습니까? 물론 전도하는 분 중에는 가끔은 특출한 사람들이 있습니다. 그런 사람에게는 은사가 있다고들 합니다. 하지만 이런 것도 그만한 은사를 받지 못하면 전도하지 않아도 된다는 변명을 만들어주는 근거가 될 수는 없습니다. 만약 전도가 은사에 국한된 것이라면 교회에서 전도를 강요할 수 없는 노릇입니다. 은사는 성령이 자기 뜻에 따라서 원하는 자에게 주시는 것이기 때문입니다. 그러므로 목사가 교인에게 전도의 은사를 받으라고 아무리 강요해도 성령께서 주시지 않는다면 아무도 받을 수 없습니다. 전도를 은사로 국한해 이야기하는 것은 신자들에게 전도의 소명과 책임을 회피시키는 좋은 구실을 주는 것에 불과합니다. 전도는 하나님 앞에 부름받은 모든 신자가 그리스도의 증인으로서 한 사람도 예외 없이 기쁜 마음으로 동참해야 할 가장 자연스러운 일입니다.

성경에 전도하라는 명령이 거의 없다고 해서 전도를 하지 않아도 되는 것입니까?

추수기에 들어간 교회가 순종해야 할 명령

제게는 개인적인 확신이 있습니다. 말세 교회는 추수기에 있는 교회입니다. 이 말세 교회는 성령이 오순절에 강림하심과 동시에 시작되었습니다. 말세에 임하신 성령은 구약 교회를 완전히 새로운 성격의 교회로 바꾸어놓았습니다. 구약 교회는 제사가 중심인 교회였습니다. 그래서 성전이 중요했고 제단과 제사장과 제물이 중요했습니다. 그러나 성령이 오셔서 시작된 이 말세의 신약 교회는 제사 중심의 구약 교회에서 복음 선포를 중심으로 하는 선지자적 교회로 변했습니다. 선지자직을 감당하는 교회가 바로 말세에 처한 신약 교회입니다.

사도행전 1장 8절은 "오직 성령이 너희에게 임하시면 너희가 권능을 받고 예루살렘과 온 유대와 사마리아와 땅끝까지 이르러 내 증인이 되리라"라고 했습니다. 교회를 능력 있는 증인으로 준비시키는 일이 말세에 오신 성령의 중요한 일입니다. 신약 교회는 복음 전파가 주임무라는 의미입니다. 신약 교회는 왜 제사가 중심이 아닙니까? 구약의 제사는 전부 그림자요, 부분적이요, 앞으로 다가올 참 제사의 예표였습니다. 그러나 예수님이 십자가에서 완전한 제사를 드린 후에는 제사에 관한 것은 다 완성되었습니다. 이제 제사에 대해 논의할 필요가 없게 된 것입니다. 그 결과 하나님이 예수 그리스도를 통해 완성하신 이 영원한 제사를 온 천지에 자랑하고 전파하기로 가르치는 것, 이것이 더 중요한 과제로 등장하게 되었습니다. 신약 교회는 이와 같은 본질을 가지고 탄생했습니다. 그래서 요한복음 15장 26절에는 "내가 아버지께로부터 너희에게 보낼 보혜사 곧 아버지께로부터 나오시는 진리의 성령이 오실 때에 그가 나를 증언하실 것이요"라고 했습니다.

성령은 왜 오셨습니까? 예수 그리스도를 증거하기 위해서입니다. 그가 와서 "죄에 대하여, 의에 대하여, 심판에 대하여 세상을 책망"(요 16:8)하신다고 했습니다. 예수를 증거하는 교회를 통해 세상 사람들이 복음과 심판을 동시에 듣도록 하셨습니다. 그러므로 증거하는 일이 신약 교회에게 주어진 가장 중요한 임무입니다.

예수께서 남기신 대사명이 무엇입니까? "너희는 가서 모든 민족을 제자로 삼아 아버지와 아들과 성령의 이름으로 세례를 베풀고 내가 너희에게 분부한 모든 것을 가르쳐 지키게 하라 볼지어다 내가 세상 끝날까지 너희와 항상 함께 있으리라"(마 28:19-20). 왜 '대사명'이냐면 모든 민속을 제자로 삼으라는 이 명령의 규모가 크기 때문입니다. 무대가 세계인만큼 그런 이름을 붙일 만합니다. 주님께서 이 대사명을 교회에 남겨 놓고 가셨는데, 이것은 앞으로 신약 교회가 세상에서 무슨 일을 우선해야 하는지를 지시하는 교회의 법이 되었습니다. 성령은 오시자마자 이 법을 근거로 해서 교회가 전 세계에 예수 그리스도를 증거하는 그리스도의 제자가 되도록 무장하는 일을 맡으십니다. 따라서 오순절에 강림하신 성령은 교회와 하나가 되었고, 드디어 교회 안에서 모든 하나님의 자녀가 세상에서 그리스도의 증인이 되도록 준비시켰습니다. 이것이 오늘날 성령께서 하시는 일입니다.

재미있는 것은 사도행전 1장 8절입니다. "성령이 너희에게 임하시면." 이것은 하나님 편에서 하시는 일입니다. "너희가 권능을 받고." 이것 역시 우리가 하나님의 약속을 붙들고 기다리면 됩니다. 그다음에 "내 증인이 되리라"고 하셨는데 이것은 자연적인 결과입니다. 증인이 되고 싶어서 몸부림칠 필요가 없습니다. 성령의 권능을 받으면 누구든지 증인이 된다고 했습니다. 마치 어린아이가 어머니 뱃속에 배태되면 태어나는 것이 자연스러운 것처럼, 성령이 교회에 임하시고 성령을 통해 교회가 능력을 체험하면 증인이 되는 것은 자연스럽습니다.

전도는 하나님 사랑을 체험한 자의 열매

그러므로 성령이 거하는 교회에는 예수를 증거하려는 본능적인 충동이 있습니다. 성령이 누구에게 임하든지, 어느 교회에 임하든지, 성령이 역사하면 자연적으로 하나님의 증인이 됩니다. 그래서 사도행전을 통해 우리는 성령이 임하자마자 일어난 일들을 흥미 있게 관찰할 수 있습니다. 그들의 방언은 꽹과리의 울리는 소리처럼 아무 의미가 없는 말이 아니었습니다. 사도행전 2장 11절에 보면 교회는 "하나님의 큰일"을 말하는 집단으로 달라집니다. 그들이 떠든 내용이 베드로의 설교에 나옵니다. 유대인들이 십자가에 못 박아 죽인 나사렛 예수 그리스도가 하나님의 권능으로 다시 살아났다는 내용이었습니다. 그리고 그 예수님이 인류의 주님이요 구원자가 되었다는 것입니다. 다시 말해, 제자들은 성령을 받자마자 자발적으로 보고 들은 사실을 증거하는 증인이 되었습니다. 이에 따라 예루살렘 교회는 핍박을 받으면서도 밤에 모여 하나님께 이렇게 기도합니다. "주여, 담대히 하나님의 말씀을 전하게 해주시옵소서"(행 4:29 참조). 이 것은 사도 베드로 혼자서 기도한 것이 아닙니다. 예루살렘 교회가 어떤 장소에 모여 합심해서 기도한 것입니다. 그 결과 그들은 성령의 충만함을 다시 한번 체험하게 되었고 성령의 충만함을 받자마자 담대하게 하나님 말씀을 전합니다(행 4:31). 이것은 자연적인 현상이었습니다. 스데반의 죽음으로 핍박이 일어나자 사도들은 예루살렘에 남았지만 다른 신자들은 다 흩어져서 두루 다니며 복음의 말씀을 전했습니다. 그 복음의 말씀을 전한 모든 평신도의 대표자가 빌립이었습니다.

제 요지는 성령이 임하신 신약 교회에게 전도는 명령이 아니라 본질이며 누구에게나 일어나는 자연적인 충동이요 소원이라는 것입니다. 어느 교회사 학자에 따르면 주후 3세기까지의 교회는 70퍼센트가 노예 출신이었습니다. 그 당시 교회에는 대략 열 번의 대박해가 휩쓸었고, 수없이 많은 성도가 피를 흘리며 죽어갔던 참혹한 기간을 지나고 있었습니다. 그러나 하르낙과 같은 유명한 초대교회의 학자들은 예수 믿는 모든 사람이 예외 없이 전도자였고 선교사였다는 점을 공통적으로 강조합니다. 교회는 예외 없이 선교 센터였습니다.

이처럼 전도는 성도가 성령 안에 거할 때 자연적으로 나타나는 성도의 생활입니다. 이에는 주관적인 면을 살펴볼 수 있고 객관적인 면을 살펴볼 수 있습니다.

먼저, 주관적인 면을 보면 로마서 5장 5절에서 "성령으로 말미암아 하나님의 사랑이 우리 마음에 부은 바"되었다고 합니다. 쉽게 말하면 성령이 하나님의 사랑을 우리 마음에 가득 부어주셨다는 것입니다. 그 결과 신자는 누구나 하나님의 사랑에 감격하는 자가 됩니다. 그리고 그 사랑을 전달하는 도구가 됩니다. 놀라운 하나님의 사랑이 드디어 우리 안에서 넘쳐 밖으로 흘러갑니다. 이때 나타나는 것 가운데 하나가 전도입니다.

여기서 우리는 대계명과 대사명의 관계를 이해할 수 있습니다. 대계명은 항상 대사명보다 앞섭니다. 다시 말하면 "이웃을 네 몸과 같이 사랑하라"는 대계명이 "모든 족속으로 제자를 삼으라"는 대사명보다 우선합니다. 대계명이 있으므로 대사명이 있는 것입니다.

하나님의 사랑을 체험하고 나면 이웃에 대한 사랑의 열매가 열립니다. 요한복음 3장 16절에서 하나님이 세상을 사랑하신 증거로 누구를 주셨습니까? 독생자 예수님을 주셨습니다. 그러면 우리도 이웃을 내 몸과 같이 사랑하는 증거로 누구를 주어야 합니까? 예수님을 주어야 합니다. 이것이 진정한 사랑의 표현입니다. 주관적으로 볼 때 하나님 사랑을 체험한 사람은 자연적으로 이웃에게 사랑을 전달합니다. 예수 그리스도를 통해 사랑을 전달합니다. 그리스도가 없는 사랑은 사랑이 아닙니다. 아무리 자선사업을 많이 해도 예수 없는 사랑은 사랑이 아닙니다. 그러므로 그리스도인은 예수 없는 사랑을 절대로 할 수 없습니다. 이것이 전도와 사랑이 불가분의 관계를 갖는 이유입니다.

전도는 좋은 소식을 전하는 일입니다. 좋은 소식을 가진 사람은 자기 혼자 가만히 묻어두고 있을 수 없습니다. 본능적으로 어려운 일입니다. 성령을 받은 사람은 예수 그리스도가 얼마나 기가 막힌 복음인지 잘 압니다. 그러므로 그것을 감추어둘 수 없고, 자연적으로 전하게 됩니다. 그래서 베드로와 요한은 그들이 보고 들은 것을 말하지 않고 억제할 수 없다고 주장했습니다. 그러므로 전도는 자연적인 것입니다. 강한 충동이 일어 전하고 싶은 마음입니다. 여러분은 은혜 안에 있습니까? 은혜 안에 있으면 전도는 절대 억지로 하는 것이 아닙니다.

주관적인 입장에서 하나 더 생각해보면, 하나님의 자녀에게는 하나님이 기뻐하시는 뜻을 따르려는 강한 본능이 있습니다. 어떻게 하면 아버지의 뜻에 합당한 생활을 할 수 있을까 고민합니다. 이 욕망은 하나님이 가장 좋아하시는 것이 무엇인지를 찾게 합니다.

성경에서 예수님이 기뻐하시는 장면이 한 곳 나옵니다. 누가복음 10장 21절을 보면 70인이 전도하고 돌아와 기뻐하면서 예수님께 보고하자 주님은 성령으로 기뻐하셨습니다. 전도가 하나님의 뜻과 일치하는 일이었으므로 기뻐하신 것입니다. 이처럼 전도는 하나님이 가장 기뻐하시는 일이기에 하나님의 뜻과 일치됩니다.

누가복음 15장은 "기뻐하다, 즐거워하다"라는 말의 향연으로 가득합니다. 열 번 이상 나옵니다. 아시다시피 15장은 잃은 양을 찾아오고, 잃어버린 드라크마를 찾으며, 탕자가 돌아오는 이야기입니다. 다시 말하면 전도를 통해 잃어버린 죄인이 하나님 앞으로 돌아오는 것을 이야기합니다. 이런 내용이 기쁨으로 가득하게 차 있는 이유는 무엇입니까? 하나님이 전도를 제일 좋아하시기 때문입니다. 이처럼 죄인 하나가 회개하면 하늘에서는 회개할 것 없는 의인 아흔아홉으로 말미암아 기뻐하는 것보다 더 기뻐한다고 했습니다. 이 사실을 알면 누구나 전도해서 하나님을 기쁘시게 하고 싶어 합니다.

렝스토르프라는 독일학자는 신약에 있는 하나님의 뜻은 단수이며 복수가 아니라고 했습니다. 그것은 하나님의 뜻이 하나라는 의미입니다. 그 유일한 뜻은 세상을 구원하는 것이라고 했습니다. "하나님은 모든 사람이 구원을 받으며 진리를 아는 데에 이르기를 원하시느니라"(딤전 2:4). 이것이 하나님이 기뻐하시는 가장 큰 뜻입니다. 다른 것은 다 부수적입니다.

하나님의 이 뜻이 살아있으므로 오늘도 세계는 존속합니다. 하나님의 뜻이 성취되면 세상에는 마지막이 옵니다. 마태복음 24장 14절처럼 "이 천국 복음이 모든 민족에게 증언되기 위하여 온 세상에 전파되리니 그제야 끝이" 옵니다. 따라서 하나님의 뜻과 세상 역사는 맞물려 돌아갑니다.

우리는 다 하나님의 자녀입니다. 하나님의 자녀로서 아버지의 마음을 기쁘시게 하려는 간절한 마음을 갖고 있습니다. 그 마음으로 하나님이 가장 기뻐하시는 영혼 구원을 하길 원합니다. 이것은 중생한 사람에게 있는 자연스러운 충동입니다. 지금까지는 전도가 자연적인 충동이지 명령에 따라 억지로 하는 의무가 아님을 주관적인 입장에서 설명했습니다.

"저는 저대로 급한 일이 있습니다"

다음으로 객관적인 면을 살펴보겠습니다. 그리스도께서는 우리가 사는 주변을, 희어져 추수할 것 많은 밭과 같다고 하셨습니다. 영적으로 희어져 추수할 것이 많은데 일꾼이 적어 곡식 낟알이 뚝뚝 떨어져서 땅에 묻히는 안타까운 상황과 같다고 했습니다. 이런 들판을 본 적이 있습니까? 일손이 부족하든지, 주인에게 병이 나 일어나지 못하면 다른 밭은 전부 추수가 끝났는데 그 밭에는 보리가 그대로 서 있는 상황이 됩니다. 나중에는 그만 너무 익어서 뚝뚝 낟알이 떨어집니다. 이럴 때 우리는 어떤 충동을 느낍니까? 연장이 있으면 밭에 들어가서 베어내고 싶은 마음이 가득 차오릅니다.

오늘날 우리 주변이 이런 상황이라고 주님은 지적하십니다. 영적인 눈을 똑바로 뜬 사람이라면 가만히 있질 못합니다. 전도를 은사받은 사람의 일로 제쳐두고 딴전 피울 수 없습니다. 만약 이런 상황에서 그런 식으로 변명만 하고 앉아 있다면 그는 뭔가 고장 난 신자라고 볼 수밖에 없습니다.

주변에는 온통 절박감을 주는 것뿐입니다. 이 절박감은 우리가 행동하게 만듭니다. 예수님은 그들을 쳐다보시고 불쌍히 여기시면서 목자 잃고 유리하는 양과 같다고 하십니다. 어미를 잃고 울면서 사방을 헤매는 송아지를 본 적이 있습니까? 그럴 때 기분이 어떻습니까? 할 수만 있다면 주인을 찾아주고 싶은 마음이 일어납니다. 이것은 누가 시켜서 하는 것이 아닙니다.

만일 주변에 있는 영혼을 예수님과 같은 눈으로 볼 수만 있다면 그들은 틀림없이 목자 잃고 유리하는 상황입니다. 아무리 돈이 많고 아무리 호화롭게 사는 사람이라도 예외가 아닙니다. 이런 상황 앞에서 전도는 특별히 은혜받은 전도자만이 하는 일이라고 핑계할 수 있을까요? 너무 불쌍하고 안타까워서 듣든지 말든지 예수를 전하지 않겠습니까?

그뿐만 아니라 우리가 사는 이 세상은 끊임없이 하나님의 진노를 촉발하는 악한 세상입니다. 옛날 소돔과 고모라와 같습니다. 신문지면에서는 끔찍한 사건을 계속 봅니다. 주변에서는 양심을 잃어버린 수많은 사람을 봅니다. 이럴 때 우리는 슬픔을 느낍니다. 고통을 느낍니다. 분노를 느낍니다. 탄식합니다. 도전하고 싶은 의욕을 느낍니다.

사랑의교회 앞에는 대학생들이 많이 드나드는 디스코 클럽이 있습니다. 기분 풀려고 오는 것인지 잘 모르지만, 음주벽이나 이성 간의 난잡한 행동을 보는 것이 참 괴롭습니다. 청년부를 담당한 교역자 한 분이 어느 날 디스코 클럽 안에 들어가 전도를 했습니다. 영업 방해를 한다고 항의하는 주인에게 "저는 저대로 더 급한 일이 있습니다"라고 대답했다고 합니다. 우리 모두가 느껴야 할 위기의식은 입을 다물지 못하게 합니다.

이런 이야기를 들은 일이 있습니다. 우리나라에서 있었던 일입니다. 사람을 죽이고 사형선고를 받은 젊은 죄수가 드디어 형 집행일이 되어 끌려나갔습니다. 마지막으로, 형무소 소장과 검사가 동석한 자리에서 목사님이 그에게 할 말 없느냐고 물었습니다. 그때 사형수는 이렇게 말했습니다. "나는 죽을죄를 지은 사람이고, 또 죽어 마땅합니다. 그러나 나는 감옥에 들어와 드디어 예수 그리스도를 알고 믿었습니다. 나의 죄가 예수님의 십자가 앞에서 용서받은 것을 알았습니다. 이제는 하나님 앞에 감사합니다. 비록 내가 오늘 죽지만 나의 영혼을 주님께서 받아 주실 것을 믿습니다. 내가 이렇게 되기 전에 내 이웃에는 교회 다닌다는 장로님이 한 분 계셨습니다. 그런데 당시 그분이 왜 나에게 예수 믿으라는 말 한 마디도 하지 않았는지 지금까지 이해가 되지 않습니다. 만약 그때 예수를 믿었더라면 이런 끔찍한 죄를 범하지 않았을 것이고 나의 젊음이 이렇게 요절하지 않았을 것입니다." 이 말을 남기고 형장의 이슬로 사라졌습니다. 우리 주변에서 수없이 죽어가는 영혼들을 태연스럽게 쳐다보는 그리스도인들에게 마치 비수처럼 들리지 않습니까?

희어져 추수하게 되고, 유리하는 양과 같고, 소돔 고모라와 같이 악해진 이 세상은 전도하지 않으면 견딜 수 없도록 우리를 강요하는 객관적인 요인들입니다. 그러므로 전도는 자원하는 영이 하는 것이요, 탄식하는 영이 하는 것이지 율법에 매인 영이 하는 것이 아닙니다. 전도는 속박된 영혼이 하는 것이 아니라 완전한 자유함을 받은 영혼이 합니다. 자연스럽게, 자유스럽게, 기쁜 마음으로 하는 것이 전도입니다.

교회는 전도로 살아난다

전도를 억지로 하지 맙시다. 이것은 정상이 아니라고 봅니다. 은혜받은 사람은 시킨다고 전도하지 않습니다. 우리의 신앙 건강은 가장 정확하게는 전도로 판정이 날 것입니다. 전도는 내 신앙을 바로 자라게 하는 좋은 왕도입니다. 전도는 인격을 가다듬는 가장 좋은 선생입니다.

내가 구원받았다는 것을 가장 확실하게 증명해주는 내면의 소리를 듣고 싶다면 전도하는 사람이 되십시오. 하나님 나라의 기쁨이 얼마나 큰가를 맛보고 싶다면, 천국의 기쁨에 비하면 폭포에서 흩날리는 한 방울의 물처럼 지극히 적은 것이지만, 그것이 얼마나 놀라운 것인지를 체험하고 싶으면 전도를 해보십시오. 잃어버린 영혼을 팔에 끼고 예배시간에 한번 나와보면 그 기쁨이 얼마나 달고 깊은지를 알 수 있습니다.

빈혈에 걸려 비틀거리는 교회를 살리고 싶습니까? 전도는 수혈입니다. "전도하는 교회는 살아난다." 이것은 교회 역사가 증명하는 바입니다.

짧은 시간에 제 소신을 몇 가지 말했습니다. 전도를 은사라는 면에서만 해석하여 은사받은 자의 전용물처럼 취급하거나, 은사 없는 사람은 전도하지 않아도 된다는 식으로 생각하는 것은 성도의 본질과 모순된다는 것을 말했습니다. 성령받은 사람은 절대로 그렇게 하지 못합니다. 신약 교회는 증거하는 것을 가장 중요하게 여긴다고 했습니다. 마찬가지로 신약 성도에게는 감당해야 할 신자적인 역할이 있습니다.

우리 나가서 기쁜 마음으로 전도합시다. 뜨거운 마음으로 전도합시다. 기회만 있으면 놓치지 말고 영혼을 향해 도전합시다. 나 하나가 이와 같은 전도의 뜨거운 불길에 휩쓸려 살 때 주변은 얼마나 많은 천국을 맛볼 수 있는지 모릅니다. 나 하나가 입을 다물고 있으므로 오늘 우리 주변은 얼마나 캄캄해지고 있는지 모릅니다.

마음속에 보고 들은 것을 말하지 아니하면 견딜 수 없는 뜨거운 충동을 가지고 어디 가든지 예수 그리스도를 증거하는 하나님의 백성이 되게 해주시옵소서. 이 아름다운 특권을 주신 우리 하나님을 찬양합니다.

●1982년 7월, 남서울교회

2부

성도의 시민생활

5

직장생활과
그리스도인다움

우리는 '직업'하면 자연스럽게 자신이 하는 일을 떠올립니다.
성경에서 볼 때 직업과 노동에는 불가분의 관계가 있습니다. 창
세기부터 요한계시록까지, 말씀을 그저 영혼 구원을 위한 가이
드로만 생각하기 쉬운데 성경은 그것만 담고 있는 게 아닙니
다. 인류가 도대체 무엇을 하면서 세상을 살아왔고 어떻게 인생
을 끝마치는가 하는 많은 이야기를 파노라마처럼 보듬고 있습
니다. 성경은 사람들이 무슨 일을 하고, 어떻게 살았는지를 비
교적 상세히 다룹니다. 성경에 등장하는 사람들의 직업만 해도
150가지 이상입니다.

더욱이 인간을 창조하시고 우리에게 이 진리의 말씀을 주신 하나님은 일과 밀접한 관계를 유지하십니다. 그래서 존 밀턴은 하나님에 대해 한마디로 표현하기를, '위대한 고용주'라고 했어요. 일을 잘 시키는 분이요, 또 일의 가치를 굉장히 높게 평가하시는 분이라는 뜻입니다. 요한복음 5장 17절에서 예수님은 "내 아버지께서 이제까지 일하시니 나도 일한다"라고 하셨습니다. 물론, 여기서 '일'이란 것은 신학적으로, 성경적으로도 해석해야 할 부분도 있지만, 막연히 영혼을 구원하는 일만을 의미하는 것은 아니라고 봅니다. 하여튼 하나님은 일하시는 분이라고 성경은 말합니다.

하나님이 부여하신 아름다운 특권

하나님께서 인간을 창조하신 후에 에덴동산에 두신 다음, 가만히 놀도록 하지 않으시고 "그것을 다스리며 지키게"(창 2:15, 개역한글) 하셨습니다. '다스린다'는 말은 영어 성경에는 '일한다'는 말로 나와 있습니다. 하나님은 인간을 놀게 만든 것이 아닙니다. 우리 생각에는 땀 흘리고, 수고하는 일이 마치 죄 때문에 왔다고 착각하기 쉽습니다. 그러나 죄가 일을 가져다준 것이 아닙니다. 일은 죄의 결과가 아닙니다. 죄의 결과로 일이 힘들어

옥한흠, 일상을 말하다

졌다는 것이 진실입니다. 다시 말하면, 힘들게 일을 해야 하는 운명을 맞았다는 것뿐이지 죄가 일을 가져다준 것이 아닙니다. 일은 죄가 이 세상에 들어오기 전에 하나님께서 인간에게 부여하신 아름다운 특권이었습니다. 그런데 인간이 죄를 범한 다음에 이마에서 땀을 흘려야만 비로소 먹고 마실 수 있게 된 것입니다.

이렇게 해서 노동이 힘들어지고, 괴롭고, 또 일하면서 권태를 느끼게 되었습니다. 이 힘든 노동을 피하려고 하는 근성은 하나님께서 싫어하는 것 중 하나이기도 합니다. 왜 그럴까요? 하나님이 지게 하신 운명을 인간이 회피하려는 것은 하나님의 명령을 거역하는 것과 다름없고, 그분의 뜻을 어기려는 시도와 같기 때문입니다. 그래서 하나님은 게으름을 다소 과격할 정도로 책망하고, 그 결과에 대해 분명히 경고하십니다. 게으름의 결과 빈궁이 강도같이 온다고 했습니다(잠 6:11, 24:34). 일을 싫어하고, 땀 흘리기 싫어하는 마음이 인간을 영적으로 더 깊이 타락하게 만든 큰 원인 중 하나가 되었습니다.

그래서 잠언 19장 15절은 "게으름이 사람으로 깊이 잠들게 [한다]"고 합니다. 이것은 그저 육체적인 문제만이 아닙니다. 영적으로, 정신적으로 깊이 잠들게 해서 하나님과 거리가 멀어지게 하고, 또 하나님의 뜻을 분별하지 못하는 우둔한 자가 되게 한다는 말입니다. 잠언 21장 25절에 "게으른 자의 욕망이 자기를 죽〔인다〕"라고 했습니다. 게으름을 피우는 자는 욕망이 왕 노릇 하기 시작합니다. 그렇게 되면 사람은 하나님이 원하시는 삶에서 점점 멀어지게 마련입니다. 인간의 비극이 다 어디에서 옵니까? 하나님이 인간에게 허락하신 땀 흘려 노동하는 삶을 피하려고 하는 데서 대부분 비극과 영적인 타락이 유래합니다.

제가 볼 때 현대인들의 가장 큰 문제는 일하는 시간을 많이 갖지 못하는 데 있습니다. 물론, 이 말은 상당히 오해를 받을 수 있는 말입니다만, 특히 일부 부인들에 대해서는 일리가 있다고 봅니다.

많은 여성이 일하기를 기피하는 경향이 커지고 있습니다. 그래서 요즈음에는 소위 '파출부'라는 사람을 집에 부르면서도 아이 둘도 제대로 못 지키고 비명을 지르는 형편입니다. 그 결과, 정신적으로 해이해지기 때문에 오늘날 예수를 믿지 않는 부인들의 세계에 우리가 탄식할 수밖에 없는 일들이 많이 벌어지고 있습니다. 이것은 일하기 싫어하고 빈둥거리는 생활에서 빚어지는 정신적 타락입니다. 이런 경향이 하나님의 뜻을 거역하는 것입니다.

안식일의 참 의의가 무엇입니까? "엿새 동안은 힘써 네 모든 일을 행할 것이나"(출 20:9). 이 엿새 동안 힘써 모든 일을 하지 않고는 안식일에 쉰다는 행위는 그 힘을 잃습니다. 다시 말하면, 안식일이 거룩하고 우리에게 축복을 가져다주는 근본적인 배경은 엿새 동안 힘써 일했다는 데 있습니다. 엿새 동안 힘써 일하지 않은 자에게 안식일이 과연 어느 정도 축복과 의미가 있을지 의심스럽습니다. 그래서 일하는 것을 경시하는 사람은 안식일에 쉬는 것도 경시하게 되고, 일의 거룩함을 경시하는 사람은 안식일의 축복도 경시하게 됩니다. 그러므로 일은 성도에게 필연적인 사명입니다.

데살로니가후서 3장 10절을 아시지요? "누구든지 일하기 싫어하거든 먹지도 말게 하라." 어릴 때부터 성경 교육을 제대로 받고 자란 유대인들은 노동을 대단히 귀하게 여깁니다. 윌리엄 버클리가 지적한 것처럼 유대인에게 일하는 것은 생명과도 같았습니다. 그래서 그들은 어디에 가더라도 잘삽니다. 부지런하고 일하는 데 머리가 비상한 민족입니다. 그러나 하나님을 섬기지 않고, 성경을 모르는 이방인들은 노동을 천시합니다.

대한민국의 과거 역사를 보더라도 노동을 얼마나 천시했습니까? 우리뿐 아니라 세계 대부분 이방 국가들은 노동은 노예나 하고, 어느 정도 신분이 있으면 그만두는 것이 정상이라고 판단했습니다. 이것은 노동에 관한 하나님의 뜻을 모르는 이방인들이 지닌 타락한 정신 상태입니다. 우리나라가 이와 같은 정신을 유산으로 많이 물려받았기 때문에 지금 우리가 겪는 고통이 한두 가지가 아닙니다. 심지어 크리스천 중에도 일에 대한 성경적인 의미를 모르는 사람이 많습니다. 이것은 바로 잡아야 합니다.

일하지 않는 사람은 크리스천이 아닙니다. 예수 믿고도 일하기를 싫어하고, 일을 피하는 자는 크리스천이 아니에요. 왜냐? 그 사람은 믿음의 열매가 없기 때문입니다. 정말로 예수를 믿는 사람이라면 땀 흘려서 수고하는 것이 정상입니다.

성도의 직업은 사회 참여의 중요한 수단

그러면 직업에 대해 좀 더 생각해봅시다. 직업이란 자기의 생활 수단으로 선택한 구체적인 일이라고 할 수 있는데, 칼 라일은 사람이 해결해야 할 가장 큰 문제는 "내가 세상에 있는 동안 무엇을 하고 살 것인가, 무슨 직업을 가질 것인가"라고 했습니다. 요나가 배 밑창에서 잠을 자고 있을 때 선원들이 내려와서 처음으로 물은 것은 "네 생업이 무엇이냐?"였습니다. 그래서 사람이 어떤 일을 하느냐는 바로 그가 어떤 사람이냐를 거의 설명할 수 있을 만큼, 이 직업과 사람의 됨됨이는 중요한 함수 관계가 있습니다.

물론, 성경적으로 볼 때 직업에는 귀천이 전혀 없습니다. 귀한 직업도, 천한 직업도 없습니다. 누구나 분명히 소명을 받아 확신을 갖고 거기서 행복을 찾으면 그것은 귀한 직업입니다. 또한, 하나님의 영광을 위한 직업이면 귀한 직업입니다.

그러나 어떤 직업을 갖느냐는 한 사람의 생에서 대단한 의미가 있습니다. 직업이 신자에게 주는 몇 가지 중요한 의미를 볼까요? 첫째는, 생활 수단입니다. 둘째는, 사회 참여 수단입니다. 사회는 하나님이 허락하신 제도입니다. 그의 영광을 위해, 하나님의 권위를 세우고 질서를 수립하기 위해, 하나님 뜻을 펴기 위해, 육신 생활을 지탱하기 위해 이 사회를 주셨는데, 성도의 직업은 사회 참여의 한 수단인 것입니다. 셋째로, 성도에게 직업은 하나님 뜻을 실천하는 기회입니다. 그리고 세상에서 행복을 추구하기 위한 수단이기도 합니다.

이렇게 직업이라는 것은 신자들 편에서 보더라도 중요합니다. 더욱이 우리가 세상에서 사는 동안 인생 전체의 40퍼센트를 직장 혹은 일터에서 보낸다고 합니다. 100세를 산다면 40년을 일터에서 보낸다는 것입니다. 우리의 직업 생활이 얼마나 중요합니까? 따라서 이 직업에 관해 다시 많은 면을 생각해봐야 합니다. 이제는 좀 더 실제적인 문제를 말씀드리고 싶습니다.

생활 수단 이상의 직업을 찾으려면

직업 선택에서 그리스도인이 가져야 할 태도가 무엇입니까? 어떤 직업을 가져야 할까요? 우리나라는 자기 능력에 따라 직업을 선택할 수 없다는 것이 비극입니다. 거의 선택의 여지 없이 직업이 '생활 수단'으로만 결정되는 것을 주변에서 흔히 봅니다. 따라서 어떻게 해야 바른 직업을 선택하고 일생을 보람 있게 살 수 있을까 하는 문제가 대두합니다.

제가 볼 때 우선 중요한 것은 하나님의 뜻을 찾는 것입니다. 자기 직업을 향한 하나님의 뜻을 분명히 찾아야 합니다. 에 베소서 5장 17절은 "그러므로 어리석은 자가 되지 말고 오직 주의 뜻이 무엇인가 이해하라"라고 말씀합니다. 이해하지 못하는 사람은 어리석은 사람이라고 했습니다. 그리고 이 뜻을 분명히 알아서 확신하고 행한다면 하나님께서 인도하신다고 약속했습니다. 시편 32편 8절은 주님께서 우리 갈 길을 가르쳐 보이겠다고 했습니다. 여러분, 이것을 믿습니까?

하나님은 각자의 믿음에 따라 갈 길을 인도하십니다. 우선, 중요한 것은 개인적인 경건 생활이 바로 잡혀 있어야 합니다. 이것은 필수적인 여건입니다. 죄가 있어 마음이 어두워진 상태에서는 어렵습니다. 죄의 고백을 분명히 하십시오. 하나님의 뜻을 찾는 사람의 마음이 죄악으로 가려져 있으면 어렵습니다. 마치 먼지가 까맣게 낀 거울로는 아무리 얼굴을 보려고 해도 볼 수 없는 것처럼 마음에 무서운 죄악이 숨겨져 있다든지, 범죄 속에서 헤매고 있다면 하나님 뜻이 우리 마음에 분명하게 밝혀지지 않습니다.

옥한흠, 일상을 말하다

대학을 졸업한 많은 청년이 우왕좌왕하면서 하나님의 확고한 뜻을 발견하지 못하는 이유가 어디 있을까요? 저는 개인 경건 생활의 실패 때문이라고 봅니다. 이 경건 생활에는 죄의 고백만 포함되지 않습니다. 구체성을 띤 계속적인 기도가 필수입니다. 그리고 성경을 예민하게 살피면서 읽어내야 합니다. 성경을 점치듯 읽어서는 안 됩니다. 어떤 사람처럼 그저 적당히 듣다가 우연히 눈에 띄는 구절을 택해 그것이 하나님이 주신 그날의 말씀인 것처럼 착각하는 점쟁이 같은 그리스도인이 있는데, 이것은 대단히 위험한 처사입니다. 부지런히 읽고 공부하는 과정에서 하나님의 뜻이 나에게 분명히 전달되는 것이 정상입니다.

　　다시 말해, 죄 고백할 것, 부지런하고 명확하게 기도할 것, 성경을 예민하게 살필 것을 강조했습니다. 이렇게 해서 경건 생활이 제대로 유지된다면 하나님의 응답이 분명히 따라오게 되어 있습니다. 그러나 가만히 무릎 꿇고 앉아 있다고 해서 하나님이 "사무엘아! 사무엘아!" 하는 식으로 우리를 불러 응답을 안겨주지는 않습니다. 많은 사람이 그와 같은 신비스러운 체험을 기대하는데, 하나님의 뜻은 그런 식으로만 우리에게 전달되지는 않습니다. 특히, 성경이 완성된 다음에는 그런 방법을 통해 우리에게 말씀하시지 않습니다. 오히려 앞에서 말한 경건 생활과 함께 존경할 만한 분에게 상담을 구하는 것을 병행하면 좋습니다.

내가 보지 못하는 것을 다른 사람이 볼 때가 있습니다. 내가 볼 수 없는 것이 다른 사람을 통해 나에게 전달될 수 있습니다. 그래서 상담이 중요합니다. 그리고 자신이 하고 싶은 것이 무엇인가 잘 잡아두십시오. 빌립보서에서 말한 것처럼 우리 마음의 소원은 곧 하나님이 원하는 뜻일 때가 있습니다. 하나님이 자기 소원을 우리 마음에 주신다고 했습니다. 간절히 하고 싶은 일이 있습니까? 동기만 순수하다면 소원에는 대단한 의미가 있습니다. 그다음에는 인내하십시오. 성급하게 생각하지 말기 바랍니다. 또 하나 말씀드리고 싶은 것은 건강을 유지하라는 것입니다. 정신적으로 침체하고 혼란에 빠져 있고, 몸이 아파 제대로 활동하지 못하는 상황에서 인생의 중요한 판단을 내려서는 안 됩니다. 우리는 흔히 병적인 상황을 만났을 때 고생하다가 하나님의 뜻이라고 갖고 나오길 잘하는데, 대단히 위험한 처사라고 봅니다. 우리가 건전하게 하나님 뜻을 찾길 원한다면 정신적인 건강과 육체적인 건강을 유지해야 합니다. 어려운 때일수록 중요합니다. 그래야만 판단을 바로 할 수 있고 분명한 것을 스스로 잡을 수 있기 때문입니다.

또한, 중요한 것은 마음에 평안을 유지하도록 노력하는 것입니다. 아무것도 염려하지 말고 모든 것을 하나님께 맡기면 큰 평안이 임합니다. 마음이 흔들리고 조급한 사람에게 건전한 선택이란 있을 수 없습니다. 마음의 평안을 유지하십시오. 그다음에 하나님 뜻이 보이면 분명하게 결단하십시오. 그리고 한번 결단하면 뒤돌아보지 말아야 합니다.

예를 하나 들지요. 10여 년 전에 〈무디 먼슬리〉라는 신앙 잡지에서 보았던 사례입니다. 필립스 맥킨토시라는 사람이 대학을 졸업했습니다. 하지만 무슨 직업을 택해야 할지 오리무중이었습니다. 상당한 기간 기도하며 말씀을 읽으며 하나님의 뜻을 찾아보려고 무척 노력했습니다. 그러던 중 어느 날 저녁에는 소위 '서원'이란 것을 했습니다. 저녁 예배시간에 교회에 참석해서 2층 제일 뒷자리를 잡고 앉았습니다. 예배가 끝나자 마음속에 이런 생각이 났습니다. '아, 이 시간에 하나님과 담판을 짓자. 더 이상 기다릴 수는 없지 않은가!' 그래서 그는 이렇게 서원했습니다. '하나님, 내일부터 일주일 동안 저에게 어떤 기회가 주어진다면 바로 하나님이 저를 인도하시는 구체적인 길인 줄 알겠습니다. 그리고 그 길로 분명히 들어가게 되면 하나님이 제게 주신 직업인 줄 알고 일생 그 직업을 통해 하나님께 영광 돌리겠습니다.' 그다음 화요일 날, 유명한 〈뉴욕타임스〉 신문사에 시험을 치를 기회가 생겼습니다. 그래서 시험을 쳐서 합격했습니다.

그 후 말단 기자로 취직한 후 어언 10년이 흘렀습니다. 말단에서 기초를 닦는 일이 얼마나 중요합니까? 또 얼마나 힘듭니까? 그가 그렇게 했는데 10여 년이 지난 어느 날, 갑자기 마음이 무거워졌습니다. 이 직업을 통해 하나님께 영광을 돌리겠다고 하나님 앞에 서원했는데 10년 동안 하나님을 위해 한 일이 무엇인가 하는 생각이 강하게 마음을 찔렀기 때문입니다. 그는 사흘간 휴가를 쓰고 금식 기도를 했습니다. 기도하는 기간에 하나님의 영광을 위해 앞으로 구체적으로 어떻게 일할 것인지 깊이 생각했습니다. 드디어 좋은 아이디어를 얻었습니다. 근무하는 편집실 책상 위에 큰 성경을 얹어 놓고 일하기로 한 것이었습니다. 성경을 갖다놓은 지 2~3일이 지나도 별 반응이 없습니다. 그런데 야근하던 어느 날 밤 옆에 있는 동료가 다가와서 이렇게 묻는 것이었습니다. '여보게, 갑자기 성경을 책상 위에 얹어 놓고 일하는 이유가 뭔가?' 맥킨토시는 기회가 왔다고 생각하고는 자기가 성경을 어떻게 믿었으며 그 안에 담긴 말씀이 얼마나 위대한가를 이야기하면서 전도했습니다. 당장에는 열매가 없었습니다.

이틀 후에 그 친구가 찾아와 그에게 손을 내밀었습니다. 맥킨토시의 말을 듣고 곰곰이 생각해보니 자신도 그리스도인이 되고 싶다는 것이었습니다. 이렇게 성경을 갖다 놓고 일하기 시작한 후 첫 열매가 맺혔습니다. 그렇게 시작된 영적 운동이 얼마나 커졌던지, 제가 정확하게 기억하지는 못합니다만, 그 기자

옥한흠, 일상을 말하다

들 중에서 세 명이 직업을 그만두고 남미로, 아프리카로, 선교사로 떠나고 그다음에는 성경 공부가 얼마나 활발해졌는지 신문 배달하는 아이들과 직원들이 매주 모여 말씀을 공부하고, 많은 사람이 그리스도인으로 변화되는 놀라운 역사가 일어났습니다. 여러분도 한번 해보십시오. 아직 직업을 정확하게 정하지 못한 분들은 우선 하나님께 기도하십시오. 하나님은 벙어리도 귀머거리도 아닙니다. 분명히 우리를 인도하십니다.

직업적 성공보다 더 중요한 것이 있다

그다음에 직업에 관한 그릇된 견해를 몇 가지 지적하고 싶습니다.

첫째, 지나친 성공에 관한 집념입니다. 다시 말하면 지나친 야망이 많은 그리스도인의 마음을 뒤흔들고 있습니다. 이것은 분명 문제가 됩니다. 성경적으로 볼 때 지나친 야망이 죄라고 할 수는 없습니다. 하지만 현실적으로 그리스도인이 직업적으로 만족할 만한 성공을 거두기 위해서는 넘어야 할 영적인 장애물이 너무 많습니다. 오히려 하나님은 직업적 성공을 명령하지도 않으셨고 직업에서 꼭 성공하도록 해주겠다고 약속하신 적도 없습니다.

사업하는 분을 예로 듭시다. 하나님 앞에서는 사업상 얼마나 큰 성공을 거두었는가 하는 결과보다 얼마나 그리스도인답게 건전하게 사업을 이끌어왔는가 하는 과정이 더 중요합니다. 우리나라와 같은 풍토에서 성공한 사례도 얼마든지 있습니다만, 일반적으로 성공이란 것이 쉽게 가능한지 의문입니다. 사업할 때 단시간에 많은 돈을 벌었다는 것은 무엇을 의미할까요? 우리는 너무나 잘 압니다. 어떤 공무원이 갑자기 큰 집을 샀다는 것이 무슨 뜻인지도 압니다. 아무리 감사헌금을 하나님께 바친다고 해도 그 과정을 살펴보면 답답한 일이 한둘이 아닙니다. 세속적인 차원에서 말하는 성공이란 것을 우리가 과연 아무 희생 없이 얻을 수 있습니까?

이 성공에 너무 집착하면 대단히 위험한 결과를 향해 우리를 이끌어간다는 것을 꼭 기억하기 바랍니다. 직업에서 성공의 도는 어떻게 만족하는가에 달렸다고 봅니다. 직업 그 자체가 주는 것으로는 성공이냐 아니냐를 측정하기 곤란합니다. 여기에는 많은 함수 관계가 따릅니다. 분명히 기억하십시오. 그리스도인이 보는 직업의 성공, 그것은 세상 표준과는 다릅니다. 제리 화이트는 저서 《당신의 직업, 생존이냐, 만족이냐*Your job, survival or satisfaction?*》에서 열 가지 카테고리를 제시하면서 우리가 직업상 얼마나 만족하는가를 점검하도록 했습니다. 열 가지 카테고리는 다음과 같습니다.

① 직장생활에서 그리스도와 철저하게 동행합니까?

② 직업을 통해 가족 간의 의무를 성경적으로 잘 실천합니까?

　(이 두 가지가 제대로 되지 않으면 아무리 좋은 직업도, 세상이

　말하는 성공적인 직업을 가졌더라도 그의 마음에는 평안이 없습

　니다. 사실, 우리를 하나님과 동행하지 못하게 한다면 그것은 좋

　은 직업이 아닙니다. 또한, 마음의 평안이 없는 사람은 행복한 사

　람이 아닙니다. 행복을 주지 못하는 직업은 성공한 직업이라고

　할 수 없습니다.)

③ 직업에 만족합니까?

④ 직업에서 최선을 다합니까?

⑤ 당신은 직장에서 예수님을 증거합니까?

⑥ 직장을 그만두어야겠다고 심각하게 고민한 다음 반년 이상

　버텨본 적이 있습니까?

⑦ 당신이 하는 일이 그럴 말한 가치가 있다고 봅니까?

⑧ 당신의 재능을 적절하게 활용하는 일입니까?

⑨ 매일 직장에 갈 때, 권태로운 마음이 있지 않습니까?

⑩ 당신이 필요로 하는 만큼의 돈을 벌 수 있습니까?

　③~⑩에서 긍정적인 답이 5개 이상이면, 성공적인 직업이
라고 할 수 있습니다. 그러므로 지나친 성공에 대한 집착은 그
리스도인으로서 바람직하지 않습니다.

골로새서 3장 22~24절은 우리에게 중요한 원리를 가르쳐 줍니다. "종들아 모든 일에 육신의 상전들에게 순종하되 사람을 기쁘게 하는 자와 같이 눈가림만 하지 말고 오직 주를 두려워하여 성실한 마음으로 하라 무슨 일을 하든지 마음을 다하여 주께 하듯 하고 사람에게 하듯 하지 말라 이는 기업의 상을 주께 받을 줄 아나니 너희는 주 그리스도를 섬기느니라."

여기에서 직업은 다름 아닌 노예 생활입니다. 여기에는 무슨 성공이란 게 있을 수가 없습니다. 노예 생활에 '성공'한다는 말 자체가 이상하지 않습니까? 그런데 바울은 신앙적인 입장에서 그 노예 생활을 철저히, 올바로 하라고 합니다. 그 자체가 주님을 섬기는 것이라고 합니다. 또 노예 생활을 충실하게, 성실하게 할 때 장차 상이 있다고 했습니다. 세상에서 가장 부적절한 일이라고 할 만한 이 노예 생활조차도 예수를 바로 믿고, 하나님이 주신 사명을 알아 믿음을 가지고 최선을 다한다면 이것이야말로 주님을 섬기는 일이요, 장차 유업의 상을 받는 일임을 바울은 주지시켰습니다.

우리가 직업에서 얼마나 만족할 수 있는가는 상당히 중요한 문제입니다. 여러분이 직업에 대해 지나친 성공집념을 갖고 있으면서 만족하지 못한다면 고쳐야 합니다. 자기 직업을 신앙적인 안목으로 볼 수 있어야 합니다. 직업에서의 만족은 자신이 어떻게 보느냐에 달렸지 그 직업 자체에 달린 것은 아닙니다.

그리스도인다움을 지키는 직장 생활

두 번째 위험성은 세상과의 동화입니다. 자칫 세상과의 동화라는 문제를 가벼이 여기기 쉽습니다. 우리 눈에도 훤히 보이는 출세를 위한 많은 수단이 있습니다. 술이라든지 여자, 도박, 거짓말, 여러 가지 술수를 적당히 이용하면 성공이 더 쉬워 보입니다.

이와 같은 세속적인 수단을 이용해 출세하려다가 세상에 동화되어 그리스도인다움을 잃어버린 가련한 청년들이 많습니다. 일단은 타협하고 동화합니다. 세상 사람처럼 수단과 방법을 가리지 않습니다. 그리스도인에게 이것은 대단히 위험합니다.

그랜해일 첨프라는 사람이 30년 동안 한 회사의 선전부원으로 근무했습니다. 신자로서는 무척 하기 어려운 직책을 맡아 잘 처리했습니다. 그리고 성공했습니다. 그가 은퇴한 다음에 그리스도인 젊은이들이 찾아가서 어떻게 그런 직업에서 성공적으로 신앙을 지키면서 유종의 미를 거둘 수 있었는가를 물었습니다. 그 질문에 첨프는 이렇게 답했습니다.

나는 세상 방식이 아닌 성경이 말하는 하나님의 방법으로 직장을 지켰습니다. 하나님과 날마다 깊은 관계를 유지하고자 말씀과 기도 생활을 항상 중요하게 다루었습니다. 직장에 가서는 일을 통해 만나는 수많은 사람에게 전도하는 것을 잊지 않았습니다. 직장은 나의 선교 터전이라고 항상 믿었기 때문입니다. 그리고 직장 생활을 그리스도의 사랑을 실천하게 하는 좋은 기회로 삼았습니다. 그래서 돈 버는 것만이 아니라, 하나님께 어떻게 영광을 돌리느냐가 목적이었습니다. 이 목적이 탈선되지 않았기에 하나님께서 많은 위험에서 나를 지켜주셨고, 타락 위기에서 항상 모면하게 하셨으며, 교묘한 수단과 방법 없이도 높은 자리까지 올라가도록 하나님이 나를 승진시켜 주셨습니다.

이것은 어디까지나 하나님을 배경으로 믿고 직장생활을 하는 사람의 자세입니다. 우리에게는 이런 패기가 없는 것 같습니다. 그리스도인으로서의 패기를 가집시다. 에스더가 가졌던 그런 패기가 중요합니다. "죽으면 죽으리라", "말씀대로 살겠다!" 그럴 때 하나님께서 지키십니다. 결단하는 사람을 하나님께서 지킵니다. 궁지에 몰린 사람을 하나님이 찾아오십니다. 코너에 몰리는 사람을 당신의 전능한 손으로 끌어올리십니다. 하지만 이런 상황에 이르기까지 믿음을 지키고, 그리스도인의 입장을 견지하고자 모험을 하지 않는 사람은 하나님의 능력을 체험하지 못합니다. 많은 그리스도인이 이 위기를, 이 코너를 두려워하므로 세상과 타협해버립니다. 우리는 이렇게 하지 말아야 합니다.

옥한흠, 일상을 말하다

실패 경험이 하나님의 소명은 아니다

또, 하나의 위험은 이원론적인 사고방식입니다. 직업에 있어 이원론적 사고방식이라니, 이상하게 들리겠지만, 저는 그렇게 부릅니다. 말하자면, 성직과 세상 직업을 지나치게 구별하는 것입니다. 그래서 교회에서 하는 일은 하나님을 위한 일이고 사회에서 엿새 동안 하는 일은 하나님의 일이 되기엔 미흡하다고 생각하는 것입니다. 어떻습니까? 건전한 생각입니까? 분명히 잘못되었습니다.

제가 자라온 교단 배경이라든지, 40여 년간 신앙교육을 받아온 모든 통로를 가만히 돌이켜보면 90퍼센트는 그런 사고에 젖어 있습니다. 주일날 교회 가는 일만이, 목사가 되는 일만이, 전도사가 되는 일만이 하나님의 일이라고 가르쳤습니다. 그래서 한국 교회는 지금까지 많은 사람을 신학교로 보냈습니다만 사회 요소요소에서 건전한 직업을 가지고 하나님께 영광 돌리는 참다운 직업인을 배출하는 데는 실패했습니다.

성경적으로 볼 때 믿음을 가지고 하는 일은 모두 거룩합니다. 믿음을 가지고 성도가 손대는 일은 모두가 하나님의 영광과 직결됩니다. 그러므로 목사 일을 하다 실패하면 하나님의 추궁을 받는 것처럼 나의 직업을 가지고 하나님께 영광 돌리지 못했을 때도 하나님 앞에 가면 추궁을 받습니다. 요즈음 아주 많은 젊은이가 신학교로 입학하길 원하는데, 물론 주님을 위해 헌신하겠다는 것은 반가운 현상입니다. 그러나 여기에는 몇 가지 문제점이 있다고 봅니다.

하나, 세상 직업을 갖는 것보다 성직자가 되는 것이 주님을 더 위하는 것으로 생각합니다.

둘, 보통 생각하기를 교회 안에서 일하는 목사나 전도사, 여러 성직은 상대적으로 압력이 적다고 생각합니다. 회사에 가면 어떤 목적을 달성하기 위해 얼마나 많은 압력을 받습니까? 긴장이 됩니다. 하지만 교회 안에서는 그런 게 없다고 생각합니다. 또 훨씬 신앙생활을 잘하게 해주는 영적 분위기가 조성된다고 생각합니다. 이것은 사실일지도 모르지만 어떤 면에서는 위험한 생각입니다. 인간관계도 사회생활처럼 압력이 심하지 않고 갈등이 적다고 생각합니다. 대단히 잘못된 생각입니다.

셋, 기도하고 성경 보는 시간을 잘 유지할 수 있다고 생각합니다.

넷, 하는 일마다 실패한 이유는 하나님께서 자신을 코너로 몰아서 드디어 주의 일을 하도록 인도하셨기 때문이라고 생각합니다. 그러나 이런 것은 대단히 문제가 있는 사고방식입니다.

찰스 스펄전에게 한 신학교 지원자가 찾아와 목사가 되겠다고 했을 때 왜 목사가 되고 싶은지 물었습니다. 학생은 대답하길, 자기는 농사를 짓다 실패했고, 교육계에서 교사로도 일했으나 실패했는데, 가만히 생각해보니 하나님이 자신을 신학교에 보내시려고 그렇게 하셨다는 생각이 든다는 것이었습니다. 이때 스펄전은 대답합니다. "당신을 입학시킬 수 없습니다. 자격이 없어요. 당신이 정말 믿음의 사람이라면 하는 일마다 잘되었어야 합니다. 농사를 지었다면, 하나님께서 함께하시는 농사가 되어야 했습니다. 교육사업을 벌였다면, 하나님께서 함께하시는 교사여야 했습니다. 그렇게 성공적으로 자기 일을 하면서도 너무나 소명에 불타서 견딜 수 없어 주님의 일을 하겠다고 뛰쳐나왔다면 몰라도 실패 경험이 곧 하나님의 소명은 아닙니다."

또 한 가지 생각할 것은 직장을 그저 돈 버는 수단으로만 생각하고 수입으로 하나님께 헌금하는 것만 의미가 있고 직업 그 자체는 하나님의 영광과 별 관계가 없는 것처럼 여기는 경향입니다. 수입의 다소가 직업의 가치를 결정하는 것이 아닙니다. 오히려 우리 직업을 통해 얼마만큼 하나님께 영광을 돌리느냐 하는 것이 더 중요합니다.

제가 아는 모 집사님은 국세청 직원으로 큰 도시의 세무서 책임자입니다. 세무원이 신앙생활을 하기가 얼마나 어려운지는 잘 아실 테지요. 그런데 제가 그분을 볼 때마다 무릎을 꿇게 됩니다. 얼마나 신실한지요. 그야말로 성경에서 가장 멸시받는 직업 중 하나로 하나님께 영광 돌리겠다는 사람입니다. 강릉세무서장으로 갔을 때는 아침마다 직원들을 모아놓고 성경으로 훈시하고, 그뿐만 아니라 세리와 관계되는 성구들을 전부 발췌해 복사했어요. 모든 직원이 가지고 다니면서 세무원으로 일할 때 어떤 유혹을 받거나 양심을 어길 문제가 생기면 꺼내 읽으라고 했습니다. 그의 삶 자체가 그런 삶이었습니다. 그래서 그를 통해 국세청 고위 간부들이 예수 믿고 돌아온 분이 많습니다. 현재 광주에서는 세무서 안에 성경 공부반을 만들고 직접 지도하고 있습니다. 5명의 부하 과장 중에서 4명이 훌륭한 신자가 되었습니다. 자기 직업을 통해 하나님 앞에 영광 돌리고 있다는 자부심이 얼마나 강한지 모릅니다. 그러니 배경은 없지만 계속 하나님께서 형통하게 인도하시는 것을 보았습니다. 지난번 광주사건 때도 그분이 지키는 세무서는 불 하나 타지 않았습니다. 서류가 그대로 남아 있었습니다. 그리하여 표창까지 받았습니다.

직장을 잃었을 때

이처럼 하나님께서 각자의 자리에서 인도하십니다. 그러니까 여러분의 마음속에 자신이 상업을 하든지, 공무원으로 일하든지, 교육계에 투신하든지, 연예계에 들어가 일하든지, 무슨 일을 하든지 그것 자체가 문제가 아니라 직업은 하나님이 당신의 영광을 위해 사용하는 수단임을 확신하는 것이 대단히 중요합니다. 부인들도 마찬가지입니다. 남편이 실직당했을 때 신앙인으로서 아내는 어떤 자세를 취해야 합니까?

첫째로, 아무리 어려운 상황에서도 일단 감사하는 훈련을 하십시오. 그것도 범사에 감사하는 훈련이 필요합니다. 하나님께서 이 감사를 통해 축복을 받을 만한 그릇인지를 테스트하는 경우가 많습니다. 돈 많이 벌고 감사하기는 쉬워도, 실직당한 것을 감사하기는 대단히 힘듭니다. 그러나 저는 그런 감사헌금을 보았습니다. 그런 사람은 반드시 하나님께서 인도하십니다.

둘째로, 이렇게 실직하고 사업에 실패했을 때, 하나님께서 나에게 무엇을 깨닫게 하시며 교훈하길 원하시는가를 기도하면서 하나하나 적어보십시오. 분명 거기에는 깨달아야 할 것이 있습니다.

최근 우리 교회에 등록한 집사님 가정이 있는데, 미국에서 특허를 낸 상품을 만드는 한국 공장의 책임자입니다. 공장은 한국에 있고, 판매는 미국에서 합니다. 그 회사 사장은 미국에서 살고 저도 잘 아는 분입니다. 자기 집 다락에 기도실을 만들 만큼 신앙이 좋은 분입니다. 그만큼 믿음으로 살려고 하는 40대 초반의 사장입니다. 이 사업을 10년 동안 키웠습니다. 그런데 미국의 사장이 보낸 편지에서 하나님 앞에 이러이러한 죄를 지었노라고 고백하는 것을 보았습니다. 자신이 실패했을 때, 직업을 잃었을 때, 하나님이 가르쳐주려는 교훈이 무엇인가를 발견하지 못한다면 정말 마음이 어두운 상태에 있는 것입니다.

셋째로, 재정 긴축 전략을 세우는 것입니다. 절대로 빚낼 생각은 하지 마십시오. 그리고 내가 실직상태에서 얼마나 지탱할 수 있는지를 잘 계산해야 합니다.

넷째는, 가족과 친지와 교회 앞에 기도를 부탁하십시오. 한 사람의 기도보다도 여러 사람의 합심 기도는 대단한 능력을 발휘합니다. 기도해달라고 소문내고 다녀야 합니다.

다섯째는, 여러 사람에게서 도움이 들어올 때가 있습니다. 교회가 구제해줄 때가 있고, 다른 사람이 도움을 줄 때가 있습니다. 이럴 때는 받으십시오. 자신이 어려울 때 뻗친 도움의 손길을 잡는 것은 겸손이며, 그것은 장차 형제가 어려울 때 내가 얼마든지 도와주도록 문을 열어놓는 것과 같습니다. 그러니까 내가 실직당해 어려울 때 남의 도움은 감사함으로 받으십시오. 하나님이 보내시는 까마귀입니다. 우리 교회에 실직하는 분이 자주 이렇게 말하는 것을 들었습니다. "목사님, 요즈음 까마귀가 많아요." 이것은 믿음의 사람이 하는 이야기입니다.

여섯째로, 많은 곳에 직장을 구하고 있다고 선전하십시오. 편지로, 전화로, 만나는 사람마다 그렇게 하십시오. 하나님의 인도하심이 어디를 통해 나타날지 모르기 때문입니다.

입곱째로, 일을 찾아다니십시오. 그리스도인에게는 실직이 있을 수 없습니다. 직장이 없어졌습니까? 아침 9시부터 오후 6시까지 직장을 구하러 다니십시오. 그것도 직업입니다. 저는 지하철에서 "직장을 구합니다"라는 내용의 플래카드를 들고 서 있는 남자 사진을 보고 굉장히 동감했습니다. 이것도 일입니다. 직업을 구하는 일이에요. 그러니까 실직했을 때는 하루 8시간 철저하게 근무하십시오. 직업을 찾아다니는 것도 근무입니다.

여덟째로, 하찮은 일이라도 일시적이나마 그 일을 잡도록 하십시오. 예를 들면, 아르바이트로 일할 기회가 생겼다면 한 달 수입이 얼마 안 되더라도 그것을 하는 사람이 정상적인 그리스도인입니다.

아홉째로, 직장을 나가지 않는 이 기간이 자신에게 부족한 점을 메꿀 교육 기간이 될 수는 없는가를 깊이 고려하기 바랍니다. 어떤 면에서는 무능해서 직장에서 파면당할 때도 있습니다. 신자라고 다 유능한 것은 아니기 때문입니다. 이럴 때 부족한 점이 무엇일까를 고려해 자기 약점을 메꿀 기회로 실직 기간을 활용하는 방안도 생각해보기 바랍니다.

마지막으로, 하나님과 더욱 철저하게 영적 관계를 맺으십시오. 더 많이 기도하십시오. 때로는 기도원에 들어가십시오. 안 되면 금식 기도라도 하십시오. 단식 기도를 하십시오. 더 철저하게 주님께 매달리십시오. 자신을 갱신하는 부흥 기간으로 만들 수 있습니다. 하나님이 그와 같은 기도를 안 들어 주실 리 없습니다.

여러분, 오늘 제가 대략 생각나는 잠깐 말씀드렸습니다. 하나님께서 여러분이 하는 일마다 형통케 해주셔서, 주님의 영광을 보는 삶이 되기를 진심으로 바랍니다.

•1982년 1월, 강변교회

옥한흠, 일상을 말하다

6

기독교의
독신관

독신에는 두 가지 종류가 있는데 하나는 미혼자 독신이고, 또 하나는 기혼자 독신입니다. 일반적으로 결혼을 한 번도 하지 아니하고 독처하는 경우의 독신을 순수한 의미에서 독신이라고 부르는 경향이 강합니다. 그러나 결혼을 하고 나서 사별을 했다든지, 또 이혼했다든지 해서 혼자 지내는 사람도 사실은 독신이라고 해야 합니다. 1980년대 통계를 보면 미국 가정의 20퍼센트가 독신자 가정이란 결과가 나왔습니다. 그리고 자녀를 데리고 혼자 사는 편부, 편모 가정만 해도 7.3퍼센트나 된다고 합니다. 결국, 독신생활을 하는 가정이 27퍼센트가 넘는다는 말인데 이것은 대단한 수치라고 생각합니다. 백 가정 중에서 스물 일곱 가정이 독신이라는 독특한 생활형태 아래 유지되고 있다는 뜻이기 때문입니다.

우리나라에서도 1970년대에 들어와서 경제가 발전하면서 생활양식이 많이 바뀌고, 전통적으로 인정받던 가치관이 부분적으로 무너지기 시작하면서 여성의 발언권이 상당히 강화되고, 서구 영향을 많이 받아 이혼율이 급증하는 등 심상치 않은 현상이 일어나고 있습니다. 그래서 요즈음에는 독신주의 경향이 눈에 띄게 높아지는 느낌입니다.

이 시간에는 주로 미혼 독신자를 중심으로 부정적인 측면과 긍정적인 측면을 간단하게 살펴보았으면 합니다.

"혼자 사는 것이 좋지 못하다"

먼저 부정적 관점에서 보는 독신관을 이야기해봅시다. 성경 전체를 통해 나타나는 교훈의 경향은 독신을 부정하는 방향으로 더 강하게 흐르고 있습니다. 창세기 2장 18절에 나오는 창조 원리 중에 사람이 혼자 사는 것이 좋지 아니하다고 가르치는데, 이것은 하나님이 보시고 내린 판단이므로 절대적인 진리로 받아야 합니다. 혼자 사는 것이 좋지 않기 때문에 하나님은 사람에게 돕는 배필을 만들어 둘이 같이 살도록 결정을 내리셨습니다. 이 사실로 미루어볼 때 사람에게 인격의 완숙이나 완성은 남녀 어느 한쪽만으로는 불가능하고 양쪽이 서로 상호 보완하는 관계를 유지하는 데서 가능하다는 것을 창조 때부터 우리에게 분명히 가르쳐주신 것이 아닌가 합니다. 그리고 남녀가 결혼을 통해 비로소 한 몸을 이룰 수 있다고 말씀하신 사실을 보아도 독신은 하나님의 창조 원리에서 빗나간 변칙임을 쉽게 알 수 있습니다. 이런 이유에서 우리는 독신주의를 일단 부정적으로 보는 입장을 취합니다.

성경에 나타난 부정적인 교훈 하나를 또 든다면, 마태복음 19장 4~6절 말씀입니다. "예수께서 대답하여 이르시되 사람을 지으신 이가 본래 그들을 남자와 여자로 지으시고 말씀하시기를 그러므로 사람이 그 부모를 떠나서 아내에게 합하여 그 둘이 한 몸이 될지니라 하신 것을 읽지 못하였느냐 그런즉 이제 둘이 아니요 한 몸이니 그러므로 하나님이 짝지어주신 것을 사람이 나누지 못할지니라 하시니." 예수님은 창세기 2장에 나오는 말씀을 다시 확인하셨습니다. 여기에서 예수님은 결혼의 신성함을 창조 원리에 입각해 하나님 아들의 권위를 가지고 다시 한번 선언하십니다.

우리가 독신보다 결혼을 정상적인 것으로 받아들이는 것은 그런 태도가 하나님 말씀과 일치되기 때문입니다. 결혼은 창조 원리에 일치되는 제도입니다. 결혼은 신성합니다. 그것은 하나님의 명령이기 때문입니다. 그러므로 독신주의는 정상적인 생활양식이라고 할 수 없습니다. 더욱이 예수님께서는 자기와 신자와의 관계를 말씀하실 때 결혼 관계에 비유하시는데, 이것은 결혼을 가장 높이 평가하는 좋은 예가 됩니다. 예수님과 우리의 관계를 신랑과 신부 관계로 비유하는 것 자체가 결혼이 얼마나 신성한 것인가를 충분히 증거한다고 칼빈은 지적했습니다. 만일 결혼이 그렇게 신성한 것이 아니라면 주님께서 그것을 성도와 하나님과의 관계, 그리스도와 교회와의 관계에 일치시키지 않았을 것입니다.

디모데전서 4장 3절에서는 말세가 되면 결혼을 금하는 이단이 생긴다고 경고합니다. "결혼하면 안 된다", "결혼은 부정하다", "결혼은 악이다"라고 가르치는 교훈을 말세에 나타날 거짓 주장이라고 규정하는 것을 보면 하나님께서는 결혼을 독신보다 당신의 뜻에 더 합하는 일로 보신다고 생각합니다. 히브리서 13장 4절에서는 혼인을 귀히 여기라고 했습니다. 디모데전서 3장 2절 이하에서는 성직자나 교회 지도자의 자격 중 하나로 부부생활을 모범적으로 잘하는 사람을 명시합니다. 한 아내의 남편으로 자녀들을 단정함으로 잘 다스리는 사람이 교회 지도자가 될 수 있다는 것입니다. 가정생활을 하는 자를 그렇지 않은 사람보다 교회 사역자로 더 앞세우는 것은 독신보다 기혼을 더 바람직한 삶의 형태로 평가하고 있음을 말해줍니다.

이런 관점에서 볼 때 로마 가톨릭에서 오랫동안 고집하는 성직자 독신주의는 성경의 가르침과는 거리가 먼 교훈이라고 할 수 있습니다. 주후 692년 이전만 해도 각자의 자유의사에 따라 원하는 자는 성직자가 될 수 있었습니다. 그러나 692년에는 독신자만이 성직자가 될 수 있다고 법으로 못 박았습니다. 그때부터는 성직 생활을 계속하려면 기혼자라 할지라도 아내와 헤어져야 했습니다. 1075년 그레고리 7세 때 와서는 신부 아래에서 보조적으로 일하는 사람들까지 독신생활을 하도록 법제화했습니다. 따라서 성직자에게 결혼은 큰 악이요 더러운 것이라고 가르치기까지 했습니다. 성직자에게 독신주의를 강요할 만한 근거를 성경에서 찾아볼 수 있는지 궁금합니다. 그들이 제일 많이 인용하는 성경 본문은 마태복음 22장 30절입니다. "부활 때에는 장가도 아니 가고 시집도 아니 가고 하늘에 있는 천사들과 같으니라." 이 본문이 독신주의를 강요하는 말씀이라고 볼 수 있습니까? 절대 그렇지 않습니다. 이 말씀은 우리가 현실적이고 물질적인 육체를 떠나 참 하나님의 나라에 들어가면 우리 모습이 천사처럼 변화되는데 그때는 이 결혼이라는 사회적 제도에서 완전히 자유해진다는 의미이지, 성직자가 결혼하지 말아야 한다는 법칙을 제정하게 하는 말씀이 아닙니다. 가톨릭교회의 과오는 그만큼 성경을 잘못 해석하고 잘못 적용한다는 데 있습니다.

그들이 굉장히 좋아하던 성경 구절이 또 하나 있는데 바로 요한계시록 14장 4~5절입니다. "이 사람들은 여자와 더불어 더럽히지 아니하고 순결한 자라 어린 양이 어디로 인도하든지 따라가는 자며 사람 가운데에서 속량함을 받아 처음 익은 열매로 하나님과 어린양에게 속한 자들이니 그 입에 거짓말이 없고 흠이 없는 자들이더라." 여자와 더불어 더럽히지 아니했다는 말이 결혼하지 않았다는 의미라고 그들은 주장합니다. 그 말이 옳다면 여자하고 가까이하는 것은 전부 자신을 더럽히는 행위가 될 것이 틀림없습니다. 이것은 여자를 모욕하는 말이요, 남자를 당황하게 만드는 해석이 아닐 수 없습니다. 어떻게 성경을 그런 식으로 해석하는지 모르겠습니다. 그만큼 중세기는 암흑시대였습니다. 성경을 자기 마음대로 해석해 귀에 걸면 귀걸이, 코에 걸면 코걸이가 되던 시대였습니다. 그 결과 불쌍하게도 순진한 평신도들만 우롱당했습니다.

인격의 완성과 성장을 위한 하나님의 방법

칼빈은 로마 교회의 독신주의가 도대체 어느 공장에서 만들어낸 제품인지 알 수 없다는 말을 했는데, 그 뜻은 성경을 아무리 뒤져보아도 근거가 될 만한 부분을 찾을 수 없었다는 말입니다. 그런데 기독교 초창기에 해당한 고린도 교회를 보면 한때 독신주의 풍조가 상당히 유행했던 것을 볼 수 있습니다. 특히 여성들에게는 대단한 인기였습니다. 그래서 신학자요 교회 감독이었던 키프리안은 정절을 가지고 동정을 지키는 독신주의자들을 향해 '교회의 꽃'이라고까지 극찬했고, 은총의 걸작품이라는 지나친 표현을 서슴지 않고 했습니다. 당시 독신주의의 길을 스스로 택한 여성들은 한결같이 "나는 예수 그리스도와 결혼했다"라고 말했습니다. 이것이 그들의 신앙고백이었습니다.

초대교회에서 유행한 이런 독신주의 풍조는 그 동기에서 대단히 단순하고 순수한 일면이 있었습니다. 그것은 그리스도에 대한 순결한 사랑의 표현이었습니다. 어떤 남자에게도 마음을 주지 않고 오직 예수 그리스도에게만 드리는 일편단심의 결단이었습니다. 바울도 이런 동기에서 긍정하는 것을 보는데(고전 7:34), 이것은 조금도 이상할 것이 없습니다. 그는 시집가지 않는 자와 처녀는 주의 일을 염려하여 몸과 영을 다 거룩하게 하지만 결혼한 사람들은 어떻게 하면 남편을 기쁘게 할까 해서 그 마음이 갈라진다는 견해를 가지고 있었습니다. 그래서 초대교회의 젊은 처녀들이나 총각들은 어떻게 하든 그들의 순결을 고스란히 하나님께 바치겠다는 뜨거운 열정이 가슴속에 타올랐습니다. 우리가 이런 동기를 나무랄 이유는 전혀 없습니다. 이것은 결혼이나 독신이 성경적인가 아닌가로 시비를 가리기 이전의 문제입니다. 그럼에도 크리소스톰과 같은 설교의 황태자는 "정결의 첫째는 진실한 동정(童貞)이다"라고 말했습니다. 그는 일생 독신으로 지낸 유망한 교회 지도자였습니다. 그는 성도가 순결한 정결을 그리스도에게 바치려고 하면 결혼을 피하고 동정을 지키는 것이 최선의 길임을 몸소 실천했습니다.

이렇게 좋은 동기가 있었던 반면, 다른 편에서는 나쁜 동기가 자리했습니다. 그중 두 가지를 지적하자면, 첫째는 교회사학자인 필립 샤프의 말처럼 결혼을 부정한 것으로 보는 이교도들의 사상에 오염되어 있었다는 점입니다. 당시 이교도들은 여자와의 결혼을 대단히 악하게 보았습니다. 당시 사람들 마음을 지배하던 몇 가지 말이 유행했습니다. "여자는 악하니 결혼하지 말라", "부유한 여자는 두 배로 악하다. 돈 있는 여자와는 절대로 결혼하지 말라", "미녀는 회칠한 무덤이다. 그러니 미녀일수록 가까이하지 말라", "여자가 선한 것보다 남자가 악한 것이 훨씬 낫다." 여자는 보기만 해도 재수가 없는 존재로 완전히 짓밟아버린 것 같습니다. 이런 경향 때문에 자연히 결혼마저 부정하게 보는 사상에 물들고 말았습니다. 이 같은 이교적인 사상이 기독교 독신관에 영향을 끼쳤을 것으로 보며, 이는 단순한 상상만은 아닙니다.

고린도 교회 당시만 해도 사회적으로 성적인 문란함이 있었습니다. 대부분의 남자는 신전에서 봉사하던 소위 '거룩한 창녀들'과의 성적인 관계를 당연한 것처럼 자행하고 있어, 여자들은 예수 믿고 믿음이 생기자마자 결혼을 혐오의 대상으로 받아들였을 가능성이 충분히 있었습니다. 결혼을 피하는 것이 자신의 정결을 지키고 거룩한 생활을 유지하는 최선의 길로 속단하기가 쉬웠습니다.

그러나 성경적으로 볼 때 이것은 크게 잘못된 것입니다. 성경은 결혼을 약하게 보거나 부정한 것으로 가르치지 않습니다. 물론 여자가 남자보다 도덕적으로 뒤떨어진다고도 말하지 않습니다.

두 번째 나쁜 동기는 소위 공로주의입니다. 독신이나 금욕이 하나님 앞에서 대단한 공로로 인정받을 수 있다는 사상이었습니다. 일생 결혼하지 않고 독신으로 살았으니 하나님께서 이에 해당하는 상당한 칭찬과 상급을 주실 것이라는 공로주의가 사람들 마음을 지배했습니다. 그러한 상황에서 독신생활이 흠모와 찬탄의 대상이 되는 일은 자연스러운 현상이었습니다.

고린도전서 7장 34절에는 신기한 말씀이 있는데 여기서 시집가지 않는 자와 처녀에 관한 이야기가 나옵니다. '이 둘은 어떻게 다른가?' 하는 의문이 생깁니다. 시집가지 않은 자는 누구이며 처녀는 또 누구입니까? 영어 성경을 보면 더 혼란이 일어납니다.

시집가지 않은 자와 처녀를 같은 의미로 받아들이는 해석은 어딘지 모르게 자연스럽지 않습니다. 그렇다면 두 명칭에는 어떤 구별이 있다고 가정할 수밖에 없습니다. 시집가지 않은 자는 미혼녀를 가리킬 것입니다. 그러면 처녀는 누구일까요? 어떤 성경학자들의 견해를 빌리면 당시 고린도 교회 안에는 특이한 풍속이 하나 있었는데 그것은 결혼식을 올려 이미 부부가 된 남녀가 하나님 앞에 거룩한 생을 살기 위해 침실을 함께 쓰지 않기로 서약하는 일이었습니다. 서약한 부부는 한집에서 살되 평생 처녀와 총각처럼 살았습니다. 그러한 부자연스러운 생활을 통해 경건 생활을 훈련하고 또 많은 육체적인 유혹에서 극기하므로 자기 자신이 그만큼 다른 사람에 비해 영적으로 거룩하다고 여긴 것입니다. 고린도전서에서 처녀라고 부른 자들은 이와 같은 '기혼 처녀'를 가리킨다고 보았습니다. 그런 경건 풍조로 교회 안에는 상당히 복잡한 문제가 일어났습니다. 유혹을 이기지 못해 서약을 깨뜨리는 여자들도 많았고, 그 결과 가책을 받아 굉장히 고민하는 여자도 많아졌습니다. 그런 복잡한 문제를 다루어야만 하는 사정이 있었을 것입니다.

이처럼 고린도전서 7장은 정상적인 결혼문제를 다루는 본문이 아닙니다. 좀 특이한 형편을 다룹니다. 이와 같은 사실로 미루어 초대교회 당시 동정을 지키는 것이 하나님 앞에서 매우 자랑스러운 공로가 된다는 믿음이 유행하고 있었던 것 같습니다. 그러나 이런 생각은 하나님 앞에 잘못된 것이요, 또 성경적이 아닙니다. 결혼하지 않은 독신자가 결혼한 사람들보다 하나님 앞에서 더 거룩하다는 주장에는 성경적인 근거가 없기 때문입니다. 그것이 칭찬의 이유가 될 수는 없습니다.

괴팍한 의식은 거룩함과 관련이 없다

우리가 알다시피 자연본능이란 하나님이 주신 것입니다. 식욕이라든지 성욕 등 모든 본능은 하나님의 선물인데 이것을 고의로 기피하는 것이 '정상적인' 생활양식이라고 하는 태도는 하나님 말씀과 거리가 멉니다. 그리고 유혹의 늪을 일부러 만들어 놓고 그 속에 들어가 앉아 그 유혹을 받지 않으려고 몸부림치는 것은 괴이한 행동이 아닐 수 없습니다. 결혼식을 올린 두 사람이 한집에 살면서 방을 같이 쓰지 아니하고 부부생활을 금하기로 서약하며 서로 본능적인 유혹을 이기려고 버티는 것을 성경이 가르치는 경건이라고 해석한다면 기독교야말로 대표적인 금욕주의 종교라고 해야 합니다.

중세기 들어 가톨릭 성직제도 배후에 이와 비슷한 악이 얼마나 깊이 뿌리내리고 있었는가를 우리는 잘 압니다. 제네바에서 쯔빙글리가 한창 종교개혁을 주도할 때만 해도 교회 지도자들이 낳은 사생아가 수를 셀 수 없을 정도였다는 사실을 감안하면 사람이 유혹을 받을 만한 여건을 만들어 놓고 거기서 살아남는 자가 성자요, 경건이라는 교훈은 마귀에게서 나온 것이라 해도 지나치지 않다고 생각합니다. 요셉이 보디발의 아내에게서 유혹을 받았을 때 맞서 싸우지 않고 즉시 도망쳤던 에피소드를 들으면서 우리는 교훈을 배웁니다.

초대교회와 중세 교회에서 만연했던 그릇된 '거룩 의식'을 검토하면서 한 가지 짚고 넘어가고 싶은 것이 있습니다. 흔히 신앙생활을 잘하고 거룩하게 산다는 것을 자연스럽지 못한 괴팍함을 의미하는 것으로 여기는 경향이 우리에게도 다소 남아 있습니다. 예를 들어, 한국 교회에서도 얼마 전까지 핫바지 저고리를 입고 고무신을 신고 머리를 삭발한 신자나 목사를 보면 일반 신자에 비해 훨씬 경건한 사람으로 인정한다든지 여전도사 중에는 머리를 뒤로 묶고 까만 치마에 흰 저고리를 입고 미들 구두를 신고 꼿꼿하게 서서 다니는 자가 경건한 부류에 속한다고 생각하고, 입산해서 기도원 생활을 하고 40일 금식을 하는 자는 거룩함에서 누구보다 한걸음 앞선 자로 공인하는 것 등입니다.

이와 같은 생각은 빨리 시정될수록 교회에 유익합니다. 그렇지 않으면 기독교에서 자란 위선의 가지가 끝없이 뻗어 나갈 위험이 상존하기 때문입니다.

옥한흠, 일상을 말하다

독신생활의 긍정적 측면

지금까지 우리는 부정적인 입장에서 독신주의를 검토했습니다. 성경적으로 볼 때 독신으로 사는 것이 그다지 바람직하지 않다는 결론을 얻은 셈입니다.

그러나 여기에서 끝나면 진리의 반쪽만 보고 온전하다고 여기는 실수를 범합니다. 독신생활에도 긍정적인 면이 있다는 사실을 알아야 합니다. 긍정적인 입장에서 보면 독신생활 역시 자유롭게 선택하는 범주에 속하는 생활양식입니다. 신자가 원하면 자유롭게 선택하는 대상이 될 수 있습니다.

왜 '선택의 자유'가 있다고 할 수 있습니까? 첫째로, 독신생활에 합당한 은사를 받은 사람은 독신생활을 하는 것이 좋다고 성경이 가르치기 때문입니다. 예수님께서 말씀하시기를, 독신에 관한 교훈은 사람마다 모두 받는 게 아니라 오직 타고난 자라야 받을 수 있다고 하셨습니다. 그리고 하나님 나라를 위해 타고난 자가 있고, 즉 하나님 나라를 위해 선천적으로 독신의 은사를 받은 사람이 있고 후천적으로 독신의 은사를 받은 사람도 있다고 하셨습니다. 그러므로 독신의 은사가 있다고 스스로 판단한다면 그 길을 택할 수 있습니다. 그것을 택했다고 해서 결코 비정상적인 생활이라고 탓할 수 없습니다.

고린도전서 7장 7절에서 바울도 똑같은 교훈을 합니다. "그러나 각각 하나님께 받은 자기의 은사가 있으니 이 사람은 이러하고 저 사람은 저러하니라." 하나는 결혼해도 좋고 하나는 결혼하지 않아도 좋으니 각자가 받은 은사대로 사는 것이 좋다는 의미입니다. 바울 자신은 분명히 은사를 받은 사람이었습니다. 그는 결혼할 필요성조차도 느끼지 않은 사람처럼 보입니다. 아무리 남녀가 팔짱을 끼고 행복하게 걸어다니는 모습을 보아도 도대체 매력을 느끼지 못했다면 그야말로 은사를 받은 사람일 것입니다. 오직 예수, 오직 앞에 있는 푯대만 바라보고 뛰는 사람이었으니 바울에게는 결혼이 하찮은 일로 보였을 것입니다. 결혼해서 아기 낳고 부부가 서로의 의무를 다해야 하는 부부생활이란 바울이 말한 것처럼 육체의 고난일 수도 있습니다.

결혼하면 이런 육체의 고난이 많이 따른다는 것을 우리는 경험상 잘 압니다. 바울의 눈에는 이런 부담을 지고 결혼하는 것이 독신으로 선교하는 일에 비해 초라하게 보였던 것이 사실입니다. 그러므로 그는 이런 방면에 은사를 받은 사람이라고 할 수 있습니다.

제 개인적인 생각으로는 교회 안에 독신의 은사를 받은 사람이 좀 많이 생겼으면 좋겠습니다. 앞으로 천국 복음이 더 힘 있게 뻗어 나가려면 이런 은사를 받은 사람이 많이 필요합니다. 솔직히 말해 교역자의 신분을 가지고 가정에 매인다는 것이 얼마나 큰 십자가인지 모릅니다. 우리 신교가 구교의 그릇된 독신주의의 영향으로 독신생활을 비판하려는 자세로만 보려는 경향이 왕왕 있는데 이런 태도는 고쳐야 합니다. 하나님 영광을 위해 자기가 독신의 은사를 받았다고 확신이 서면 그는 결혼한 사람 못지않게 단 한 번의 생을 값지게 보낼 수 있고, 어떤 면으로는 더 행복할 수도 있다고 생각합니다.

독신생활이 선택의 여지가 있는 생활양식이라고 보는 두 번째 이유는, 특수한 상황에서 취할 수 있는 길이기 때문입니다. 고린도전서 7장에 나오는 결혼문제에 대한 바울의 소신을 볼 때 거기에는 특수한 상황이 있었습니다. 26절에서 "내 생각에는 이것이 좋[다]"라고 했습니다. 사람이 혼자 지내는 것이 좋다는 말입니다. 임박한 환난 때문이라고 했습니다. 그리고 29절을 보면 결혼한 사람이라도 아예 부부생활을 안 하는 것처럼 사는 것이 좋다고 했습니다. 이런 구절을 유의해 보면 어떤 특수한 상황을 내다보고 있었음을 쉽게 알 수 있습니다.

일반적으로 이 본문 내용은 예수 그리스도가 재림하기 직전에 있을 대환난을 가리킨다고 해석하지만, 이런 해석은 자연스럽지 못합니다. 이 내용은 예수 그리스도께서 재림하실 때의 대환난보다는, 당시 고린도 교회 사람들이 눈앞에 두고 있었던 어떤 특수한 여건을 염두에 둔 말이었습니다. 그것이 핍박인지 무엇인지 성경에서 언급하지 않으므로 정확히 알 수 없지만, 바울 눈에는 고린도 교회 사람들이 겪지 않으면 안 될 일이 기다리고 있었습니다. 이런 시점에서 바울은 고린도 교회 교인들을 향해 최선의 길이 무엇인지 묻습니다. "너희가 어떻게 하는 것이 좋겠느냐? 가정을 갖는 것이 좋겠느냐? 아니면 혼자 살면서 그대로 믿음을 지키는 것이 더 좋겠느냐? 내가 보기에는 결혼해서 짐을 지기보다 혼자 있는 것이 유익할 것 같다"라는 투로 이야기합니다. 이렇게 볼 때 고린도전서 7장에서는 바울이 독신주의로 많이 기울어져 있다고 해야 합니다.

그는 매우 확신에 찬 어조로 "모든 사람이 나와 같기를 원하노라"(7)고 말합니다. 여기에서 "모든 사람"이라는 표현에는 대단한 무게감이 담겨 있다고 생각합니다. 알다시피 바울은 결혼을 반대하는 금욕주의자가 아닙니다. 또한, 결혼을 죄악시한 사람도 아닙니다. 오히려 건전한 결혼을 권유하고, 또 결혼이 중요하다는 것을 다른 서신에서 누누이 이야기했습니다. 그럼에도 모든 사람, 즉 당시 고린도 교회에 있었던 모든 사람이 자기와 같이 혼자 살기를 원했다는 것은 일반 상식으로는 이해하기 어렵습니다. 여기에는 틀림없이 특수한 사정이 있었다고 추측할 수 있습니다.

비슷한 말을 몇 곳에서 더 볼 수 있습니다. "나와 같이 그냥 지내는 것이 좋으니라"(8), "사람이 그냥 지내는 것이 좋으니라"(26), "그러나 장가가도 죄짓는 것이 아니요 처녀가 시집가도 죄짓는 것이 아니로되 이런 이들은 육신에 고난이 있으리니 나는 너희를 아끼노라"(28), "그 약혼녀를 그대로 두기로 하여도 잘하는 것이니라 그러므로 결혼하는 자도 잘하거니와 결혼하지 아니하는 자는 더 잘하는 것이니라"(37-38), "그러나 내 뜻에는 그냥 지내는 것이 더욱 복이 있으리로다"(40). 이상의 모든 말씀은 특수한 여건을 염두에 두면 이해할 수 있습니다.

그러므로 독신생활은 어떤 특별한 여건하에서는 선택의 여지가 충분히 있는 바람직한 생활양식이라는 것이 제 견해입니다. 결혼한 사람에게는 불가항력적이지만 아직 결혼하지 않은 젊은이에게는 얼마든지 선택할 수 있는 길입니다. 그리고 결혼했다가 혼자 남게 된 사람 역시 아무 구애받지 않고 선택하는 길이기도 합니다. 만약 공산주의 치하에서 핍박당하는 상황이라면 혼자 있는 것과 결혼하는 것 중 어느 것이 더 현명하겠습니까? 그런 특수한 여건하에서는 혼자 있는 것이 몇 배 바람직합니다.

선택의 여지가 있다면 은사로 받을 수 있다

내가 알고 있는 홍해선교회 설립자이자 명예회장인 거니 박사는 의사로 중동으로 가서 회교 지역을 다니며 40여 년 동안 복음을 전한 평신도 선교사였습니다. 그는 결혼을 하지 않은 사람입니다. 지금은 머리가 하얀 백발의 노신사인데 너무나 존귀하게 보였습니다. 그분과 많은 대화를 나누었지만, 결혼하지 못한 것을 후회하는 투의 말은 한 마디도 듣지 못했습니다. 오히려 영적으로 더 자유롭게 보였고, 저보다 더 활기차고 주님 나라를 위한 열정에 불타 있는 모습이었습니다. 기독교를 박해하는 회교권에서 비밀리에 복음을 전한다는 것은 날마다 생명을 걸어야 히는 모험입니다. 그런 상황에서 가족을 거느린다는 것은 오히려 무거운 짐이요 복음 사역에 걸림돌이라고 생각했는지 모릅니다. 이 얼마나 아름다운 헌신입니까?

은사나 특수한 환경 같은 것은 없었지만 어떤 일에 집념을 가지고 뛰다 보니 혼기를 놓치게 되어 혼자 평생 살기도 합니다. 아마 이화여대 총장이었던 김활란 박사가 그렇지 않았나 생각합니다. 그런 사람이 혼자 사는 것을 나무랄 사람은 아무도 없습니다. 자신을 위해 최선의 선택을 한 것입니다.

지금까지 우리는 독신생활이 영적으로나 도덕적으로 결혼생활보다 우위에 있다고는 할 수 없지만, 독신생활 선택을 위한 건전한 가능성이 몇 가지 있다는 사실을 알았습니다. 우리가 초대교회 신자들처럼 예수 그리스도를 사랑하는 순수한 동기에서 출발할 수만 있다면, 독신생활에 합당한 은사만 받았다면, 어떤 특별한 여건하에서 혼자 사는 것이 주님께 더 큰 영광을 돌릴 길이라고 생각한다면, 무슨 보람된 일에 몰두하다가 혼기를 놓쳤지만 그대로 혼자 사는 것이 부자연스럽게 느껴지지만 않는다면 독신생활을 선택하는 일에 주저할 필요가 없습니다.

교회 안에는 오랫동안 결혼을 하지 못해 마음에 큰 고민을 안고 있는 남녀들이 많습니다. 흔히들 노총각 노처녀를 보면 동정하는 마음이 앞서는데 저는 그렇게 생각하지 않습니다. 목사가 중매해줄 생각은 안 하고 은근히 독신생활을 장려하는 듯한 인상을 주니 오해받을 수도 있겠지만 누구든지 분명한 목표와 순수한 동기만 있다면 결혼하지 않는 사람을 동정의 대상으로 볼 것이 아니라 존경과 흠모의 대상으로 보아야 한다는 것이 제 주견입니다.

하나님이 은사로 주신 것이 있습니까? 하나님께서 어떤 분명한 소명을 주셔서 그 소명을 위해 혼자 사는 것이 훨씬 바람직하다고 판단합니까? 하나님 영광을 위해 혼자 사는 것이 훨씬 바람직하다고 판단합니까? 하나님 영광을 위해 정신없이 뛰다가 자기도 모르게 독신이 된 사람이 있습니까? 이런 뚜렷한 동기와 목적을 가진 사람이라면 왜 동정의 대상이 되어야 합니까? 어떤 점에서는 결혼한 사람이 더 불쌍하고 동정받아야 할 대상이 아닌가 합니다.

오늘날 교계가 교역자나 평신도를 막론하고 너무나 세속적이어서 자신과 가족밖에 모르는 것 같은 인상을 많이 남기는 것은 참 슬픈 일입니다. 국가가 위기에 처했을 때 미국과 같은 강대국에 자식을 가장 많이 빼돌린 자들 중에는 목사들도 끼어 있습니다. 예수를 위해 산다는 사람들이 가정을 우상시하면 그만큼 능력을 상실할 가능성이 높다는 것을 명심해야 합니다.

이런 면에서 결혼을 희생하고 하나님 나라를 위해 헌신하겠다고 나서는 사람들이 여전히 많이 필요한 때입니다. 우리 교계에서 이러한 운동이 일어나기를 원합니다. 그래서 교회에 만연하는 세속주의의 흙탕물이 좀 깨끗이 씻겼으면 좋겠습니다. 우리가 결혼생활을 하든 독신생활을 하든 하나님 영광을 위해 합당한 것이면 어느 것이나 다 받을 수 있지만, 의미 있는 독신생활을 선택한 자들을 향해 마냥 동정의 눈초리를 던지는 풍조만은 없어졌으면 하는 바람이 큽니다.

●1983년 3월, 강변교회

옥한흠, 일상을 말하다

7

그리스도인과
정치 참여에 관하여

이런 제목은 대단히 예민한 영역에 속합니다. 어떤 의미에서는 공개석상에서 말하기 꺼려지는 내용이라고도 할 수 있습니다. 무엇이 두려워서가 아니라 나 자신부터 신학적으로 아직 정립되어 있지 못한 비전문적인 분야라고 늘 생각해왔기 때문입니다. 또 기독교 2천 년 역사를 보더라도 이 문제에 관해서는 시원한 해결책을 찾지 못했다고도 할 수 있습니다. 그래서 저 자신도 연구하는 학생의 눈에서 하나님께서 인도해주시는 범위 안에서 이 주제를 정리해보려고 합니다.

그리스도인이 정치에 관심을 보이기 시작할 때

먼저는 그리스도인의 정치적인 관심 분야에 관해 선명하게 정리할 필요가 있습니다. 우리나라에 있는 그리스도인들이 1970년대 이후부터 의식적이든 무의식적이든 비상한 관심을 가진 정치적인 이슈는 민주주의 회복과 인권 탄압에서의 자유, 부정부패 일소, 이렇게 세 가지로 요약됩니다.

이것은 우리가 인간다운 대우를 받고 이 땅에 정의로운 사회가 편만하게 이루어지도록 어떤 대가를 지불해서라도 꼭 찾아야 하고 지켜야 할 소중한 자산임이 틀림없습니다. 그러나 우리가 몸담은 현실은 흑백 논리를 가지고는 설명하기 어려운 복합요인을 많이 안고 있다는 데 고민이 있습니다. 이런 사실은 쥐와 독 비유로 많은 공감을 얻었습니다. 쥐를 잡자니 독을 깨겠고, 독을 원형대로 두자니 쥐는 잡을 수 없는 농부의 딜레마를 우리가 놓인 상황에 비유하기도 했습니다.

여러분이 잘 아는 대로 민주주의가 절대적이고 이상적인 정치형태는 아닙니다. 칼빈이 인정한 대로 군주체제나 귀족정체, 민주정체는 다 실현 가능한 정치형태입니다. 그리고 유명한 칼빈주의자 카이퍼의 지적처럼 나라마다 발전과정이 정치적으로도 차이가 있을 수 있습니다. 동일한 정치형태라도 국가마다 다양성을 지닐 가능성도 큽니다. 그 속에 하나님의 섭리와 숨겨진 계획이 들어있음을 부인할 수 없습니다. 솔직히 말하면 군사 정권이 실권을 휘두르는 유사 민주주의 형태가 우리 모두 생명을 걸고 대항해야 할 '정치악'이냐고 묻는다면 관점에 따라 다르게 이야기할 소지가 충분합니다. 그럼에도 민주주의를 찾고 선호하는 이유가 어디 있습니까?

칼빈의 말은 인상적입니다. 그는 말하길 우리가 민주주의를 좋아하는 이유는 국민이 자신의 정치적 지도자를 직접 뽑을 수 있다는 부분에 있고 이런 여건하에서 어느 정치 체계에서보다 하나님 사랑을 더 인식하고 감사할 수 있다고 지적했습니다. 우리가 민주주의를 어느 정치체제보다도 더 좋아하고 사랑하고 아끼는 이유이기도 합니다.

한편, 민주주의가 가장 현명하거나 완전한 것은 아님에도 예수 믿는 사람들이 특별히 민주주의를 좋아하는 것은 이 정치 제도 안에 성경 원리와 일치되는 신학적인 사상이 들어 있기 때문입니다. 이에 대해 존 스토트가 잘 정리해놓은 것을 읽은 기억이 납니다.

민주주의는 인간의 존엄성을 진지하게 받아들이는 제도입니다. 인간이 존엄하므로 사람들의 동의 없이는 아무도 그들을 다스리지 못하게 하는 정신이 그 안에 깃들어 있고, 권력이 개인이나 소수에게 독점되는 것을 허락하지 않는 기질이 민주주의 안에 있습니다. 이것은 성경적입니다. 또 민주주의에는 인간의 타락을 인정하는 일면이 있습니다. 인간은 타락해서 누구나 다 부패할 수 있고 누구나 다 잘못할 수 있으므로 권력 독점을 최대한 막으려는 것입니다.

그러므로 지난 20여 년 동안 민주주의가 위기에 놓인 우리나라 상황에서 많은 그리스도인이 정치 참여에 비상한 관심을 표시했다는 것은 이상하거나 탈선이 아니라고 분명히 말할 수 있습니다. 정치적으로 가장 명료한 이론을 가진, 칼빈주의를 신학적인 배경으로 삼고 있는 장로교가 전체 기독교의 70퍼센트를 차지하는 대한민국에서는 칼빈주의의 색깔이 완연히 나타나기 마련입니다.

카이퍼가 말한 대로 칼빈주의 신학적인 배경을 가진 나라에서는 절대주의나 독재정치라는 탁류가 흘러내려 올 때 교회는 그것을 막을 수 있는 댐을 건설하는 역할을 담당합니다. 이것이 한국에도 상당히 적용되는 말이라고 생각합니다. 저는 그런 의미에서 우리나라 그리스도인들이 정치 참여나 정치 이슈에 대해 상당히 민감하고 또 어떤 의미에서는 행동적일 가능성이 충분함을 인정합니다.

민주주의 정신이 흐려지는 곳에서는 인권이 유린당하고 부정부패가 만연할 수밖에 없습니다. 이것은 우리 현실을 보더라도 진실입니다. 민주주의에 관한 관심은 부정부패나 인권에 대한 관심일 수밖에 없습니다. 그러므로 정치 참여라고 말할 때 우리의 가장 예민한 관심사가 이 속에 있음을 일단 확인하고 이야기하는 것이 좋습니다.

평신도의 정치 참여 범위에 대하여

우리가 용어를 사용할 때는 그 의미의 한계선을 분명히 그어놓고 사용해야 합니다.

평신도는 누구를 가리키는 말입니까? 교회를 가리키는 말입니까? 아니면 교회에 소속된 개인을 가리킵니까? 만일 전 교회를 염두에 두고 교회라는 단어와 동일한 의미에서 사용한다면 저는 여기서 강연을 중단해야 합니다. 교회와 정치 또는 교회와 국가라는 차원에서는 이미 다른 분들이 말씀하셨고, 또 저는 그런 엄청난 문제를 다룰 자격이 없기 때문이며, 교회가 정치에 참여할 것인지 말 것인지는 아직도 신학적으로 팽팽하게 맞서 있는 논쟁거리이기 때문입니다. 오히려 극과 극이 대립하는 형편이라고 하는 것이 솔직하겠습니다.

한편에서는 교회가 정치적인 투쟁에서 선봉으로 나서야 한다고 주장하는가 하면 다른 한편에서는 교회는 정치에 관여하지 않아야 한다고 주장합니다. 많은 교회가 둘 사이에서 갈피를 잡지 못하는 것이 오늘날 세계 교회의 추세입니다. 평신도를 교회라는 말로 규정하고 이 주제를 이야기한다면 말하기가 대단히 어려워집니다. 그래서 본 강연에서는 평신도란 교회에 소속된 개개인을 의미한다는 전제하에 말하고자 합니다.

참여는 어떤 개념입니까? 어느 정당이나 새로 결성된 단체에서 내놓은 성명서에 서명하거나 데모하고 감옥을 제집처럼 들락거리는 것이 참여입니까? 많은 사람이 이런 의미로 이해합니다. 그래서 침묵을 지키고 있다든지 정부에 대해 긍정적인 발언을 한 마디라도 하면 어용이라는 낙인이 찍힙니다. 이런 오해를 받는 사람은 마치 자기보호에만 급급한 비겁자로 보이든지 아니면 독재와 부패와 같이 발을 담근 반민족적인 인물로 취급을 당한다고 해도 과언이 아닙니다.

정치 참여의 이 '참여'라는 단어가 행동을 강조하는 의미로 사용하는 것이라면 이 정치 참여에 대한 해석은 대단히 심각해집니다. 또한, 이런 분위기이므로 정치 참여가 우리 관심사로 이슈가 되는 듯합니다. 그냥 평범한 시민적인 책임을 이야기하는 정치 참여라면 호소력을 상실할 가능성이 높습니다. 우리가 이 강연의 제목을 정할 때 '정치 참여'를 포함한 것은 오늘날 일반적으로 인식하는 긴장된 참여 형태를 염두에 두었기 때문입니다. 그리고 정치라는 단어 또한 무심히 넘길 수 없기 때문입니다.

원래 정치라는 말은 넓은 의미와 좁은 의미를 다 가지고 있

옥한흠, 일상을 말하다

습니다. 넓은 의미로는 도시의 생활과 시민의 책임을 의미하는 것으로 인간의 사회생활 전체와 관련됩니다. 그러므로 정치는 사회에서 함께 살아가는 기술을 의미합니다. 좁은 의미로는 다스리는 과학을 말합니다. 국민을 법 테두리 안에서 지내게 하려고 특정한 정책을 채택하고 개발하는 데 관여하는 일이 정치입니다. 이런 의미에서 정치적이라는 말은 위 두 가지 의미와 깊은 관계를 맺을 수밖에 없습니다.

그리고 짚어보아야 할 것은 정치 참여라는 말과 사회 참여 혹은 사회활동이라는 말의 관계입니다. 미국의 그랜드래피즈 보고서는, 사회봉사와 사회활동을 구별하는데 사회봉사는 인도주의적인 입장에서 사랑을 베풀고 구제하는 것을 말합니다. 일반적으로 교회가 적극 참여하고 또 하려고 노력하는 일을 사회봉사라고 합니다. 이와 비교하면 사회활동은 봉사 차원을 넘어서 문제가 발생하는 근본적인 원인을 찾아 개선하고 제거하려는 적극적인 노력을 말합니다.

예를 들면, 달동네에 가서 가난한 사람들에게 먹을 것을 갖다주거나 학생들 학비를 대신 내주는 일은 사회봉사이며, 달동네의 가난한 상황과 철거민들이 왜 그렇게 많은가를 놓고 원인을 찾으면서 정치적인 잘못이면 그것을 시정하고, 구조악이 문제라면 개혁 행동을 시작하는 것을 사회활동이라 합니다. 이런 맥락에서 정치 참여나 정치 활동을 사회 참여, 사회활동의 한 부분이라고 생각하는 것이 합당한 이해입니다.

평신도의 정치 참여는 평범한 시민적인 책임을 논하는 것도 아니고 직업적인 정치가가 되어야 한다는 의미도 아닙니다. 또 구제나 자선을 중심으로 하는 일반적인 사회봉사도 아닙니다. 이 모든 것을 다 포함할 수도 있으나 그리스도인이 개인 자격으로나 아니면 단체 자격으로 정치적인 개혁과 정책 개발에 관계하는 모든 활동을 포함한 말로 이해해야 합니다. 좀 더 깊이 생각하면 국민의 기본권을 위협하고 법치국가의 질서를 파괴하는 정치 형태나 구조악에 직간접적으로 도전하는 정치 활동을 포함하는 것도 정치 참여라고 합니다.

따라서 여기서 논하는 정치 참여는 대단히 적극적인 성격으로 이해하는 것이 맞습니다. 이런 이유로 이 문제를 너무 단순하게 다루려고 한다든지 획일적으로 정리하는 것은 위험하다고 생각합니다.

정치 현실을 보는 관점에 대해 그리스도인들이 여러 목소리를 낼 수 있겠지만, 분명한 정치 이슈가 있을 때는 문제가 달라집니다. 예를 들어, 대한민국에서 누군가가 대통령을 30년 하겠다고 한다면 분명히 모두가 한 무리의 거대한 집합체가 되어 저항할 것입니다.

물론, 모든 정치문제가 꼭 그렇게 획일적으로 처리되는 것은 아닙니다. 신학적인 관점에 따라 우리 정치관이 달라질 수 있고 심지어는 평신도 개인이 어떤 교단에 소속되어 있느냐에 따라 정치적인 이해가 달라질 수도 있습니다. 무엇보다도 개인적인 이해관계에 얽힐 때는 더 복잡합니다. 이처럼 각각 다른 정치관이 사람을 지배하고 있으므로 어떤 이는 반드시 옳고, 다른 이는 옳지 않다고 단정 지을 수 없는 현실이라는 것도 인정해야 합니다. 본 강연은 균형을 잃지 않도록 이런 여러 가지를 염두에 두고 평신도의 정치 참여에 대한 긍정적인 측면과 부정적인 측면을 나누어 검토하고자 합니다.

평신도의 정치 참여: 부정적인 관점

이 부분에서는 세 가지로 살펴보겠습니다. 부정적이라는 말이 상당한 긴장을 일으킬 수 있으므로 주의를 기울여주시기 바랍니다. 과격한 성격을 띠고 있는 정치 참여를 받아들인다면 예수 믿는 평신도 관점에서 어떤 부정적인 요소를 예상할 수 있습니까? 저 역시 부정적인 요소가 있다고 생각하는데 성경에서 정치 참여의 직접적인 근거가 될 만한 말씀을 발견하기가 어렵기 때문입니다.

신약시대라는 배경은 우리가 잘 아는 것처럼 매우 정치적이었습니다. 누구든지 쉽게 정치적으로 반응하는 아주 예민하고 긴박한 상황이었고 혼란과 부패가 만연한 시대였습니다. 그런데도 예수님과 제자들은 정치에 관심이 없는 것처럼 보였고, 실제로도 그랬습니다. 더구나 예수님이 직접 정치에 참여한 예나 참여하라고 권면한다든지 명령한 것을 신약에서 찾아볼 수 없습니다. 오히려 정치적인 동기나 목적으로 주님에게 접근하는 자들을 불순한 자로 취급할 정도였습니다. 때문에 예수님을 왕으로 삼으려는 자를 예수께서는 고의로 피했습니다.

초대교회에서도 마찬가지였습니다. 사도들이나 초대교회 그리스도인들이 자유와 인권을 위해 두드러지게 항쟁한 일은 보이지 않습니다. 어떻게 보면 방임자나 동조자처럼 생각될 정도입니다. 게다가 서신서에 나타난 사도들의 글을 보면 이해하기 어려운 말들이 나옵니다.

바울이 디모데에게 편지를 쓸 당시 로마 황제는 네로라는 폭군이었습니다. 그럼에도 바울은 모든 권세는 하나님에게서 나온다고 하면서 마치 네로와 같은 지도자도 하나님의 주권하에서 군주로 인정을 받을 수 있음을 보여주듯 왕을 위하여 기도하라고 권면합니다. 그리고 양심을 위해서는 무조건 관리들에게 순종하라고 권합니다.

그런데 한 가지 예외가 있습니다. 세례 요한의 경우입니다. 그는 윤리적인 문제로 비난받는 정치가의 면전에서 그를 힐책하다가 목숨을 잃었습니다. 그 사람을 제외하고는 찾아볼 수 없습니다. 현대인 중에 정치문제를 다룬 존 스토트의 책을 읽다가 왜 사도들과 예수님이 정치 참여를 피했는가를 설명하는 부분에서 좀 묘한 것을 발견했습니다. 예수님과 사도들은 정치 참여를 하고 싶어도 할 수 없었다는 설명 때문이었습니다. 그들은 팔레스타인에 진 치고 있는 로마 군인들에게 대항할 힘을 전혀 갖지 못하고, 주목받을 가치조차 없는 사람이었으므로 정치에 참여를 안 했다는 것입니다.

그러나 저는 이런 견해에 동의할 수 없습니다. 그것은 기독교의 기본정신에 어긋나는 해석이기 때문입니다. 반드시 말하고 싸워야 할 진리에 속한 문제였더라면 수가 적다고 입 다물고 있었다고 생각할 수 없습니다. 그것은 예수님의 정신에 어긋나기 때문입니다. 한 사람의 희생을 통해 모두를 구원하는 것이 기독교의 진리요 정신인데, 절대로 묵과할 수 없는 정치적인 악을 놓고 소수라서 힘이 없기에 피했다고 한다면 예수님답지 못한 행동이기 때문입니다.

예수님이나 제자들이 정치 참여에 전혀 동조하지 않았던 이유에 관해 저는 정치적인 문제가 예수님의 최우선 관심사가 아니었기 때문이라고 말하고 싶습니다. 이렇게 보는 것이 성경적이라고 확신합니다. 이런 성경적 근거를 놓고 볼 때 행동을 요구하는 형태의 정치 참여에 대해서는 부정적인 시각을 가지고 있습니다.

두 번째 부정적인 요소는 현재 한국 교회 일각에서 내세우는 정치 참여가 소위 말하는 부정적인 이데올로기 색채를 띤다는 데서 그러합니다. 이데올로기란 무엇입니까? 화란의 하우츠 바르트는 자신의 책에서 이렇게 정의했습니다. "〔이데올로기란〕독보적이며 구체적이고 포괄적인 사회적 목표를 달성하기 위한 도구로 사용하는 가치, 개념, 신념 그리고 규범의 전체 체계를 의미한다." 예를 들어, 공산주의라는 목표가 있으면 그 목표를 달성하기 위해 모든 가치, 신념, 모든 체계가 전부 하나의 사상의 틀로 형성된 것이 이데올로기라는 것입니다.

만일 오늘날 정치 활동을 하는 자들이 군부독재를 타도하고 전복하는 것을 목표로 삼았다고 합시다. 그렇다면 그들은 이미 혁명 이데올로기의 틀에 갇혀버린 사람들입니다. 이런 정치 목표를 가진 사람들은 자기 목표를 달성하기 위해 모든 수단을 합리화하고 정당화합니다. 그것이 폭력이든 유언비어이든 데모이든 간에 모든 것을 정당화합니다. 하우츠 바르트가 지적했듯 이렇게 모든 수단은 하나의 파워를 갖습니다. 그리고 파워를 갖게 된 수단은 우상시 되는 결과를 낳습니다. 그것이 어떤 혁명 이데올로기든 간에 다 그렇습니다.

권력을 가지고 무력으로 장기 집권하려던 정부에서도 이렇게 수단을 정당화시키는 이데올로기적 우상이 나타나는 것을 우리는 직접 보았고, 이에 대항하는 소위 운동권 사람들에게도 이런 혁명적 이데올로기 색채가 나타나는 것을 보았습니다. 심지어 교회 일각에서도 이런 조짐이 있는 것을 발견합니다. 해방 신학이나 행동 신학이라는 신학에 호소하는 특정 교회 활동이 이런 혁명 이데올로기적 성격을 띠고 있음을 부인하지 못합니다. 이런 측면에서 이것은 마귀적이요, 어떤 면에서는 비성경적이며 신앙인들이 동조할 수 없는 정치 참여 형태가 됩니다.

세 번째로, 교회가 세상 정치의 영역보다 더 심각한 문제를 많이 안고 있다는 소위 '자각의식' 때문에 부정적인 시각을 가질 수 있습니다. 장기집권을 획책하는 일이 정치 지도자들에게서만 볼 수 있는 일입니까? 교회 지도자들에게는 더 심각한 권력 집착증이 있음을 우리는 잘 압니다. 교권을 손에 넣기 위해 세상 정치무대에서도 하지 않는 추악한 일들을 얼마든지 벌이는 것이 오늘날 한국 교회의 현실입니다. 정부의 부정부패를 나무랄 수 있는 도덕성이 과연 오늘날 교회에 있는지, 그리스도인에게 있는지, 목사에게 있는지를 되물어야 할 만큼 교회는 남모르게 많이 부패해 있고 냄새나는 현장이 되었습니다.

흔히들 이데올로기는 당연히 있어야 할 기본적인 부분이 빠진 상황에서 일어난다는데, 공산주의를 보면 이것은 확연히 드러납니다. 가령, 공산주의는 기독교가 실패한 자리에서 나왔으며 이런 의미에서 공산주의를 제2의 기독교 혹은 일종의 기독교적인 사상이라 해도 전혀 틀린 말은 아닙니다.

혁명 이데올로기는 가장 기본적인 것이 빠진 상황에서 뿌리를 내립니다. 예를 들면, 프랑스는 교권이 부패해 귀족과 손을 잡고 시골을 황폐하게 만들면서 프랑스 혁명이 일어났습니다. 1917년 러시아 혁명은 왜 일어났습니까? 러시아 정교회는 절대 군주 짜르를 비호했습니다. 그야말로 교회가 권력의 시녀 역할을 하면서 독재자나 귀족들이 배불리 먹고 잠잘 수 있도록 자장가를 불러주었던 것입니다. 동시에 가난하고 착취당하는 백성이 정부와 정권을 가진 사람들에게 순응하도록 길들이는 역할을 교회가 맡았습니다. 그러므로 가장 기본적인 것이 결여된 토양에서 러시아 혁명이 일어났던 것입니다. 라틴 아메리카도 마찬가지입니다. 정치 권력과 교회와 경제 브로커들이 삼두마차가 되어 많은 사람을 괴롭힌 현장이 남미라는 사실을 우리는 압니다. 오늘날 한국 교회를 향해 이와 동일한 시각으로 비추어보되 극단적인 비관론을 펼 필요는 없다고 생각합니다.

하지만 우리에게 양심이 있다면 과연 청와대에 가서 "당신 잘못했소" 하고 말할 배짱이 교회에 있느냐, 좌경화되고 폭력을 휘두르는 사람들을 향해 잘잘못을 가리고 충고할 권위가 교회에 있느냐를 물었을 때 쉽게 대답이 나오지 않을 만큼 깊은 책임을 느끼는 '자각의식'을 가질 수 밖에 없습니다.

이 외에 또 다른 견해가 있겠으나 이상 세 가지로 정리해보았습니다.

평신도의 정치 참여: 긍정적인 관점

그러면 이제 긍정적인 시각에서 본 평신도의 정치 참여를 생각해보겠습니다.

첫 번째로 복음이 지닌 본질상 정치와 무관할 수 없습니다. 예수님은 직접 정치 활동을 하지 않았으나 가르침은 다분히 정치적이었습니다. 죄를 책망하고 불의에 대항하며 압박당하고 소외당한 자들을 구원하려는 그리스도의 교훈과 태도는 바른 사회 개혁을 일으키고 정치적인 노력을 유도하기에 충분한 동인을 안고 있었습니다. 그래서 복음이 전파되는 곳마다 세상이 개혁을 맛보았습니다. 노예제도가 무너지고 독재자가 쫓겨나고 가난한 자와 여성의 권익이 보장되고 문맹이 퇴치되는 놀라운 개혁이 일어났습니다. 이것은 복음의 본질로 인한 하나의 피할 수 없는 결과입니다.

복음은 교회를 낳았습니다. 복음으로 태어난 지상 교회는 천국에 가기 위해 모인 승객 대합실이 아닙니다. 우리가 말하는 기독교 복음의 골자는 '구속'(救贖) 아닙니까? 구속을 강조하는 기독교 복음은 사회구조에 직접적인 영향을 주지 않으면서도 하나님과 사람의 관계를 바르게 맺어줍니다. 다시 말하면, 하나님과 올바른 관계를 회복한 개개인을 만들어내는 것이 복음의 능력입니다. 이렇게 하나님과의 관계를 회복한 개개인이 생겨

날 때 트리톤A. N. Triton이 말한 것처럼 "사회에 수평적인 충격 파"가 형성됩니다. 하나님과의 관계가 회복되고 중생하고 거룩한 하나님 백성, 하나님이 새로 주신 깨끗한 양심을 가지고 하나님 나라를 확장하고 하나님 영광을 나타내려는 그리스도인이 늘어나면 그 자체로 사회에 충격을 주는 횡적인 충격파가 됩니다. 이런 의미에서 복음이 있는 곳에서는 사회 참여를 피할 수 없습니다.

유명한 교회사를 쓴 K. S. 라투렛Latourette 교수의 말을 인용해봅시다. "복음을 받은 수많은 사람이 문맹과 무지에서 벗어났으며 물리적인 환경을 통제하고 지적 자유를 얻어가는 도상에 놓였다. 복음은 인간이 알고 있던 다른 어떤 충동보다 더 놀랍게 질병과 기근이라는 육체적 재난을 줄이는 일을 해냈다. 수백만을 노예 상태에서 해방했고, 수천만을 동료의 착취로부터 보호했다. 전쟁의 공포를 줄이고 인간과 국가 사이의 관계를 정의와 평화의 기반 위에 놓으려는 운동에서 가장 효과적인 원천으로 작용했다."

정치에서도 가장 효과적인 개혁의 원천은 복음이요, 복음으로 새로 태어난 하나님 자녀가 그 역할을 충분히 해냈음은 2천 년 동안 많은 증거를 통해 입증되었습니다. 그래서 복음 자체는 새로운 사람을 만들어 정치적으로 수평적인 충격파를 던질 수 있으며, 동시에 가장 효과적인 개혁의 원천이 된다는 의미에서 평신도의 정치 참여는 긍정적이라고 생각합니다.

두 번째로 그리스도인의 신분과 기능 그 자체가 정치적인 문제와 별개로 떨어져 있을 수가 없습니다. 어떤 분은 말하기를, 복음 전파와 정치 활동은 가위의 양날과 비슷하다고 했습니다. 그만큼 밀접한 관계가 있다는 말입니다. 복음이 확산하면 그 사회는 레이몬드 존스턴이 말한 대로 '방부제 환경'으로 바뀔 수 있습니다. 복음을 전하면 그곳에 새로운 사람이 자꾸 태어납니다. 변화받은 사람들이 그런 환경을 만들어낸다는 것입니다. 다시 말하면, 소금 역할을 하는 사람들 덕분에 썩기 쉬운 곳에서도 부패를 방지하는 환경을 조성하는데 이 자체가 벌써 정치적입니다. 그래서 신성모독이나 이기주의나 탐욕이나 불성실이나 잔인성, 폭력 등이 도무지 자랄 수 없는 환경으로 달라져 갑니다.

예수 믿는 사람은 전도자입니다. 그런 의미에서 복음 전한다는 행동 자체가 정치 참여의 일면을 나타냅니다. 더구나 나라를 위해 기도하고 나라에 일어난 문제를 하나님 앞에 내어 놓고 매달리는 것은 적극적인 정치 참여 형태입니다. 이런 의미에서 그리스도인 개인 역할이나 기능을 보더라도 우리는 정치문제에서 외따로 떨어진 존재로 살아갈 수 없습니다. 그리스도인이 빛과 소금 역할을 피할 수 없다면 정치 참여도 피할 수가 없다고 보아야 합니다.

세 번째는 그리스도인, 즉 평신도도 국민의 한 사람이라는 측면에서 정치 참여를 긍정적으로 보아야 합니다. 국민의 한 사람이므로 나라가 망하는 것을 가만히 보고 있을 수 없습니다. 1905년 이후 한국 교회가 어떻게 행동했는가를 조금만 연구하면 당장 알 수 있습니다. 역사학자이자 교회사학자인 이만열 교수의 지적처럼 1905년 이후에 한국 교회 평신도들은 정치 참여에 여러 유형으로 관계했습니다. 교회 의식이 나라의 해방과 국권 회복을 위해 기도하는 항쟁의 성격을 띠기 시작했습니다. 이것이 국민으로서 정치에 참여한 선례입니다. 일부 신자들은 일제 침략에 대해 저항을 점점 표면화했습니다. 또한, 경제적인 차원에서는 세금 거부 운동이나 반식민운동, 금연·금주운동으로 불매를 통해 정치에 관여했습니다. 이후로는 아예 정치 활동에 적극 가담해 생명을 걸고 싸웠던 사실도 지나칠 수 없습니다. 그리스도인도 국민의 한 사람이므로 나라를 위한다면 생명을 바치는 것도 피할 수 없는 것임을 보여줍니다. 카이퍼의 견해처럼 아베의 손아귀로부터 양심의 자유를 쟁취하려면 우리 예수 믿는 사람도 영웅적인 투쟁을 할 수 밖에 없습니다.

지금까지 정치 참여의 부정적인 측면과 긍정적인 측면을 살펴보았습니다. 정치 참여를 부정적으로 볼 것이냐 아니면 긍정적으로 볼 것이냐는 여러분의 자유지만 내가 볼 때는 그리스도인이라면 긍정적 입장에서 고찰해야 하는 책임을 피할 수 없습니다. 아무리 부정적인 측면이 있다 해도 그 부정적인 측면에 너무 기울어버리면 국민으로서 살아남을 수 없고, 국민의 의무도 할 수 없으며, 하나님 앞에서 양심적인 생활을 할 수도 없게 됩니다. 그러므로 긍정적인 입장으로 자연스럽게 얼굴을 돌릴 수밖에 없습니다.

그러면 어떤 방법으로 참여해야 할까요? 구체적인 방법을 말할 수는 없습니다. 교회는 구체적인 방법을 정치적으로 이야기하는 곳이 아니기 때문입니다. 교회는 원리를 이야기하는 곳입니다. 그런 의미에서 저는 일곱 가지로 원칙을 정리해봅니다.

첫째로, 평신도는 교회의 지도를 따라 정치문제에 관여하는 것이 바람직합니다. 이런 의미에서 교회는 필요에 따라 성경적이고 신학적인 가이드를 적절하게 제시할 책임이 있습니다. 저는 이런 점에서 곤란함을 겪었습니다. 박종철 군 사건 때도 관련된 언급 한 마디 없이 엉뚱한 설교만 한다는 비판의 소리를 교회 안에서 자주 들었습니다. 물론, 제 나름대로 견해가 있었지만 너무 점잖았다는 생각이 듭니다.

사실 평신도들은 긴박한 정치적 이슈가 나타나면 어떻게 해야 할지를 몰라 목사를 바라볼 때가 있습니다. 이럴 때 목사는 신학적으로, 성경적으로 흡족하게는 아니어도 성도들이 신뢰할 만큼 어느 정도의 원리적인 면에서 가이드를 해주어야 합니다. 교회는 가이드를 제시하고, 성도는 그 가이드를 따라 행동하는 것이 가장 바람직합니다. 이 원칙을 무시한다면 교회라는 테두리를 벗어나야 하지 않을까 생각합니다.

두 번째로, 교회가 적절한 지도를 하지 못한다면 평신도는 자기 양심과 시민의 권익을 위해 독자적으로 가능한 방법으로 정치에 관여하는 것이 좋습니다. 교회가 침묵한다고 해서 평신도도 침묵한다면 이것은 기독교의 무덤을 의미합니다. 잘 아는 것처럼 성(聖)과 속(俗)의 이원론을 극복해야 합니다. 우리는 몸으로 활동하는 모든 생활영역에서 왕 같은 제사장으로서 하나님 앞에 거룩한 제사를 드릴 책임을 갖고 있습니다. 그러므로 어떤 경우에 교회가 정치 분야에서 침묵하더라도 개인 양심상 침묵할 수 없다고 생각할 때는 독자적으로 정치에 참여하고 활동할 수 있습니다.

세 번째로, 교회가 정치적인 문제에서 잘못 지도하고 있다든지 오도한다고 판단되면 평신도들은 자기 양심을 위해 개인 자격으로나 아니면 의견을 같이하는 그룹을 통해 교회에 주의를 환기하는 것이 바람직하며 적절한 지도를 요청할 수 있어야 합니다. 이것이 평신도 자신이 사는 길이요, 교회가 잘못된 길로 가지 않게 하기 위한 바람직한 노력이라고 생각합니다.

네 번째는 정치 현안에 대해 견해가 동일하더라도 참여 방법까지 같을 수 없음을 인정합니다. 비록 똑같은 정치적인 관점을 갖고 있더라도 어떻게 정치에 참여할 것인가는 다양하게 나타납니다. 꼭 데모해야 한다고 생각하는 사람이 있는가 하면, 데모는 부적절하다고 생각할 수 있습니다. 교회에서 나가 아예 민주주의를 위해 뛰어야 한다고 생각하는 사람이 있는가 하면, 민주주의보다 교회가 우선이라고 생각할 수도 있습니다. 그러므로 민주주의를 이 땅에 뿌리내리고 발전시켜야 한다는 공동 목표에는 관점이 같지만, 그것을 위한 정치 참여 방법론에서는 사람마다 다양성을 띨 수 있음을 인정합니다. 그러므로 그리스도인은 이런 방법론에서 독선적이어서도, 비판적이어서도 안 됩니다. 행동은 자기 양심대로 소신껏 하되, 남에게 독선적으로 강요하는 것은 서로에게 불행하다고 생각합니다.

다섯 번째, 개인과 교회를 구별할 수 있어야 합니다. 교회를 정치 도구로 이용하려고 해서는 안 됩니다. 교회는 교회입니다. 개인은 정치 활동에 능동적으로 참여할 수 있고 필요할 때는 조직도 형성합니다. 또 어떤 면에서 전문적인 정치가가 될 수도 있겠으나 어떤 정치 이슈에 교회를 끌고 들어가는 일은 삼가야 합니다. 윌리엄 템플이 말한 것처럼 교회는 정책을 논하는 곳이 아니고 원리를 이야기하는 곳입니다. 마땅히 성경에서 가르쳐야 할 원리를 정치적으로 제시할 수 있고, 또 외칠 수는 있지만, 실제적인 방법론이나 정책이 채택되기 위해 교회를 이용하거나 또 그렇게 오해를 받아서는 안 됩니다. 그러므로 교회와 개인은 반드시 구별해야 합니다.

어떤 이가 목사에게 정치 현실에 대해 침묵하는 이유가 뭐냐고 묻는다면 대답은 간단합니다. 목사는 교회를 대표하는 공인입니다. 사적으로 정치적인 이야기나 행동을 하라면 비교적 단순한 문제이지만 그렇게 하려면 교회에 사표를 내는 것이 교회를 위하는 것일지도 모릅니다. 반면에 공산주의 사회처럼 교회를 핍박해서 신앙생활을 못 하게 하는 상황이라면 문제는 달라집니다. 그러나 우리가 처한 이런 상황에서 교회를 대표하는 목사 입장으로 함부로 입을 열기가 어려운 것이므로 이 점을 평신도는 이해해주시길 바랍니다.

여섯 번째, 악을 악으로 갚는 행위에 동조해서는 안 됩니다. 이런 행위는 혁명 이데올로기를 형성하는 사람들이 흔히 모든 수단을 정당화시킬 때 나타나는 무서운 결과입니다. 악을 악으로 갚는 이런 비성경적인 행동에 대해서는 그 목적 자체가 아무리 고상하고 좋다 해도 우리는 절대로 동조할 수 없습니다. 이것만은 확실히 해두어야 합니다.

끝으로 정치적인 문제에서 하나님 주권을 인정하는 믿음을 가져야 합니다. 말씀을 듣고 날마다 살피며 기도를 통해 하나님 인도를 구하는 겸허한 자세가 있어야 합니다. 그리고 하나님의 선하신 뜻이 오늘날 정치 이슈 안에 어떻게 포함되어 있을까 인내하면서 참는 자세가 필요합니다.

역사와 정치 문제에서 인간이 하나님 자리를 대신할 수는

옥한흠, 일상을 말하다

없습니다. 역사의 주인은 하나님이십니다. 또한, 우리나라의 정치 문제에 대해서도 하나님이 주권자이십니다. 그러므로 그가 선하게 인도하실 것을 믿어야 하며 그의 선하신 뜻이 어떤 형태로든지 이루어진다고 확신해야 합니다. 마치 정치의 모든 방향이 자기 손바닥 안에, 자기 행동 여하에 달린 것으로 착각한다면 그것은 하나님 말씀에 따라 정치에 참여하는 사람이라고 말할 수 없습니다.

●1988년 3월, 강변교회

8

평신도 선교의
새 시대를 여는 길

네 눈을 들어 사방을 보라 그들이 다 모여 네게로 오느니라
나 여호와가 이르노라 내가 나의 삶으로 맹세하노니 네가 반
드시 그 모든 무리를 장식처럼 몸에 차며 그것을 띠기를 신
부처럼 할 것이라_사 49:18.

이 말씀은 1차적으로 이사야가 메시아 시대를 내다보면서 했던
예언 말씀이지만, 동시에 예수 그리스도를 온 세계에 전해야 할
그리스도의 증인 된 우리에게도 해당하는 말씀이라고 생각합니

다. 이 멋있는 예언이 앞으로 한국 교회를 통해 더 아름답게 꽃 피우길 저는 기도합니다.

오늘 강의하는 주제는 엄청난 내용인데, 짧은 시간에 다 할 수도 없고, 또 제 역량으로는 다 이야기할 수도 없습니다. 중요한 몇 가지만 정리하겠습니다.

타오르기 시작한 한국 교회의 선교

지금 한국 교회 안에서는 세계 선교에 대한 각성이 조용하면서도 강렬하게 일어나고 있습니다. 이것은 20세기 말과 21세기 세계 선교를 위해 하나님이 한국 교회를 주목하고 계신다는 일종의 소명의식입니다. 이 사실을 증명하듯 1970년대 후반부터 우리나라에서 선교사들이 본격적으로 나가기 시작하여 이제는 부부를 같이 계산하면 56개국에서 500명이 넘는 선교사들이 복음을 위해 열심히 뛰고 있습니다. 그러나 수적으로 보면 한국 교회가 아직도 선교 면에서 후진의 그늘에서 벗어나지 못하고 있습니다.

영국을 예로 든다 해도 4~500만에 달하는 교세를 가진 영국 교회가 현재 4,000명이 넘는 선교사를 세계에 파송한 데 비해 한국 교회는 영국 교회보다 두 배의 교세를 자랑하면서도 선교사 수는 10분의 1에도 미치지 못하기 때문입니다. 그렇지만 두 나라를 놓고, 특히 또 한국 교회와 서구 교회를 놓고 비교할 때 한 가지 면에서는 차이점이 있습니다.

서구 교회는 오늘날까지 세계 선교에서 주역을 맡아왔지만, 지금 선교 분야에서는 꺼져가는 횃불에 비유할 수 있습니다. 반면 한국 교회는 선교 분야에서 타오르는 횃불에 해당합니다. 다음 세기에는 세계 경제 중심권이 미국에서 극동으로 옮겨진다는 것이 기정사실처럼 되어가는데 여기에 따라 선교의 중심도 한국으로 이동하리라고 전문가들은 내다보고 있습니다. 이런 의미에서 지금 한국 교회가 세계 선교에 예민하게 반응하기 시작한 것은 매우 시의적절한 일입니다.

이런 시점에서 한국 교회는 현대 선교의 아버지라 불리는 윌리엄 케리가 1792년 5월 어느 날 노팅엄에서 열렸던 선교집회에서 이사야 44장 2~3절 말씀으로 설교하던 중 남긴 기념비적인 말을 새삼스럽게 음미해보아야 합니다. "하나님으로부터 큰일을 기대하라. 하나님을 위해 큰일을 시도하라"Expect great things from God, attempt great things for God.

제가 보기에는 한국 교회가 선교에 높은 관심을 쏟기 시작한 것은 좋지만, 아직도 주님의 큰일이라고 하기에는 확신이 서지 않는 하찮은 일에 지나친 출혈을 하는 것 같습니다. 왜 대부분 교회가 내부 갈등에 묶여 자라지도 못하고 일도 하지 못하는지 알 수 없습니다. 왜 교단 대표들이 한자리에 모이면 세계 선교, 아시아 선교를 놓고 하나님 뜻을 찾으면서 한마음이 되어 기도하지 못하며, 교권과 이권 다툼에만 눈이 어두워 있는지 정말 안타까운 일이 아닐 수 없습니다.

최근에 어느 공산권 선교사를 만났는데 그가 이렇게 탄식했습니다. 자기가 한때 몸을 담았던 한국의 어떤 교단총회가 모이는 자리에 나가서 자신의 선교 현황을 총재들 앞에 이야기하고 그 일이 얼마나 중요한가를 말한 뒤 총회 기간 특별히 기도해주길 요청했다는데, 총회 초두에 그런 부탁을 했는데도 총회가 끝날 때까지 보니 기도는 고사하고 사소한 문제로 시시비비를 놓고 싸우는 것으로 일관하다가 끝났다는 것입니다. 우리는 하루빨리 회개하고 하나님이 세상을 위해 마음을 쓰고 계시는 큰일이 무엇인지를 다시 한번 돌아보아야 할 때가 되었다고 믿습니다.

선교 전략의 공백을 메꾸어야 한다

한국 교회가 쥐를 쫓아다니는 사자꼴이 되어서는 절대로 안 됩니다. 엄청난 교세를 자랑하면서도 하는 행동은 쥐를 가지고 노는 사자꼴을 하면 하나님도 기뻐하지 않으실 것입니다. 이런 형세가 지속하면 하나님이 우리 손에 주신 축복까지 거두어가실지도 모릅니다.

우리에게 가장 심각한 당면 과제는 선교 전략을 확립하는 일입니다. 명확한 선교 신학과 합리적이고 구체적인 연구와 자료를 바탕으로 한 선교 전략 없이는 요란만 떨다 망신을 당하지 않는다고 아무도 장담할 수 없습니다. 선교 전략의 부재 현상을 입증하는 불상사들이 지난 15년 동안 여기저기서 한두 건 일어난 것이 아닙니다. 지금도 한심스러운 일들이 선교를 주관한다는 실무진뿐만 아니라 선교 현지로부터 종종 들려오고 많은 사람의 입에 오르내리기도 합니다.

선교는 장밋빛 감상주의에 들떠 벌일 일이 절대로 아닙니다. 그럼에도 한국 교회에서 행하는 선교는 아직도 감상주의적인 빛깔을 다 벗지 못한 상태입니다. 여기저기서 열정적으로 선교를 외치고, 크고 작은 선교단체는 우후죽순처럼 생겨나도 실제로 전력을 쏟아 준비해야 하고 연구해야 할 일에는 인색하고 소홀히 하는 것이 실상입니다. 교인들은 선교사 지망자나 선교지에서 잠시 고국에 들른 선교사를 만날 때마다 무턱대고 영웅시하거나 연민의 정을 금치 못하는 눈초리로 바라봅니다. 그래서 분별없이 돈을 쥐여주려 합니다. 이렇게 해서 깨끗한 마음을 가지고 선교에 헌신하려는 젊은이를 더럽히는 일이 한두 건이 아닙니다.

어느 선교사가 임지로 부임하면서 고급 전자제품을 빠짐없이 구비해 갔다가 화제가 된 일이 있습니다. 여기저기서 쥐여주는 돈이 하도 많다 보니 그런 식으로 공허하게 써버린 것이 아닌가 하는 생각이 듭니다. 이것이 선교를 하나의 감상주의로 보는 사례입니다.

또 우리나라에서 파송한 선교사 중에도 75퍼센트 이상이 손쉬운 교포 교회 목회로 전환하거나 선교지를 이탈해버렸다는 연구 보고가 나온 것을 보았습니다. 그리고 어떤 선교사는 후진국에 가서 귀족처럼 생활하는가 하면 어떤 선교사는 지나치게 고생합니다. 심지어 어떤 선교사는 '선교사 재벌'이라는 별명까지 붙었을 정도로 심상치 않습니다. 더욱이 소속이 다른 한국 선교사들끼리 선교지에서 너무 자주 싸우니까 그들을 본국으로 소환해달라고 요청하는 현지 교회도 있다고 들었습니다.

이 모든 사례는 무엇을 의미합니까? 아직도 냉철한 현실 감각을 가지고 선교를 연구하고 준비하기보다 감상에 들떠 주먹구구식으로 하는 데서 빚어지는 부작용이라고 생각합니다. 이런 의미에서 오늘날 더 큰일을 하기 위해 선교 전략을 확립하는 것은 정말 중요합니다. 선교사 한 명을 해외에 파송하려 할 때 보내는 교회나 선교단체가 준비할 일이 얼마나 많은지 모릅니다.

명확한 선교 신학이 정립되어 있습니까? 무엇이 선교인지조차 신학적으로 정리하지 못한 상태에서 내실 있는 선교는 결코 기대할 수 없습니다. 선교사를 어떤 기준에서 선정할 것입니까? 선정한 선교 후보자는 무엇을 가지고 어떻게 훈련을 시켜야 합니까? 선교지 선정은 어떻게 하는 것이 바람직합니까? 선교비 모금은 어떤 방식으로 할 것입니까? 선교사를 관리하기 위해 행정 조직은 어떻게 할 것입니까? 선교 방법은 어떻게 결정할 것입니까? 현지 교회와의 관계는 어떤 선에서 유지하는 것이 좋을까요? 선교사의 자녀 교육은 어떻게 할 것입니까? 안식년과 은퇴 후의 연금제도는 어떻게 하는 것이 바람직합니까? 선교사의 후속 연구 프로그램은 어떻게 마련할 것입니까? 선교사나 가족에게 일어날지도 모를 긴급 사고에는 어떻게 대처해야 합니까?

이 정도만 꼽아보아도 선교사 파송에 얼마나 다양한 일들이 얽매여 있는지를 알 수 있습니다.

이런 모든 것을 포괄하는 것이 선교 전략에 관한 문제입니다. 선교 전략 수립은 결코 쉬운 일이 아닙니다. 탁상공론만으로 해결되는 성질이 절대로 아닙니다. 목회 경험을 가진 사람들이 해답을 줄 수 있는 문제도 아닙니다. 이것을 위해서는 더 많은 연구와 노력이 필요하고 충분한 인적 자원이 있어야 합니다.

다 아는 바와 같이 우리나라 선교 역사는 매우 짧고 빈약합니다. 그래서 지금 당장 완벽한 선교 전략을 만들고 싶어도 솔직히 능력이 모자랍니다. 경험, 자료, 전문인력… 이 세 가지 빈

곤이 가장 심각한데, 이런 빈곤을 가지고는 바람직한 선교 전략을 세우기가 매우 어렵습니다. 이 모든 것이 선교 역사가 짧고 전통을 통해 축적된 힘이 없으므로 빚어지는 자연스러운 현상입니다.

그렇다고 가만히 앉아 있을 수도 없습니다. 우리는 이미 선교사를 계속 내보내지 않으면 안 될 처지에 놓여 있습니다. 우리는 선교의 강한 물살에 떠밀려가는 처지입니다. 이것은 한국을 향한 하나님의 명령으로 보아도 되겠습니다.

국내 각지에서 선교사를 지망하는 젊은이들의 열기가 뜨겁게 달아오르고 있습니다. 그러므로 비록 모자라는 역량이지만 하는 데까지 이들을 끌어모아 보다 영구적이고 완벽한 전략을 위해서라도 일관성 있는 선교 전략을 세울 준비를 해야 합니다. 이 일을 위해 우리가 하는 가장 손쉬운 길이 있다면 수백 년 선교 전통을 가진 서구 교회 선배들로부터 배우고 도움을 받는 것입니다.

우리는 겸손해야 합니다. 거듭 말하건대 한국 교회는 좀 더 겸손해야 합니다. 세계 선교를 마치 한국 교회가 독식하는 것처럼 거드름을 피우면 하나님의 일을 망칩니다. 아직 우리는 선배들로부터 배울 것이 너무 많습니다. 그리고 그들이 연구하고 경험을 통해 비축해놓은 많은 지식과 지혜를 빌려 와 좋은 것은 더 발전시키고 부족한 것은 우리가 수정해야만 합니다.

제가 볼 때 아직도 세계 선교 주역은 서구 교회가 장악하고 있습니다. 한국을 포함해 아시아권, 또 아프리카권의 선교사 수는 불과 10,752명에 불과합니다. 통계에서 조금 차이가 있겠지만 약 11,000명 선입니다. 여기에 비해 서구 선교사의 수는 7만 명이 넘습니다. 수적으로 비서구권 선교사는 서구권의 7분의 1도 안 됩니다. 그러므로 겸손하게 배우면서 우리 기반에 맞는 선교 전략을 다져나가야 한다고 생각합니다.

가끔 외국에 나가 보면 한국에서 오신 목사들이 외국인 목사들 앞에서 한국 교회의 선교를 지나치게 자랑하면서 이제는 세계 선교 자원이 전부 한국으로 다 이전한 것처럼 큰소리치면서 비판하는 것을 보는데 저는 이것이 대단히 경솔한 판단이라고 생각합니다. 우리가 선교 전략은 등한시하고 수적으로 몇 명 내보냈다는 업적에만 계속 매달린다면 이것은 아무 작전도 없이 전선으로 부대를 투입하는 황당무계한 지휘관의 행태와 다를 바가 없습니다.

물론, 선교의 성공이 선교사의 수에 좌우될 수도 있지만, 이것이 절대적이지 않음은 선교 역사를 비추어 알 수 있습니다. 그러므로 몇 명을 파송했느냐 얼마만큼 지원하느냐의 문제가 아니라 이 선교 사역이 참으로 귀한 열매를 맺게 하려고 얼마만큼 한국 교회가 준비하느냐 하는 것이 우리에게 가장 심각한 그리고 절실한 당면 과제라고 봅니다. 선교 전략에서 가장 중요하

옥한흠, 일상을 말하다

다고 여기는 두 가지를 살펴보겠습니다.

선교사 발굴과 훈련에 관하여

우리가 하나님께 정말 감사해야 할 것은 많은 우수한 젊은 이가 선교사의 소명을 품고 있다는 사실입니다. 그리고 그들 대부분이 대학을 마친 고급 인력입니다. 그러나 하나님이 보내시길 원하는 소명자가 누구인가를 가려내는 일은 절대 단순하지 않습니다. 선교를 마치 도시 소녀의 눈에 비친 농촌의 전원생활로 착각하고 환상적으로 동경하는 사람에게 그 사역을 맡길 수는 없습니다. 더욱이 경계할 것은 국내에서 이것저것 해보다가 자신감을 상실한 사람에게 밖으로 빠져나가는 탈출구 역할을 하게 만들어서도 안 됩니다.

저는 선교 지망생의 주관적인 소명을 지나치게 신뢰하는 것은 바람직하지 못하다고 봅니다. 무슨 동기에서 시작했든 간에 선교사로 나가겠다는 사람에게 소명이라 불릴 만한 것은 다 있습니다. 그리고 중학생 정도의 또래를 앉혀 놓고 학생들에게 선교 헌신을 강요하고 서약시키는, 어떤 면에서는 낭만적이기조차 한 그런 일은 좀 지양했으면 합니다.

선교사 후보생을 찾을 때 우선 소명받은 사람을 상대해야 하는 건 맞습니다. 그러나 그 소명을 좀 더 진지하게 검토하게 하는 2차 자료가 있어야 하고, 그다음에 그들에게 2차 기회를 마련해줄 필요가 있습니다.

이런 점에서 세계성경번역선교회에 있는 '캠프 위클리 프'Camp Wyclif 프로그램은 매우 추천할 만한 모델 중 하나입니다. 번역 성경에 관심을 둔 사람은 소명이 있든지 없든지 이 캠프 위클리프에 지원해 들어가 한 달 동안 합숙하면서 성경 번역 선교사로서 갖추어야 할 일반적인 개론을 들을 기회가 주어집니다. 한국에서는 벌써 1년에 한 번씩 해마다 횟수를 거듭해왔습니다.

막연히 선교에 관심 있는 사람, 관심이 있지만 선교가 무엇인지 잘 모르고 여러 면에서 자신이 부족하다고 느끼는 사람들이 마음 편안하게 그런 프로그램에 참여하면서 한 달간 교육받으며 자기 은사도 테스트할 수 있고, 적성도 알 수 있고, 또 여러 인품을 확인하거나 또는 자기 건강 수준에서 그런 일을 할 수 있는지 없는지도 분별할 수 있고, 또 기도하는 시간을 통해 자기에게 하나님께서 소명을 주셨는지도 분별하는 좋은 기회가 됩니다. 그래서 선교사로서 합당치 않다면 하나님께서 다른 길을 주시는 줄 알고 마음 편하게 포기하는 것이고, 거기서 분명히 선교에 대해 다시 한번 깊은 관심을 갖고 기도해보아야겠다고 생각한다면, 선교사로 가겠다는 결단을 경솔히 내리기 전에 시간을 들여 계획을 세울 수 있습니다. 여러 가지로 보아 하나님의 부름을 받았다고 확신이 서면 그 자리에서 결단하고 완전히 서약하는 것은 아름답고 좋은 일입니다.

이런 과정을 통해 확인된 소명은 그렇지 못한 사람의 소명보다 신뢰도가 높습니다. 그러나 불행히도 지금 한국 교회에서는 선교에 관심을 둔 많은 젊은이가 소명자가 되기 전에 자기 분석과 평가를 해볼 수 있는 프로그램과 기회가 매우 적은 것이 사실입니다.

저는 스물한 살 때 목사가 되겠다고 하나님 앞에 결단했습니다만, 요사이 생각하면 아찔합니다. 목사로서 갖추어야 할 몇 가지 기본적인 요건을 갖추었는지 아닌지 분별하지 못한 채 신학교를 가서 졸업하고 안수받고 목사가 되어버리면 평생 그 목사라는 타이틀을 벗지 못하고 살아가야 하는데 그 사람이 목회자로서 제대로 못하면 자기뿐만 아니라 골병드는 사람이 한두 명이 아닙니다.

이것은 보통 심각한 일이 아닙니다. 그런데 대부분 자기 검토는 제대로 해보지 않고 믿음 좋다는 것만 가지고 막무가내로 들어갑니다. 믿음 좋은 것이 소명입니까? 그래서 제가 선교사 지망생들을 보고 감상주의에 젖지 말라고 하는 것입니다. 반드시 구체적인 대안을 찾아야 합니다. 어떤 사람이 선교사로 결단하고 선교사가 되겠다고 확신했다면 그다음부터는 합당한 훈련이 따라야 합니다.

선교는 영적 최전방에서 펼쳐지는 선한 싸움입니다. 그리고 소명은 싸움에 나가겠다는 결단에 지나지 않습니다. 그러므로 소명 하나만 가지고는 선교지로 나갈 수 없습니다. 한국 교회가 아직도 소명만 있으면 "아골 골짝 빈들에도 어디든지 가오리다" 하는 낭만에 젖어 있는데, 이럴수록 더욱 냉정해야 합니다.

어떤 자료를 보니(2년 전 자료입니다) 한국 선교사 가운데서 선교지에 가기 전에 필요한 기본적인 언어 훈련을 조금이라도 받고 나간 사람은 전체의 8퍼센트밖에 안 된다고 합니다. 음성학에 대한 이론조차 배우지 않고 현지에 가서 귀가 뚫리겠지 하며 기다리는 정책은 아무래도 후진성을 면치 못한 것입니다.

선교사는 반드시 훈련된 사람이어야 합니다. 전투병에게 훈련은 생명이라는 말이 선교사에게도 해당합니다. 16세기 로마 천주교 소속인 예수회(제수이트)가 선교에 혁명을 일으키다시피 했는데, 그 당시 선교사 한 사람을 길러내는 데 16년이 걸렸다는 것을 보았습니다. 인도네시아에서 사역하는 OMF 소속 한 정국 선교사도 말하길, 선교사는 적어도 5년 이상 훈련을 받아야만 그 역할을 충실히 할 수 있다고 합니다.

여러분의 가까운 친구, 자녀, 남편이 선교사가 되려 한다면 꼭 물어보십시오. 훈련된 사람입니까? 얼마나 훈련된 사람입니까? 이런 것도 묻지 않고 무턱대고 덤비는 것은 하나님의 일을 너무 가볍게 생각하는 경솔한 행동이라 생각합니다.

현재 우리나라에서는 교단 산하의 훈련원과 초교파적인 선교 훈련원이 몇 개 있습니다. 장로교 합동측에는 MTI Missionary Training Institute(선교사훈련원)가 있고 1개월 코스로 연 2회 훈련하는데 전부 6차 교육을 받는 프로그램입니다. 그러니까 3년 동안 6개월을 훈련합니다. 장로교 통합 측에는 6주 동안 훈련하는 프로그램이 있으며, 그 외 고신 측과 성결교단에서는 3개월 정도의 훈련과정을 갖는 줄 압니다.

초교파적으로는 GMTC Global Missionary Training Center Institute(한국선교훈련원), ACTS, WMTI(세계선교사훈련원), KIM Korea International Mission 등의 선교 훈련원이 있어 누구든지 원하기만 하면 훈련을 받도록 되어 있습니다. 이런 단체들은 그런대로 선교 훈련의 필요성을 느껴서 자기 나름대로 준비하고 애를 쓰고 있습니다. 이것은 앞으로 한국 선교를 위해 대단히 칭찬할 일이요, 또 우리가 기도로, 물심양면으로 계속 도와야 할 일입니다.

그러나 훈련다운 훈련을 시키는 데 여러 애로사항이 산적해 있음을 무시하고 지나치면 안 됩니다. GMTC를 운영하면서 매우 알찬 훈련을 시키는 것으로 정평이 나 있는 이태웅 박사는 선교사 훈련 과정에서 한국 교회에 있는 문제를 몇 가지로 요약했습니다.

첫째, 훈련은 하지만 질이 너무 낮다는 점입니다. 대개가 그저 단기로 훈련하는 편이고 그것도 형식적으로 그칩니다. 다 그런 것은 아니지만 철저하게 훈련하는 자세가 부족하다는 이야기입니다. 교단 훈련원이든지 초교파적인 훈련원을 다 가보진 못했지만, 어떤 훈련원을 보니 정말 밀도 있게 훈련하는 것을 보았습니다. 그 정도면 여러 면에서 미비한 것이 있어도 참 감사할 일입니다. 그런데 다 그런 것은 아니므로 문제입니다.

둘째, 커리큘럼 개발이 궤도에 오르지 못하고 있습니다. GMTC는 9개월 동안 선교사 가족 전체가 합숙하면서 집중 훈련을 받는데 그 훈련 과목을 보면 24가지 이상이었습니다. 이것을 보더라도 선교사 한 사람이 준비해야 할 과정이 얼마나 복잡한지 알 수 있고 커리큘럼을 효과적으로 개발하고 보완하는 작업에 많은 시간과 재력이 필요하다는 사실을 절감합니다. 세계 선교를 하나님의 소명으로 아는 한국 교회가 이제는 몇 명의 선교사를 보냈느냐는 자랑보다도 선교사 훈련에 내실을 기하는 문제에 정책적으로 후원하고 연구해야 하겠습니다.

셋째, 경험 있는 선교 훈련자가 부족하다는 것입니다. 우리에게는 축적된 인적 자원을 확보하는 일이 대단히 어렵습니다. 노련한 선교사 출신 학자나 목회자를 쉽게 구할 수 없는 실정입니다. 그렇다고 외국에서 훈련자를 초청하더라도 언어 장애 때문에 효과적이지도 않습니다.

솔직히 말해 오늘날 한국 교회에서 선교사로 나가려는 사람을 자신 있게 훈련할 수 있는 준비된 지도자가 몇 명이나 될까요? 불과 열 손가락 안에도 다 차지 못할 것입니다. 그만큼 훈련을 시키고 싶어도 그에 합당한 지도자가 너무나도 부족합니다.

이 문제를 해결하려면 인재를 키우는 데 지속적인 투자를 하면서 얼마 동안은 기다려야 합니다. 한국 교회가 선교다운 선교를 하려면 복음 전하는 선교사만 필요한 것이 아니라 선교사를 훈련하는 고급 인력도 하루빨리 확보해야 합니다. 이런 면에 은사가 있는 분들을 세계 곳곳에 보내 학문을 닦게 하고 경험을 쌓게 해야 합니다.

또 선교 현장에 나간 선교사들 가운데서 이렇게 가르치고 훈련하는 일에 특별한 은사를 가진 사람이 있으면 일정 기간 경험을 쌓은 다음 지원해서 더욱 연구하게 하고 그다음에는 한국에 머무르면서 나가는 선교사 훈련 사역에 동참하도록 정책적인 배려를 해야 합니다. 이렇게 선교 훈련에서 한두 시간으로 끝날 수 없는 복잡하고도 어려운 문제가 첩첩으로 쌓여 있습니다.

덧붙여 한 가지 더 지적한다면 인격 훈련입니다. 선교사가 되기 전에 신앙 인격이 갖춰져 있어야 합니다. 1983년 한 잡지에 실린 어느 기사를 보니 선교사가 선교 현장에 가서 생소한 문화권에 떨어지면 그 문화권에서 받는 문화 충격이 배우자가 사별했을 때 받는 충격의 4배나 된다고 합니다. 얼마나 엄청납니까? 어떤 과정을 통해 어떤 기준으로 이런 결론이 나왔는지 모르지만 자기 부인이 죽는 데서 받는 충격보다 4배 더 크다고 하니 어떻게 견디겠습니까?

이런 무서운 환경에 외롭게 내동댕이쳐진 사람이 승리하려면 경건 훈련 다음으로 중요한 것이 신앙 인격 훈련입니다. 이것이 없으면 치명적으로 당합니다.

평신도로서 지금 중국에서 한국 교포를 상대로 사역하는 어떤 분을 만나 대화하는 중에 그분이 얼굴을 붉히면서 고백하는 말을 들었습니다. "목사님, 부끄럽지만 한 가지 고백합니다. 교통 불편이나 음식이 형편없는 것은 견딜 만합니다. 그런 것은 괜찮습니다. 제일 견디기 힘든 것은 고독이지요." 교포를 상대로 사역해도 고독이 견디기 어렵다고 했습니다.

하물며 말도 안 통하고 문화도 다르고, 만 가지가 생소한 지역에 가서 선교하는 선교사에게 고독이라는 병이 얼마나 무섭게 다가올까요? 그러니 이런 심리적인 복병을 이기려면 인격적으로 자기 자신이 다듬어져야 합니다. 이것이 전부 선교 훈련에 들어갑니다.

선교사는 반드시 극기 훈련을 받아야 합니다. 정서적으로 안정을 유지하도록, 초인적인 힘을 발휘하도록 항상 자신을 갖추어야 합니다. 성격상 무난한 사람이더라도 선교지에 가서 얼마 동안 시달리다 보면 자기도 모르게 예민해지고 삐뚤어지기 쉽습니다. 그 결과 동료 선교사들과는 물론 부부 사이마저 원만하게 유지할 수 없게 됩니다. 이런 위기를 극복하려면 선교사로 뛰어들기 전에 바울처럼 몸을 쳐서 철저히 복종시키는 데까지 자기 신앙 인격을 훈련할 필요가 있습니다.

앞으로 선교 훈련 문제는 10여 년을 고비로 그 이후는 착실하게 준비가 될 줄 믿고, 또 국제적인 수준 이상으로 한국 선교 훈련 수준도 향상하리라 생각합니다.

선교 방법의 다변화를 준비하라

선교사가 복음을 전해야 한다는 것에는 재론의 여지가 없습니다. 그러나 어떻게 복음을 전할 것인가는 결코 단순한 문제가 아니며 이 부분에서는 수백 년의 서구교회 선교 역사가 우리에게 많은 교훈을 줍니다. 어떻게 전해야 할 것입니까?

한국 교회가 선교를 외치고 있지만, 아직은 어림잡아 50퍼센트 이상의 힘을 언어와 문화가 같은 교포들에게 쏟는 실정입니다. 앞으로 이렇게 해야 할 것인가에 대해 오늘날 우리는 질문을 던져야 합니다.

물론, 교포를 상대로 하는 목회 선교도 꼭 필요합니다. 긍정적으로 평가하면 상당한 가능성을 지니고 있다고 봅니다. 교포 교회를 잘 키우면 유대인 회당이 바울에게 이방 선교의 전진기지 역할을 해낸 것처럼 본토인을 위한 선교기지가 됩니다. 그리고 멀리 내다보면 본토 언어에 정통한 교포 교회와 2·3세 시대에 가서 본토인 선교를 본격적으로 할 수 있습니다. 교포 교회가 세계 선교를 위한 국제적 발판도 만들어주고 경제적인 후원자 구실도 하는 호조건을 갖고 있으므로 잘 활용하면 한국 선교를 위해 일익을 담당할 수 있습니다.

그렇지만 오늘날 지구촌에서 일어나는 국제적인 기류를 보거나 주님이 재림하실 때가 임박하고 있다는 위기감을 감안할 때 세계 선교를 하면서 한두 가지 손쉬운 방법에만 매달려 있는 것은 지혜롭지 못합니다. 할 수만 있다면 선교 현장 여건에 따라 다양화하는 것이 바람직합니다.

한 가지 예를 들겠습니다. 세계 인구의 절반을 차지하고 있다는 힌두권과 회교권과 공산주의권 국가에는 선교사 이름으로는 아무도 못 들어갑니다. 중국을 위시하여 공산권이 개방화 바람을 타고 문을 열기 시작하면서 오늘날 한국 교회가 당면한 심각한 발등의 불이 하나 있습니다. 신학 교육을 받고 안수받은 성직자 선교사는 준비했는데, 공산권에 이들을 보낼 수 없다는 것입니다. 그 나라 사람들이 원하는 전문인이나 사업가를 보내야 합니다. 그런데 과연 그들을 보내면서 그들이 선교사 구실을 하도록 한국 교회가 준비시켜 놓고 있는지 묻는다면 아무 대답도 나오지 않습니다.

우리는 소위 말하는 '자비량 선교사'Tent-maker를 준비시키지 못했습니다. 평신도로서 전문 분야 자격을 갖고 있거나 특별한 사업을 하는 사람들이 선교사로서 소명과 훈련을 받아 공산권에 들어갈 수 있다면 바울처럼 자비량 선교사로 일하면서 얼마든지 복음을 전할 수 있을 텐데 그렇지 못합니다. 오늘날 이 문제에 대해 한국 교회가 전혀 손을 쓰지 못합니다.

만약 지금이라도 누가 중국에 사업가로 들어가면서 "목사님, 제가 들어가서 사업하면서 선교사로 일하고 싶습니다. 어떻게 하면 좋겠습니까?"라고 질문한다면 "전도 폭발 훈련 받았습니까?" 하는 정도 외에는 다른 말을 하기 힘든 형편입니다. 전도 폭발 훈련을 받았다고 해서 중국인에게 어떻게 적용할 수 있겠습니까? 그러니 어떻게 해야 할지, 무슨 말을 해야 할지 막연하기만 합니다. 아마 선교에 관심 있지만, 대부분 목회자에게 저와 같은 심정의 문제가 있지 않을까 생각합니다.

얼마 전, 이런 일이 벌어졌습니다. 우리 교회 성도로 제자 훈련을 마친 분이 헝가리 부다페스트에서 3~4년의 근무를 예상하며 떠났습니다. 그분이 떠나는 며칠 전 저에게 "목사님, 헝가리에 가면 제가 어떻게 일해야 할까요? 대사관 직원으로, 헝

가리에서 복음을 전하는 평신도 선교사로 일할 수 있을까요?"
그 말을 들으니 눈앞이 캄캄해졌습니다. 옛날 같으면 "기도 많
이 하십시오" 하면 되었는데 요즘은 그것이 안 통하니 궁여지책
으로 "거기에 교포가 얼마나 있는지 먼저 조사해보십시오. 그래
서 우선 교포들이 모여 먼저 기도하고 그다음 함께 신앙생활하
면서 제2차적인 것으로…."

　이럴 때 제가 뭐라고 할 수 있겠습니까? 이런 일이 비일비
재합니다. 비록 미비하지만 다른 나라에 갈 때 그래도 "첫째는
이렇게 하시고, 둘째는 이렇게 하시고, 셋째는 이렇게 하시고,
어느 기관에 가서 얼마 동안 훈련받으세요. 또 어느 기관에 가
면 좋은 자료들이 있습니다. 집에 가서 그 자료를 검토해보세
요" 등등 대안을 내어놓을 수 있다면 좋겠는데 미비하기만 합
니다.

　이 문제를 어떻게 해결하느냐는 것이 앞으로 우리에게 주
어진 중요한 과제입니다. 설혹 자비량 선교사가 그 이름에 합당
할 정도는 못 되어도 관광객으로, 유학생으로, 공산권이나 회교
권으로 드나들 수 있으므로 복음의 밀수꾼으로서 평신도들이 얼
마든지 늘어나는 추세입니다. 세계선교저널 《IBMR*International
Bulletin of Missionary Research*》에 나오는 작년(1988년) 기사를 보면
전 세계에 15~16억 정도의 그리스도인이 있는데 그 가운데서
전임 사역자 400만을 제외하고, 그 가운데서 훈련만 제대로 받

으면 복음의 밀수꾼으로 멋있게 일할 가능성을 가진 사람을 대략 2억 8,100만 명으로 잡았습니다. 어떤 근거로 그런 통계가 나왔는지 모르지만, 이들만 잘 훈련하면 "세계가 달라진다"라고 말했습니다.

오늘 우리나라 천만 신도 가운데 가톨릭을 빼고 800만 중에서 정말로 훈련하면 어디든지 가서도 그리스도를 이야기할 수 있고 국제무대를 뛰어다니면서 음양으로 예수 그리스도를 전할 수 있는 사람이 어느 정도 되겠습니까? 800만 중에 200만을 훈련할 대안이 있습니까? 아직은 없습니다.

그래서 저는 이 문제에 대해 이렇게 말하고 싶습니다. 우선 개교회에서 평신도 훈련에 좀 더 철두철미할 필요가 있습니다. 평소에 52주간 평신도를 훈련해놓으면 어떤 구체적인 선교 문제가 대두할 때마다 몇 가지 중요한 것만 보완하면 이들이 평신도 선교사로서 역할을 조금씩이라도 감당할 수 있습니다.

평신도 선교의 새 시대를 준비하라

목회자들이 이런 면으로 눈을 돌릴 필요가 있습니다. 그리고 빨리 한국에도 교단의 벽이 깨어지고 또 서로가 질시하고 경쟁하는 좋지 않은 풍토가 사라져서, 서로 정보를 교환하고 각자 독특한 개성을 살려 평신도들을 위해, 자비량 선교사를 위해, 전문 선교사들을 위해 기여하는 각자의 특수 분야들을 개발하고 개척해야 합니다. 그래서 서로 필요할 때는 보완하고 도와줄 수 있는 풍토가 마련되어야 합니다.

1983년도의 미국 초교파 해외선교협의회 자료를 보면 선교사 감투를 가지고 나가는 사람이 일하는 영역은 전체 20퍼센트 정도이고 나머지 80퍼센트는 전문 선교사가 아닌 평신도가 메꾸어야 할 분야라는 분석이 나왔습니다. 이것은 놀라운 이야기입니다.

세계성경번역선교회를 예로 들면, 컴퓨터 전문 분야의 인력들, 비행기 조종사, 무선 전문가들, 의료팀 등을 다양하게 필요로 하며 이런 분야는 전통적인 선교사들이 감당할 영역이 아닙니다. 모든 평신도가 맡아야 할 영역인데 이런 영역이 80퍼센트에 해당한다는 말은 앞으로 한국 교회가 전략 면에서 무한한 잠재력을 가진 평신도들을 좀 더 멀리 내다보고 발굴하고 훈련해야 한다는 것을, 그 필요성을 역설하고 있다고 봅니다. 그리고 한국 교회의 선교는 서구 교회처럼 기관화되는 경향을 사전에 예방하고 일종의 운동이 될 수 있도록 기도해야 합니다.

막강한 교세를 가진 한국 교회 모든 평신도의 가슴속에 세계를 품게 하고 그들이 이제 앞으로 국제적으로 어디로 가든지 그리스도의 복음을 전하는 준비를 할 수만 있다면 하나님께서 한국 교회를 크게 사용하시리라 봅니다.

경제발전, 교회 성장, 국제적 지위 향상이라는 호재를 두루 갖춘 오늘날 우리가 선교를 위해 이 모든 것을 올바로 투자한다면 지금까지 서구 교회 선교사들이 정복하지 못하고 남겨놓은 난공불락의 고지를 하나님께서 한국인 선교사들 손으로 정복하게 하실 것을 믿습니다.

●1989년 1월, 영동교회

3부

성도의 믿음생활

9

방언을 분별하라:
방언의 역할과 한계

방언이란 바울이 정의한 대로 성령의 은사 가운데 하나입니다. 고린도전서 14장 2절에서 방언은 믿지 아니하는 자들을 위한 표적이라고 했습니다. 방언에 대하여 두 견해가 팽팽하게 맞서고 있는데, 하나는 성경에 나타난 모든 방언은 지구상에서 통용되는 언어인 외국어라는 주장입니다. 이런 주장은 현대 교회 일부에서 부정적인 입장에서 방언 운동을 평가하는 것입니다. 다른 주장은 성경에 있는 방언 중에는 외국어도 있고, 영적 무아경에서 나오는 특유한 언어도 있다고 보는 견해입니다. 이것은 주로 오순절 계통이라든지 방언을 많이 강조하는 사람들의 견해입니다. 제가 생각하기에는 성경에 있는 방언은 두 가지로 보는 것이 자연스럽습니다.

사도행전에 나타나는 방언과 고린도 교회에서 있었던 방언을 각각 다른 종류의 방언으로 보는 것입니다. 고린도 교회가 체험한 방언은 어떤 영적 경지에서 자기도 모르게 쏟아지는 신비의 언어로, 소위 무아경에서 흔히 보는 것과 같은 종류의 언어였습니다.

방언의 출처를 점검하라

교회에서 방언은 성령이 주시는 은사이므로 출처는 성령뿐이라고 이야기합니다. 그러나 방언에 관한 많은 기록을 보면 놀랍게도 방언의 출처가 성령, 귀신, 심리적 현상, 인위적 현상, 이렇게 네 가지로 나타납니다. '성령의 방언'은 성령께서 주시지만, 사탄이 주는 방언에는 심리적인 것도, 인위적인 것도 있고, 실제로 귀신이 들려 하는 것도 있습니다.

따라서 그 출처로 보아 방언은 크게 두 가지로 나눌 수 있습니다. 하나는 성령이 주시는 방언이며, 다른 하나는 사탄이 주는 방언입니다. 저명한 교회 지도자요 방언을 실제로 체험했던 잭 헤이포드 목사는 솔직히 고백하기를 "교회에서 하는 방언

중에는 사탄의 방언도 있고, 심리적인 방언도 있으며, 동시에 성령의 방언도 있다"라고 했습니다. 이런 이유로 많은 교회에서는 모든 방언을 성령의 역사로 받아들이기를 꺼립니다.

사탄이 주는 방언이 성령이 주시는 방언과 얼마나 흡사한지 예를 들어보면, 주전 4세기에 철학자 플라톤은 《이온*Ion*》이라는 책에서 방언 현상을 기록합니다. 이것은 주로 영감을 받았다는 시인이나 작자들의 방언이었는데, 그 책에 기록된 방언의 특징을 살펴보면 놀랍게도 오늘날 교회 안에서 나타나는 방언 현상과 똑같은 것을 알 수 있습니다.

첫째, 이성으로 자기 자신을 통제하지 못하는 상태에 빠진다. 둘째, 방언하는 본인이 무슨 말을 하는지 자신도 의미를 모른다. 셋째, 통역이 꼭 필요하다. 넷째, 방언하는 자들에게 환상과 신유의 표적이 자주 따라온다. 다섯째, 신들린 사람과 같다. 이슬람교, 불교, 티베트와 같은 몇몇 종교에서 나타난 방언도 대동소이했습니다.

주전 4세기라면 예수를 알지도 못하고 성령에 대해 아는 것도 전혀 없었던 시절입니다. 그런데 그들이 악령의 역사에 사로잡혔을 때 나타난 방언 현상과 오늘날 교회 안에서 나타나는 방언 현상이 놀랍게도 유사하다는 사실은 우리 주의를 재삼 환기시킵니다. 순수한 성령의 역사만이 유일한 방언의 출처가 아님을 다시 한번 분명히 해야 합니다.

성경에 나타난 방언 사례들을 보겠습니다. 마가복음과 사도행전과 고린도전서에서 특별히 방언이라는 단어를 사용합니다. "믿는 자들에게는 이런 표적이 따르리니 곧 그들이 내 이름으로 귀신을 쫓아내며 새 방언을 말하며 뱀을 집어 올리며 무슨 독을 마실지라도 해를 받지 아니하며 병든 사람에게 손을 얹은즉 나으리라 하시더라"(막 16:17-18). 오순절 계통의 사람들은 예수 믿는 자들에게는 이 모든 표적이 그대로 일어나야만 참된 신자라고 주장합니다. 그러나 이상한 것은 그렇게 주장하는 자들에게도 이런 표적이 다 일어나지는 않는다는 것입니다. 그러므로 방언 하나를 가지고 그 본문 전부에 다 해당하듯 주장하는 것은 모순이 아닐 수 없습니다.

가령, 이런 일이 그대로 믿는 자에게 일어나야 한다면 독을 마셔도 아무 이상이 없어야 할 것이며 뱀도 마음대로 집을 수 있고 귀신도 쫓아내며 병든 사람에게는 손만 얹어도 나아야 합니다. 그러나 이런 기적을 모두 일으키는 사람이 어디 있습니까? 어떤 이단에서는 성경대로 한 번 살아본다고 독을 마셨다가 죽은 사람이 있습니다. 오순절 운동에 상당히 영향을 끼쳤다고 볼 수 있는 미국의 오랄 로버츠 목사는 뱀을 집어 올린다는 뜻은 원수를 정복하는 것이라고 상징적으로 해석했습니다. 뱀을 집는 것을 상징적으로 해석한다면 그 앞에 나오는 방언이나 귀신을 쫓아내는 것도 다 상징적으로 해석해야 합니다.

또 하나, 마가복음 16장 19~20절이 어떤 사본에는 없다는 것도 문제가 됩니다. 보수주의 학자 중에도 이 본문의 권위가 약하기 때문에 성경으로 인정하기를 꺼리는 학자가 여럿입니다. 그러므로 여기 나오는 새 방언이라는 말을 근거로 방언해야만 참신자라고 주장하는 것은 타당하지 않습니다.

사도행전의 경우는 어떤가요? 사도행전에 나오는 방언 사례는 대표적으로 세 군데인데(2:1-4, 10:44-48, 19:1-7), 8장 14절에도 방언이 있었으리라 추측하기도 합니다. 이것을 하나하나 설명하진 않겠지만, 분명한 사실 하나는 사도행전에 나타나는 모든 방언은 외국어였다는 점입니다. 사람들이 그것을 알아들었기 때문입니다. 그리고 에베소 또는 가이사랴, 심지어 사마리아에서의 방언까지도 외국어라고 주장하는 이유가 있습니다. 사도들이 그 현상을 보았을 때 예루살렘에서 본 것과 동일하게 보였다는 점입니다. 이는 그 방언이 자기들이 말하는 외국어와 똑같은 것임을 의미합니다. 그리고 사도행전에서는 이 방언을 은사로 취급하지 않고 있습니다.

사도행전의 방언은 어떤 면에서는 성령이 임하실 때 나타나는 부수적인 표적sign이라 할 수 있습니다. 예를 들면, 시내산에서 하나님이 율법을 주실 때 불과 구름과 연기와 같은 표적이 나타났습니다. 그런데 하물며 모든 족속에게 복음을 선포하기 위해 임재하시는 성령 하나님이 오시는데 표적이 따르지 않을

리 없습니다. 그야말로 오순절은 획기적인 역사가 일어나는 시점이었습니다. 이런 점에서 사도행전에 있는 몇 가지 사례는 성령이 특별히 임하셨음을 보여주는 하나의 표적으로 볼 수 있습니다. 사도행전의 방언은 전부 하나님의 영광을 찬양하는 방언이었다는 것이 공통적인 견해입니다. 여기서 볼 수 있는 방언의 의의는 바로 하나님의 임재를 찬양하는 것입니다. 사도행전에 일어난 방언의 표적은 성령의 임하심과 함께 침묵의 시대가 끝났음을 증거합니다.

방언에 대한 바울의 견해

"오직 성령이 너희에게 임하시면 너희가 권능을 받고 예루살렘과 온 유대와 사마리아와 땅끝까지 이르러 내 증인이 되리라"(행 1:8). 사도행전 시대는 예수 그리스도가 전 세계의 복음이 되는 출발점입니다. 이 복음의 소리 앞에 유대인과 이방인, 사마리아인과 유대인 사이의 벽이 무너져 내리기 시작했습니다. 처음 이 벽을 깨시면서 성령은 방언이라는 특별한 표적을 함께 일으키셨습니다.

그러나 사도행전 후에 표적과 함께 보였던 방언 사례들을 보면, 외국어는 아니었던 것 같습니다. 이것은 사람이 무아경에 들어갔을 때 또는 은혜에 깊이 사로잡혔을 때 나타나는 특이한 언어였습니다. 현대 교회의 방언들이 성령이 주시는 방언이라고 한다면, 그것은 사도행전 형태의 방언이 아니라 거의 고린도 교회 형태의 방언이라고 할 수 있습니다. 고린도전서 12장이나 14장을 검토해보면 방언에 대한 바울의 태도가 잘 나타나 있습니다.

첫째, 바울은 방언에 대해 긍정적이었습니다. 그는 방언을 열여섯 가지 은사 중 하나로 인정했습니다.

둘째, 고린도전서 12장 10절을 보면 바울은 방언을 금하지 않았습니다(참조. 14:5, 39).

셋째, 자기 자신도 방언을 말하는 사람이라고 고백했습니다(참조. 14:18). 이처럼 방언에 대한 바울의 태도는 일단 긍정적입니다. 그러나 바울은 소극적으로 긍정하고 있다는 사실을 놓쳐서는 안 됩니다. 교회의 덕을 세우는 데는 방언이 부적당하다고 규정하기 때문입니다(참조 14:4, 29, 23) 또한, 방언보다는 오히려 예언의 은사를 더 적극적으로 추천합니다. 예언을 사모하되 방언은 단지 금하지 말라고만 되어 있습니다(참조 14:1-5, 24, 25, 39). 또한, 방언에 대해서는 통역의 은사가 있어야 한다고 덧붙였습니다. 그 자체만으로는 충분하지 못하다고 본 것입니다(참조 14:13).

전반적으로 바울의 모든 서신 기록을 보더라도 방언에 대해서는 소극적이었습니다. 바울이 아나니아에게 안수기도를 받을 때 방언의 역사가 있었음을 전혀 기록하지 않고 있습니다. 또한, 1차, 2차, 3차 선교 여행 시에 바울이 개척한 교회 중 방언으로 문제가 되었던 곳은 유독 고린도 교회뿐이었습니다. 물론, 다른 교회도 그런 문제가 있었는데 바울이 언급하지 않았다고 생각할 수 있습니다.

그러나 방언의 은사는 다른 은사와는 달리 소란해지는 특성이 있으며, 교회의 질서를 쉽게 어지럽힙니다. 그리고 어떤 면에서는 교회 안에 시험을 불러일으키기도 합니다. 방언하는 사람들끼리 어떤 집단을 형성하기 때문입니다. 그러므로 빌립보 교회나 에베소 교회 혹은 다른 교회에서 고린도 교회와 같은 방언의 문제가 있었다고 한다면 바울이 가만있었을 리 만무합니다. 이러한 바울의 말이나 태도는 방언에 대하여 대단히 소극적으로 긍정하고 있음을 알 수 있습니다.

따라서 사도행전에 나타난 방언 사건은 그 시대로 끝난 것으로 보는 것이 타당합니다. 오순절은 단회적인 사건이기 때문입니다. 방언을 성령이 처음으로 신약 교회에 임재하시는 표적으로 본다면 사도행전의 방언은 이미 끝난 것입니다.

그러면 현대에도 성령께서 방언을 주시는가? 선교사들은 다른 나라에 가서 언어를 배우느라 오랫동안 고생합니다. 이럴 때 하나님께서 그 나라 말을 배우지 않고도 말을 잘할 수 있도록 방언을 주시면 더 힘있게 복음을 전파할 수 있지 않겠습니까? 그러나 수많은 선교사는 그런 방언을 받지 못했습니다. 오히려 집안에서 기도 좀 많이 한다는 사람에게 그런 방언이 더 자주 나타난다고 합니다. 떠도는 소문에 의하면 방언을 한다는 사람들 가운데 영어를 배우지 않았는데 영어를 하고, 독일어를 배우지 않았는데도 독일어를 하는 사람들이 있다고 합니다. 목적이 분명하지 않은 외국어 방언을 성령이 주신 것이라고 믿을 수 있다면 그것은 대단한 착각입니다. 우리가 한 가지 분명히 알아두어야 할 것은 악령이 주는 방언에도 배우지 않은 외국어를 하는 예가 대단히 많다는 사실입니다.

한편, 고린도 교회의 방언은 지금도 있을 수 있다고 봅니다. 그것은 은사이기 때문입니다. 비록 교회의 덕을 세우는 데는 부족하지만 믿지 않는 자들을 위한 표적이라고 바울이 지적한 것이나 교회가 한 몸이 되어 성령의 은사를 따라 세워져 가는 것이라면 방언이 필요할 때는 주님께서 주실 수 있다고 봅니다. 그러므로 우리는 바울의 자세를 취하는 것이 필요합니다. 방언을 긍정하지만, 소극적이어야 하고 주의해야 합니다. 교회의 덕을 세우는 범위 안에서 긍정할 수 있고 교회의 덕을 세우지 못하는 상황에서는 절대 용납해서는 안 됩니다. 또한, 방언을 우선적인 은사로 내세우는 것을 금해야 합니다. 방언보다 오히려 예언을 더욱 사모해야 한다고 바울은 말했습니다.

빌리 그레이엄 목사에게 어떤 사람이 찾아와서 "당신은 방언의 은사를 받았습니까" 하고 물었습니다. 그때 빌리 그레이엄은 "아니오, 저는 받지 못했습니다. 그러나 그 체험을 하게 된다면 약간은 흥분할 것입니다"라고 대답했습니다. 사실 그렇습니다. 방언을 하지 않던 사람이 하게 되면 흥분할 수 있습니다. 그러나 그것을 성경 원리대로 잘 분별해 교회에 덕이 되도록 행동하는 사람이 훌륭한 신자라 하겠습니다. 이것이 방언을 소극적으로 인정하는 자세입니다.

어떤 집사님 한 분이 기도하는 중에 자기도 모르게 방언이 튀어나왔습니다. 가만히 생각해본 후 방언한다고 조금이라도 티를 내면 교회에 덕을 세우기보다는 오히려 이상한 인상을 주기 쉽고, 소란을 일으킬 위험이 있다고 판단하고 "하나님, 저는 이것을 감당하지 못하겠습니다. 감당하지 못하겠습니다. 그만하게 해주세요"라고 기도했습니다. 그 후 다시는 그런 현상이 없었다고 합니다.

바울은 삼층천을 올라갔다가 왔으면서도 15년 동안 아무 말도 하지 않았습니다. 이런 면에서 현대 교회 교인들은 너무 경박한 것 같습니다. 그들은 성경을 너무 모릅니다. 성경을 깊이 알면 알수록 방언이 아니라 천사의 말을 배웠더라도 그것을 경박하게 나타내지는 않을 것입니다.

한편, 우리 주변에는 방언을 지나치게 부정하고 방언하는 사람을 공격하며 이단시하는 경향도 있습니다. 이런 태도도 성경적이라고 할 수 없습니다. 성경에 나타난 사실을 왜 부인합니까? 아무에게도 그런 권리는 없습니다. 그러므로 바울처럼 긍정은 하지만 소극적인 범위에서 하는 것이 좋다고 봅니다.

현대 교회에서의 방언의 비중

방언 운동, 소위 오순절 운동이 본격화하기 시작한 것은 찰스 파햄Charles F. Parham, 1873-1929에 의해서였습니다. 그는 '성령세례＝방언'이라는 공식을 세워 많은 사람을 그 운동에 가담시킨 최초의 사람입니다. 한때 〈타임〉지는 이 오순절 운동을 지구상에서 가장 빨리 성장하는 교회라고 말했으며, 〈라이프〉지는 신교와 구교에 버금가는 '제3의 세력'이라고 표현할 정도로 이 운동은 급속도로 전 세계에 퍼져 나갔습니다. 최근 자료에 의하면 세계에서 가장 큰 교회들이 전부 오순절 계열 교회라고 합니다. 예를 들면, 한국의 순복음교회를 위시해 칠레 산티아고에 있는 호타베체Jotabeche 교회, 브라질의 상파울루에 있는 콩그레카카오교회, 이 세 교회가 모두 오순절 계통입니다. 이것을 보더라도 이러한 방언 운동이 얼마나 빠른 속도로 사람들에게 파급되었는가를 알 수 있습니다.

한국 교회에서 방언이 처음 시작되었을 당시는 심지어 이단이라고 규정할 정도로 부정적이었습니다. 유명한 칼빈주의 신학자 B. B. 워필드 박사의 주장처럼 방언은 사도들에게 따랐던 표적이었으며 그 이후에는 끝났다고 보는 것이 한국 교회가 가진 전통적인 방언 교리였습니다.

그런데 지금에 와서는, 방언이 비단 오순절 계통 교회에만 국한되지 않고 교단을 초월해서 대부분 교회 안에서 방언하는 사람들이 있을 만큼 세계적인 현상이 되자 차츰 방언에 대한 편견을 버리게 되고 진지하게 연구하기 시작했습니다. 그리고 비판적인 목사들 가운데서도 방언의 은사를 받은 사람이 나왔고, 상당수 장로교회도 긍정적인 방향으로 흐르긴 했으나 바울처럼 소극적으로 긍정하는 형편입니다. 이것이 현재 대부분 교회 상황이 아닌가 합니다.

본인은 이런 입장이 성경적이며 건전하다고 생각합니다. 동시에 과거 한때 방언으로 혼란에 빠졌던 교회들이 이제는 점차 정리가 되어가고, 방언하는 사람들조차도 이제는 어느 정도 분별하기 시작한 것 같습니다. 그래서 현재는 기성교회들이 방언의 문제점에서 많이 풀려나는 실정입니다. 이것은 대단히 좋은 현상입니다. 이제는 방언에 대해 무엇이 잘못되었는지, 무엇이 좋은지를 거의 다 분별합니다. 그럼에도 아직도 현대 교회 안에는 방언 운동이 주는 해가 많이 있습니다.

몇 가지 문제점을 지적해보면 다음과 같습니다.

첫째, 방언을 구원받은 증거로 보는 것입니다. 그러나 이것은 근본적으로 비성경적입니다. 성경 어느 곳을 보아도 방언을 하면 구원받는다는 말씀이 한 곳도 없습니다. 그런 주장은 대단히 심각한 착각입니다.

둘째, 방언을 중생의 필수 증거로 보는 것입니다. 이것 역시 성경적이 아닙니다.

셋째, 방언을 성령세례의 필수 요건으로 보는 것입니다. 이것이 전통 교회와 오순절 교회 사이에 있는 가장 뜨거운 신학상 쟁점 중 하나라고 할 수 있습니다. 그러나 방언은 성령세례의 절대조건이 아닙니다.

넷째, 방언의 보편성을 강조합니다. 다시 말하면, 모든 신자는 다 방언을 해야 한다는 주장인데 이것은 사탄의 올무라고 생각합니다. 성경에 없는 말을 주장하기 때문입니다. 만약 구원받은 사람이 그런 말을 했다면 그것은 성령의 인도함이 아니라 잠시나마 악령의 인도를 받았다고 할 수 있습니다.

성경은 여기에 대해 분명히 말합니다. 고린도전서 12장 10~11절에는 "어떤 사람에게는 능력 행함을, 어떤 사람에게는 예언함을, 어떤 사람에게는 영들 분별함을, 다른 사람에게는 각종 방언 말함을, 어떤 사람에게는 방언들 통역함을 주시나니 이 모든 일은 같은 한 성령이 행하사 그의 뜻대로 각 사람에게 나누어 주시는 것이니라"라고 했습니다. 또 고린도전서 12장 29~30절에서도 "다 사도이겠느냐 다 선지자이겠느냐 다 교사이겠느냐 다 능력을 행하는 자이겠느냐 다 병 고치는 은사를 가진 자이겠느냐 다 방언을 말하는 자이겠느냐 다 통역하는 자이겠느냐"라고 명백히 밝힙니다.

그런데도 모든 사람이 방언을 받아야 한다고 주장하는 것은 옳지 못합니다. 방언은 성령께서 주고 싶으신 자에게 주십니다. 방언을 받지 못했다고 해서 성령의 은사가 없다고 생각하는 일종의 콤플렉스를 가져서는 안 됩니다. 오순절 운동이나 그들이 내세우는 방언에 대해 우리는 성경적으로 알고 성경대로 믿어야 합니다. 이 말은 체험으로 성경을 해석하지 말아야 한다는 것입니다. 우리는 체험을 잘 감당하지 못하는 약점을 가지고 있습니다. 체험이 성경을 보는 영안을 흐리지 않도록 해야 합니다.

많은 교인이 방언 체험으로 영적으로 저질화되었습니다. 성경을 사랑하기보다는 이상한 말에 귀를 기울이는가 하면 복음 진리를 말하는 사람을 알아보지 못하는 소경이 되어버렸습니다. 이럴 경우 은혜를 받겠다고 발버둥치는 자체가 일종의 타락이라고 봅니다. 방언과 신앙 성숙은 관계가 없습니다. 은혜와 은사는 분명히 구별해야 합니다. 방언이 곧 은혜는 아닙니다.

고린도 교회는 수준 낮은 교회였기 때문에 그런 혼란이 일어난 것입니다. 빌립보 교회와 같이 수준 높은 교회에서는 그런 현상이 일어나지 않았습니다. 방언 받은 사람이 신앙 좋은 사람이라고 착각해서는 안 됩니다. 방언을 공적으로 공공연히 교회 안에서 하는 그 자체가 비성경적이라 하겠습니다. 그리고 방언을 받기 위한 인위적인 방법이나 집회를 하는 것도 크게 잘못된 것입니다. 성경 어느 곳에서도 방언을 위한 집회가 있었다는 기록은 찾아볼 수 없습니다. 방언을 위한 기도는 없었습니다. 오직 성령의 충만함을 받기 위해 주님의 약속을 기다리는 자들에게 예기치 않던 방언이 임했던 것이지 방언을 목표로 성령 앞에 매달려 칭얼댄 기도는 하나도 없었습니다. 그리고 꼭 안수해야만 방언이 임하는 것도 아닙니다. 사도행전을 보면 안수 없이도 여러 번 방언이 임했습니다.

나의 방언 체험기

우리 주변에는 모 기도원에만 가면 방언을 받는다는 것을 자랑하고 다니는 사람들이 있습니다. 그것은 일종의 심리적인 현상이라 할 수 있습니다. 진정한 신자 중에는 성령이 방언 은사를 주기 위해 특정 장소에서 기다리신다는 것을 믿을 사람은 아무도 없습니다. 성령이 거기에만 거한다고는 절대 생각할 수 없기 때문입니다. 그것은 심리적인 현상이거나 아니면 악령의 역사라고 생각할 수밖에 없습니다.

그리고 방언을 받기 위해 인위적인 연습을 시키는 것도 있을 수 없는 일입니다. 이것은 웃어넘길 이야기가 아닙니다. 이삼십 년 동안 예수를 믿었다는 신자들 중에도 그런 사람이 있습니다. 우리가 예수 그리스도의 십자가를 사랑하며 전파하려는 뜨거움보다는 어떤 체험을 위해 몸부림치는 것은 영적으로 볼 때 타락 현상입니다.

제가 미국에 있을 때 어느 교회에서 특별 은사 집회를 한다는 신문광고가 있어 가보았습니다. 그곳은 조그마한 백인 교회였는데 약 30여 명이 앉아 시작을 기다리고 있었습니다. 조금 있으니까 강사가 나팔 뿔을 메고 강단에 올라왔습니다. 그다음에 부인이 따라 올라가고 조금 후에는 딸마저 따라 올라가서 세 사람이 나란히 앉았습니다. 강사가 뿔을 들고 나와 찬송을 하는데 부인은 피아노를 치고, 딸은 북 같은 것을 치면서 신나게 찬송하는 것이었습니다. 그런 후에 말씀을 전하는데 메시지는 그런대로 괜찮았습니다.

메시지가 끝난 후 강사 목사는 "오늘 밤에 방언 은사를 받기 원하는 사람은 다 앞으로 나오십시오. 제가 여러분을 위해 기도해 드리겠습니다"라고 말했습니다. 저는 가장 먼저 뛰어나가 그 앞에 섰습니다. 여러 사람이 좌우편으로 나란히 섰습니다. 강사가 저쪽 끝에서부터 기도하기 시작했습니다. 당시에 저는 진지했습니다. 방언 은사를 받는 것이 이 시대를 위해 성령이 주시는 은혜라면 분명히 제게도 주시리라 믿었습니다. 그때까지 방언을 위해 기도하지 않았지만, 그 집회에서는 한번 해보고도 싶었습니다. 간절히 기도하는 마음으로 사모하는데 강사가 제 머리 위에 손을 얹더니 몇 마디 알아들을 수 없는 말을 하고는 지나가는 것이었습니다. 그러나 방언 현상은 전혀 없고 오히려 가슴이 얼음장같이 차가워지는 것을 느꼈습니다.

예배를 마친 후에 강사를 찾아가 예수 믿는 사람은 꼭 방언을 해야 하느냐고 물었습니다. 그의 대답은 반드시 해야 한다는 것이었습니다. 그것이 사실이라면 본인은 이번 기회에 꼭 방언을 하고 싶다고 말했습니다. 그리고 하루를 금식하고 다음 날 저녁에 다시 올 테니 본인을 위해 특별히 기도해줄 수 있겠느냐고 물었더니 순순히 그렇게 하겠다고 말했습니다.

다음날, 하루를 기도로 단단히 준비하고 그 집회에 다시 참석했습니다. 전날처럼 방언 은사 지망생을 모집하자 제일 먼저 나아갔습니다. 전날과 다른 것은 제 차례가 돌아오자 알아들을 수 없는 말을 조금 길게 해줄 뿐이었습니다. 하지만 역시 아무 변화도 일어나지 않았습니다.

맥이 빠져 옆 사람을 구경하기 시작했습니다. 어떤 백인 할머니가 방언이 나온다고 박수를 치고 야단이 났습니다. 그래서 옆에 가서 보았습니다. 강사가 가까이 와서 그 할머니 턱을 받치면서 같은 말을 그대로 반복하라고 지시했습니다. 그 할머니는 눈을 감고 바닥에 누운 채 반 시간이 넘도록 "할렐루, 할렐루, 할렐루야 할렐루야!" 하면서 주문 외우듯이 소리를 반복하고 있었습니다. 방언을 먼저 연습하여 체득(?)한 백인 부인들은 그 할머니를 둘러싸고 앉아 방언 연습을 돕고 있었습니다. 한참을 보고 있노라니 분노가 치밀었습니다. 성령의 은사를 모독하는 것이 틀림없었습니다. 이것이 방언이라면 돈을 주어도 안 하겠다고 하고는 예배도 마치기 전에 혼자 나와버렸습니다.

그 정도로 끝났으면 좋았을 텐데 한번은 또 이런 일이 있었습니다. 로스앤젤레스의 길위의교회 The church on the way에서 열린 세미나에 한 주 참석했는데 거의 오순절 계통 사람들이 모여 있었습니다. 성령의 은혜를 깊이 아는 사람들이 모인 곳이어서 그런지 열기가 뜨거웠습니다. 모인 분들이 모두 목사들이어서 질서가 있었습니다. 집회에서 여러 은혜를 받고 감격의 눈물을 흘리게 되었습니다.

집회에서 마지막 하루를 남기고 있던 어느 밤 시간에 찬송을 부르며 깊은 감동에 젖어 있는데 옆에 앉은 젊은 미국인 목사 하나가 제 어깨에 손을 얹으며 방언을 하고 싶지 않으냐고 물었습니다. 그래서 하고 싶다고 했더니 같이 기도하자는 것이었습니다. 그 목사의 친구와 함께 셋이서 기도실로 들어가 방언을 받기 위해 기도하기 시작했습니다. 그 사람들은 한참 영어로

기도하더니 그다음에는 방언으로 기도를 하는데 똑같은 말을 되씹는 것 같았습니다. 저는 한국말로 "주여, 정말 이 시간 꼭 방언을 하게 해주시옵소서"라고 간절히 기도하는데 그 미국인 목사가 한국말로 기도하지 말고 영어로 하라고 충고했습니다. 그래서 한 시간 이상 서투른 영어로 기도하며 계속 기다렸습니다. 그런데도 하나님께서는 방언을 주지 않으셨습니다. 그러자 그들도 지쳤는지 다음에 다시 만나기로 하고는 헤어졌습니다.

그 후로는 절대로 그런 어리석은 짓은 하지 않았습니다. 성경을 다시 검토하면서 역시 방언은 성령의 주권으로 허락하시는 은사임을 깨달았습니다. 계속 방언을 달라고 고집하는 것은 성령의 주권을 무시하는 불순종임을 깨닫게 되었습니다. 그러므로 방언을 인위적으로 연습시킨다든지 인위적으로 기도하게 한다든지 하는 것은 비성경적입니다. 어거스틴이나 루터, 칼빈, 무디, 스펄전, 빌리 그레이엄도 방언을 하지 못했습니다. 그렇지만 하나님께서 그들에게만 주신 은혜가 많은 것을 우리는 압니다.

예수 그리스도를 우리에게 선물로 주신 하나님께 감사하고, 우리 안에 내재하셔서 항상 충만하시고, 우리를 통해 일하기를 기뻐하시는 성령이 우리 안에 거하심을 항상 감사해야 합니다. 이것이 주님이 가장 원하시는 그리스도인의 정상적인 삶입니다.

방언을 인정하되 덕을 세우는 데 써라

결론적으로 성령의 방언인가, 악령의 방언인가를 구별하는 기본적인 원리를 다루고자 합니다.

첫째로, 방언은 그 자체가 절대적인 평가 기준이 되지 못합니다. 방언 자체로는 성령이 주는 것인지 악령이 주는 것인지를 결코 구별할 수 없습니다. 악령도 예수의 이름으로 이야기하고 하나님을 찬송하기 때문입니다. 예수를 잘 믿는 사람들도 순간적으로 악령의 도구가 될 수 있습니다. 영을 분별하는 은사를 주시는 이유를 알고 있어야 합니다.

둘째로, 객관적이고 권위 있는 하나님 말씀으로 방언을 분별해야 합니다. 그러므로 방언을 강조하는 사람일수록, 은사를 강조하는 사람일수록 하나님 말씀에 깊이 뿌리를 박아야 합니다. 사도행전 2장 42절을 보면 초대교회는 모든 일을 사도의 가르침에 근거하여 했습니다.

어느 외국 잡지에서 이런 기사를 본 일이 있습니다. 1982년 5월 28~31일까지 유럽 대륙에 있는 성령 운동자들이 프랑스의 스트라스버그에서 집회를 열었습니다. 약 2만 5천 명이 모였는데 유럽과 같이 냉랭하게 식고 죽어버린 교계 안에서 그 정도로 많은 사람이 모인 것은 기적이라고 매스컴들이 크게 흥분했습니다.

그런데 그 집회를 취재한 어느 기자가 솔직하게 쓴 글이 있었습니다. 그 집회에 참석한 2만 5천여 명이나 되는 설교자가 말씀에는 거의 관심이 없고 오직 주관적인 체험에만 관심을 기울이는 현상이 끝까지 유지되고 있었다는 것입니다. 이것은 대단히 심각한 일입니다. 그리고 프랑스 성령 운동의 선구자라고 하는 토머스 로버츠는 그 자리에서 설교하기를 "나는 영국 웰스 부흥회에서 구원받았으며, 하나님이 프랑스로 오라는 음성을 들려주셔서 여기 왔습니다. 여기서 즉시 개혁교회의 목사로 일했고, 얼마 후에는 루터 교회의 목사로 봉직했으며 지금은 가톨릭교회에서 일합니다. 나는 지금 소속이 어디인지 잘 모르고 있습니다"라고 했습니다.

이 집회에서 또 하나 문제가 된 것은 로마가톨릭, 개신교, 자유주의자, 보수주의자가 예수님의 부활을 믿든지 안 믿든지 간에 서로 방언만 하면 한 형제가 된 줄로 착각하는 것이었습니다. 서로 문제될 만한 교리 문제는 언급하지 않고 피해버리는 이상한 현상이 그 집회에 있었습니다. 이것은 하나님의 진리보다는 교회의 일치를 우상시하는 집단이라고 할 수밖에 없습니다. 그래서 기자가 분명히 말하기를 이것은 대단히 통탄할 만한 오순절 운동의 실패작이라고 했습니다.

이것이 어디 유럽에서만 그러합니까? 한국에도 그런 현상이 얼마나 많습니까? 체험만 같으면 교리는 문제가 안 된다고 주장하는 이런 종류의 에큐메니컬 운동은 결국 하나님의 진리를 변질시키는 누룩이 되고 말 것입니다. 기독교 역사가 이를 증거하고 있지 않습니까? 다시 말해, 방언하는 사람의 인격과 생활이 그리스도에게 복종하여 성령의 열매를 잘 맺는 사람의 것인가를 살펴보아야 합니다. 히브리서 13장 7절에 보면 "하나님의 말씀을 너희에게 일러주고 너희를 인도하던 자들을 생각하며 그들의 행실의 결말을 주의하여 보〔라〕"고 분명히 기록합니다. 여기서 "그들의 행실의 종말을 주의하여 보라"는 말씀은 무서운 말입니다. 이것은 어떤 행동의 끝을 보라는 말이라기보다 그 사람의 신앙생활이 도달한 마지막 결과를 잘 지켜보라는 말입니다. 가장 좋은 은사인 말씀을 가르치고 하나님을 대언하여 복음을 선포하는 자들에 관해서도 무조건 믿지 말고, 그 사람의 생활과 인격의 종말을 잘 지켜보고 따르라고 했습니다. 그렇다면 방언하는 사람들이 그 체험 때문에 흥분하여 생활과 성격이 약간 달라지는 것으로 그가 은혜를 받았고 성령의 방언을 받았다고 무조건 단정하기는 어려운 것입니다. 길게 놓고 끝을 보아야 합니다.

우리는 하나님 말씀에 항상 충실하려는 사람들입니다. 그러므로 성령의 역사를 부정하는 것이 아닙니다. 방언을 성령의 은사로 믿습니다. 그러나 바울처럼 소극적으로 긍정하는 편이 교회의 덕을 위해 안전하다고도 믿습니다. 우리는 오늘날 교회에서 방언이 주는 폐단이 얼마나 큰 것인가를 교리적으로나 교회 질서 면에서 분명히 직시할 수 있어야 합니다. 우리는 방언을 평가하는 기준은 하나님 말씀과 방언하는 사람의 인격 그리고 행실의 결말임을 강조합니다. 단지 방언하는 체험 하나만으로 성령의 방언인지 악령의 방언인지를 분별할 수 없다는 것을 분명히 하고자 합니다.

현대 교회 안에서 방언하는 사람들은 좀 더 겸손하여 하나님 말씀에 깊이 뿌리를 내렸으면 합니다. 체험 때문에 교회의 덕과 신자의 덕을 무너뜨려서는 안 됩니다. 방언을 강조하는 사람일수록, 은사를 강조하는 사람일수록 하나님의 말씀에 깊이 뿌리를 박아야 합니다. 방언은 그 자체가 절대적인 평가 기준이 되지 못합니다. 방언 자체로는 성령이 주는 것인지 악령이 주는 것인지를 절대로 구별할 수 없기 때문입니다. 바울처럼 겸손하게 성령의 역사를 받아들이는 사람들이 되어야 합니다.

●1983년 3월, 사랑의교회

10

한국 교회 부흥회,
무엇이 문제인가?

/

성경에는 '부흥'이라는 명사형이 나오지 않습니다. 그러나 '부흥한다'는 뜻을 가진 동사형은 여러 번 나옵니다. 신구약 합하여 가장 먼저 이 단어가 나오는 곳은 창세기 45장 27절입니다. "… 기운이 소생한지라." 야곱이 요셉을 잃어버리고 20년 가까이 소식을 듣지 못한 채 절망 중에 살다가 갑자기 요셉이 살아 있다는 희소식을 듣고, 그리고 아버지를 모시기 위하여 요셉이 보낸 애굽의 화려한 수레를 본 야곱에게 적용된 표현이었습니다. 죽은 자가 다시 살아나는 기분이었다는 것입니다. 대단히 암시적입니다. 완전히 절망 가운데 빠졌던 사람이 다시 새 힘을 얻은 것입니다. 이것이 바로 부흥에 대해 성경이 말하는 원래 의미입니다. 같은 단어가 이사야 57장 15절에도 나옵니다. "… 이는 겸손한 자의 영을 소생시키며 통회하는 자의 마음을 소생시키려 함이라." 한 마디로 '소생시킨다', '생명력을 다시 일으킨다'는 의미입니다.

신약으로 와서 에베소서 5장 13절을 보면, 진정한 부흥이란 잠자는 자를 깨우는 것이며 죽은 자가 다시 살아나도록 하는 것입니다. 하나님의 신령한 은혜의 빛을 비추어 영적으로 잠자는 자가 깨어나도록 해주는 것이 부흥입니다. 그리스도 밖에서 죽어가는 영혼을 다시 살리는 것이 부흥입니다. 그렇게 하여 단순히 깨어나고 살아나는 데서 만족하지 않고 성령의 충만함을 받아 하나님을 찬양하며 예배하며 복종하는 삶을 사는 경지로 이끌어주는 것이 소위 말하는 부흥입니다.

시대의 요청, 하나님의 응답

미국이 낳은 위대한 칼빈주의 신학자요 사상가이며 부흥사였던 조녀선 에드워즈는 부흥이라는 단어를 이렇게 정의했습니다. "어떤 교회가 일반적으로 영적인 침체에 빠져 있을 때 하나님께서 성령을 부어주심으로 하나님의 백성을 정상적인 영적

생활로 다시 회복시켜 주는 것입니다."

역사적으로 보면, 영적인 타락은 자주 일어났습니다. 인간의 육신 속에 남아 있는 죄의 근성은 신자를 형식적인 신앙생활로 끌어가고, 다음에는 탈선하는 자리까지 유도합니다. 이럴 때 강한 성령의 역사를 통해 다시 정상적인 자리로 돌려놓는 하나님의 역사가 부흥입니다. 다 죽어가는 사람을 되살리는 데에 나아가 활발하게 생활할 수 있게까지 한다면 이 얼마나 놀라운 일입니까! 말세 교회는 사데 교회나 라오디게아 교회처럼 살았다 하는 이름은 있으나 실상 죽은 자와 방불하며, 차지도 아니하고 덥지도 않은, 그야말로 무감각한 상태에 빠질 위험을 언제나 안고 있습니다.

이와 같은 교회를 그때그때 영적으로 다시 살려 정상적인 수준에까지 끌어올리는 부흥의 작업은 얼마나 중요합니까? 진정 부흥이 이런 것이라면 우리는 부흥을 더 사모해야 하고 부흥을 위해 참으로 기도해야 하며, 하나님께서 부흥의 역사를 통해 그의 뜻을 이루어달라고 간구해야 합니다. 에스겔 골짜기의 마른 뼈다귀처럼 힘을 잃어버린 교회가 하나님의 군대와 같이 일어날 수 있도록 하는 것이 부흥의 사명이요, 또 부흥을 주도하는 하나님 종들의 책임입니다.

따라서 진정한 부흥이란 어떤 영웅적인 사람이 나타나 그 여건을 만드는 것이 아니라 시대의 요청으로 하나님께서 직접 응답하는 데서 일어나는 사건입니다. 교회 역사를 보면 항상 시대적인 요청이 있었고, 그때마다 그 요구에 부응하는 은혜가 있었습니다.

우리는 이 은혜의 응답을 통해 하나님께서 영적 위기를 처리하시고, 또한 교회를 확장하시며 시대적인 경륜을 이루시는 것을 역사적으로 많이 보았습니다. 구약에서부터 신약에 이르기까지 여러 곳에서 이 사실을 발견할 수 있습니다. 그리고 한국 교회사를 보아도 1907년의 대부흥을 기점으로 하여 필요할 때마다 하나님께서 일하신 예들을 봅니다.

부흥 운동의 공통점을 몇 가지 생각해보면, 우선 성경적으로나 역사적으로 볼 때 부흥은 은혜받은 소수의 사람을 핵으로 삼아 일어납니다. 다시 말하면, 소수가 그 책임을 감당하는 것이 일반적입니다. 다른 하나는 성령의 체험이 많이 강조된다는 점입니다. 이것은 어느 시대나 같습니다.

다음으로 인격과 생활의 변화에서 나타나는 회개의 증거가 뚜렷해집니다. 그뿐만 아니라 단기간 내에 많은 수확이 일어납니다. 한 가지 더 지적한다면 사회적으로 불신자의 세계에 끼치는 영향이 대단히 심오하다는 것입니다. 이상이 일반적으로 부흥 운동, 즉 '부흥한다'는 이름 아래 그때그때 하나님께서 일하시는 결과로 나타나는 공통점이며 열매입니다.

부흥회를 보는 여러 관점

한국 교회의 부흥회를 놓고 우선 생각할 점은 그것이 성경적이고 역사적인 성격을 가진 부흥회인지의 여부입니다. 각자의 견해 차이가 있겠지만 현재 한국 교회에서 많이 주도되는 부흥회 역시 그 성격이나 목적을 보면, 비록 시대적인 큰 운동으로 보기는 어렵지만 부분적으로 성경이 말하는 부흥의 성격과 목적은 물론, 역사가 증거하는 것과 같은 성격과 목적을 지닌다고 말해도 지나치지 않습니다.

사실 한국 교회 선교 백 주년을 앞두고 냉정하게 평가하더라도 부흥회를 통한 열매는 절대 과소평가할 수 없습니다. 저는 초등학교 때부터 부흥회를 많이 다녀보았습니다. 그때와 지금의 부흥회 사이에는 어느 정도 성격적인 차이가 있습니다. 그러나 지금도 하나님께서 분명히 일하시는 증거를 보이는 부흥회 사례들이 얼마든지 있습니다. 저는 한 명의 목사로서 한국에 이 부흥의 횃불이 꺼지지 않도록 기도하고 싶고, 또 이 일을 위해 부름받은 사역자들이 병들지 않고 한국 교회와 세계 교회를 위해 일해주기를 진심으로 기도하는 마음입니다.

그래서 이 부흥회의 문제점을 다룰 때 일방적인 비평을 해서는 안 됩니다. 비판은 항상 겸허하고 공평하도록 노력해야 합니다. 주관적인 비판은 항상 똑같은 주관적인 비판을 불러들이기 때문입니다. 어느 정도 자기 주관을 떠나서 볼 수 있어야 합니다. 예를 들어, 자기의 신앙적인 성격은 대체로 이지적인 편인데 감정을 고조하는 사람은 무조건 잘못되었다는 식의 비판이라든지, 나는 은사의 어떤 체험이 없으므로 '은사, 은사' 하는 사람에 대해서는 무조건 부정적으로 보는 것은 공정한 비판이 되지 못합니다. 어떤 부흥사와 부흥 집회에서 받은 인상이 대단히 좋지 않았기 때문에 그것으로 부흥사나 부흥회 전체를 도맷값으로 비판한다는 것도 있을 수 없는 일입니다. 우리는 어디까지나 겸허하게, 성경적인 근거와 신학적인 바탕에서 두려워하는 마음으로 이 문제를 살펴야 합니다.

역사를 보면 하나님께서 귀한 종들을 통해 일으키신 부흥의 역사, 부흥 운동을 당시의 교회나 지도자들이 눈이 어두워 잘못 비판함으로써 성령을 거역하고, 성령의 사역을 대항하는 잘못을 범한 예들을 많이 접합니다. 그러므로 우리는 이 문제를 다룰 때마다 두렵고 겸허한 마음으로 해야 합니다.

현재 한국 교회에서 활약 중인 부흥사들은 한 부흥사 협의체에 등록된 기준에 따르면 약 180명이라고 합니다. 그 가운데 52주간 거의 쉬지 않고 초인적인 활동을 하는 분들도 상당수라고 알고 있습니다. 이것은 보통 어려운 일이 아닙니다. 저 역시 1년 중 몇 차례 소위 부흥회라는 이름 아래 집회를 인도해왔습니다. 작은 경험을 통해 배운 것은 부흥회 인도는 특별한 은혜를 받아야 할 수 있다는 사실입니다. 자신의 영력이나 체력을 유지하기도 어렵고, 가정생활이나 교회를 돌보기도 어렵습니다. 그러나 한국에는 그야말로 생명을 내어놓고 일하는 분들이 많습니다. 그 점에는 감사합니다.

우리가 오늘날의 부흥회를 생각할 때 누구나 공감하는 이슈가 둘 있습니다. 하나는 한국 교회 발전에 이 부흥회가 크게 기여했다는 사실이며, 다른 하나는 현재 부흥회가 많은 문제점을 안고 있다는 점입니다. 만약 한국 교회가 대부분 영향을 받게 되는 어떤 문제점이 분명히 있고, 이것이 깊이 병폐를 일으키는 암적 요소로 발전하고 있다면, 이에 대해 침묵을 지키는 것은 동조이면서 어떤 면에는 책임회피가 됩니다.

한국 교회 부흥회의 문제점

얼마 전 모 신앙잡지에 실린 특별좌담을 대단히 흥미롭게 읽었습니다. 주제는 "부흥사가 말하는 부흥회"였습니다. 잡지의 사회자가 저명한 부흥사 네 명을 초교파적으로 초청했다는 것은, 부흥사의 입을 통해 문제점들이 무엇인지 알아보려는 기대가 있다는 의미였습니다.

저는 읽으면서 그분들이 참 훌륭한 부흥사들이라고 느꼈습니다. 그들은 허심탄회하게 고백했습니다. 반면에 섭섭하다고 느낀 것 두 가지가 있었습니다. 하나는 자타가 공인하는 오늘날 부흥회의 문제점이 질 낮은 일부 부흥사들의 책임인 것처럼 전가하려는 인상을 많이 남긴 것이었습니다. 물론, 그분들이 부흥회의 문제점을 주도한 인물은 아닙니다. 그러나 일단 200여 명의 부흥사를 대표하여 그래도 저명하다는 분들이 모였을 때는 한국 교회를 위해 좀 더 자기를 반성하면서 대화를 해주었으면 좋았겠다고 느꼈습니다. 어떤 부흥사는 말하기를 "예수를 믿는 사람에게 축복이 따르는 법인데, 그저 '복'자만 나와도 기겁을 하는 사람이 많습니다. 축복 기피증이라도 걸린 것 같은 목회자나 신학자들을 보면서 좀 곤란하다고 생각한다"라고 했습니다. 현실적으로 유행하는 기복신앙의 불건전성을 걱정하는 많은 교회 지도자는 모두 잘못이고, 자신의 판단은 다 옳다는 인상을 주는 이런 발언은 깊이 재고해야 할 것입니다.

"한 주간 부흥회를 잘하면 10년 성장을 한꺼번에 이룰 수 있다"라는 어떤 교인들의 말을 비판 없이 인용하는 부흥사가 있었습니다. 어떻게 보면 현실의 '부흥회 만능주의'에 대해 좀 반성을 해야 할 시점에서 일반적인 여론을 공공연히 인용하는 데 대해 아픔을 느끼지 않을 수 없었습니다. 모 부흥사는 "짧은 시간에 큰 성과를 이루려다 보니 서두르게 되고, 그러다가 강단에서 과격한 욕설도 하게 된다"라고 했습니다. 부흥사가 서

둔다고 성령의 역사가 더 빨리 진행되는 것입니까? 교인들에게 인위적인 은혜를 끼치려고 하니 서두를 수밖에 없고, 나중에는 뜻대로 안 되니 욕설이 나오게 됩니다. 이런 대화들을 보면서 어떻게 다른 부흥사에게만 책임 전가를 할 수 있는지 의심스러웠습니다.

또 하나 섭섭하게 느낀 것은 오늘의 부흥회가 가진 문제점을 각자 견해대로 상당히 솔직하게 피력했지만, 막상 문제가 되는 두 가지를 언급하지 않고 넘어간 점입니다. 모 부흥사가 진단한 오늘날의 부흥회가 지닌 여섯 가지 문제점을 소개해보겠습니다.

첫째, 신학 공부를 하지 않은 부흥사가 많습니다. 그러므로 부작용이 많이 일어납니다. 아마 사실일 것입니다. 둘째, 너무 많은 부흥사가 활약하고 있다는 것입니다. 부흥사가 너무 많아도 문제라고 말합니다. 셋째, 균형 있는 집회 인도가 잘 안 됩니다. 다시 말하면, 지적인 면과 감정적인 면을 균형을 잘 맞추어서 집회를 인도해야 하는데 한쪽으로 치우친다는 말입니다. 넷째, 부흥사가 인기몰이 위주로 행동합니다. 다섯째, 부흥사들의 사생활이 문제가 됩니다. 부흥사들이 보기에도 다른 이들의 사생활에 문제가 있는 것 같습니다. 여섯째, 부흥회를 마친 다음, 그 교회 신자들이나 유력한 사람들을 뒤에서 은근히 유인해 자기 교회로 끌고 나가는 소위 '애프터 서비스'After Service

가 문제라고 했습니다. 우리도 잘 아는 일입니다. 그래서 은혜 받으려고 부흥회를 열었다가 큰코다치는 교회들이 더러 있다는 것입니다.

이렇게 솔직하게 지적한 것은 정말 고맙지만, 성경적이고 신학적으로 정말 문제가 되는 두 가지를 언급하지 않은 것은 유감입니다. 신문지상이나 일반 여론을 통해 많은 비난을 받는 근본적인 문제 두 가지입니다. 오늘 이 두 가지를 생각해봅시다.

(1) 축복 성회라는 것

부흥회 광고에 나오는 집회 명칭을 보면 '축복 성회'라는 말이 많습니다. 또 하나는 '은사 집회'인데, 이 두 용어에 오늘날 한국 교회 부흥회의 문제점이 함축되어 들어 있다고 봅니다.

축복에 관해 성경도 아주 많이, 아름답게 이야기합니다. 하나님이 인간에게 약속하신 모든 은혜가 '복'이라는 단어 한 마디 안에 다 들어갈 수 있습니다. 우리 중에 복 받는 것을 싫어하는 사람은 없습니다. 가끔 설교할 때 신자들에게 축복을 받는 비결 같은 것을 이야기하면 설교하는 사람도 마음이 가볍고 예배를 마치고 나가는 사람의 표정 역시 그렇게 화사하고 명랑할 수 없습니다. 저주를 좋아하는 사람은 한 명도 없습니다. 지옥에 관한 설교를 듣고 기분이 좋아져서 나가는 사람은 없습니다. 다들 복을 좋아합니다.

그런데 문제는 어디에 있습니까? 그것은 축복의 개념을 잘못 심어준다는 데 있습니다. 모든 진리는 예수 그리스도에게 집중되고, 또한 모든 진리는 그분의 빛에 비쳐 해석되어야 합니다. 구약도 신약도 이미 계시의 완성자이신 예수 그리스도의 빛에 비쳐 해석되지 않으면 전부 잘못될 수 있습니다. 예수 그리스도가 세상에 오심으로 이제는 하나님 나라가 시작되었고, 세상은 말세에 돌입했습니다. 그러므로 모든 것은 하나님 나라와 종말론적인 입장에서 하나하나를 해석하지 않으면 왜곡될 수 있습니다.

말세를 사는 교인들은 위기의식을 갖고 살아야 합니다. 즉, 주인을 기다리는 청지기로 사는 삶입니다. 우선순위를 바로 적용해야 합니다(고전 7:29 이하). 하나님 나라를 위해 희생자가 되어야 합니다. 이런 자들에게 어떻게 구약적인 물질관이 일방적인 축복으로 적용되느냐는 말입니다. 어떻게 구약적인 물질의 축복을 하나님이 모든 신자에게 주시는 축복인 것처럼 가장하여 교인들을 유혹할 수 있느냐는 말입니다. 예수 그리스도의 진리에 비추어 구약의 물질관을 보면 그것은 전부 다 그림자입니다. 부흥사들이 현세적인 축복을 많이 강조하는데, 과연 그와 같은 주장을 뒷받침할 만한 말씀이 신약 안에 몇 개나 될까요? 아무리 생각해도 참을 수 없는 일입니다.

부흥사들이 제일 많이 인용하는 것이 소위 '삼박자 축복'

입니다. 누가 만들어낸 말인지 모르지만, 요한삼서 2절에 나오는 말씀을 현실적인 감각으로 재표현한 것으로 압니다. 이것은 여의도의 어느 분이 먼저 한 말씀이 아니고, 오럴 로버츠 목사를 통해 각광받기 시작했고 그것이 기복 신앙관으로 이어진 것으로 압니다. '신앙의 씨앗'이라는 용어도 태평양을 건너 수입된 개념입니다. "축복을 받고 싶으면 신앙의 씨앗을 심어라. 그러면 하나님께서 반드시 갑절을 주신다"라는 의미입니다. 틀린 말은 아니지만, 부분적으로만 맞는 말입니다. 그러나 그 말씀을 쓴 사도 요한이 오늘 이 시대에 나타나 강단에 선다면 요즈음 부흥사들이 해석하는 그런 축복 개념으로 해석하여 가르칠까요? 아무리 생각해도 납득이 가지 않는 이야기입니다. 우리 교회에 다니는 어떤 청년의 어머니는 여의도 모 교회를 다니는데 믿음으로 심으면 현세적인 축복을 받는다는 말을 얼마나 깊이 확신했는지, 자신의 가게에서 쓰던 에어컨 용량이 작아져 쓸모가 없게 되자 저를 찾아왔습니다.

"사랑의교회에 아직 에어컨 없죠? 사무실에 하나 다시죠."

"왜 그냥 파시지 그러세요?"

"아니요. 이것을 믿음으로 축복의 씨앗으로 심고 싶습니다. 그리하면 제게 필요한 더 큰 에어컨을 하나님이 주실 줄 믿습니다."

이분 역시 삼박자 축복을 생각하고 있었습니다. 그분이 믿음으로 바치겠다는 것을 거절할 수 없어 받고 지난여름 잘 사용했습니다. 그분이 뒤에 얼마나 더 큰 에어컨을 축복으로 받았는지 아직 확인은 못했습니다.

그러나 여기에는 대단히 심각한 문제가 도사리고 있습니다. 교회 집사님의 친구 남편이 지금 위암으로 세상을 떠날 위경에 빠져 있는데 어느 목사님이 와서 "1억을 내라. 1억을 하나님 앞에 먼저 드리면 암이 낫는다"면서 두 달 가까이 매일 찾아와 식구들을 괴롭히고 있습니다. 무슨 뜻입니까? 믿음의 씨앗이란 곧 헌금이요, 그것이 더 큰 축복을 받는 첩경이라면 한국 불교의 시주신앙과 무엇이 다릅니까? 한국 교계가 왜 이렇게 되어가는지 알 수가 없습니다.

한 가지 불가사의한 문제가 더 있습니다. 성령 역사의 가장 이상적인 모델은 아시다시피 사도행전에서 찾을 수 있는데, 거기에 나오는 모든 성도는 성령의 충만함을 받자마자 자기 물건을 가난한 자들에게 다 나누어 주고 자신을 전부 희생해서 헌신하는 그리스도인이 되었습니다. 그들은 요즘처럼 만사형통의 축복을 받아보겠다고 달려드는 사람들이 아니었습니다. 지상의 축복을 강조하는 메시지는 한 번도 찾을 수 없습니다.

그런데 오늘날의 성령 운동은 그들과 정반대로 흐르고 있습니다. 사도행전에 나오는 성령 운동의 주역들과 오늘 이 시대의 부흥사나 교우들은 성격상 거리가 먼 것 같습니다. 이 문제에 대해서는 아무리 생각해도 이해되지 않습니다. 워낙 미국물이라고 하면 교계나 교계 밖이나 정신을 못 차리는 판국입니다. 상당한 부흥사들이 오순절 신학에다 로버트 슐러의 '적극적 사고방식' 사상을 가미하고 거기에 한술 더 떠서 예수를 '부자 방망이'로 인식시키는 기복신앙까지 뒤섞여 뭐가 뭔지 분별조차 어렵게 교회를 끌고 가고 있습니다. 이것은 마치 사람들의 인기에 영합하는 것이면 예수라는 상표를 붙여 무엇이든지 진열하는 슈퍼마켓처럼 보입니다. 이것이 건전한 신학이 없다는 증거입니다. 다른 교단에서 그렇게 하는 것은 넘어간다고 합시다. 하지만 소위 개혁주의 신학을 배경으로 하고 있다는 장로교에 몸담은 지도자들이 신학적으로 용납할 수 없는 이 같은 우왕좌왕의 상황을 빚어낸다는 것은 정말 한심한 이야기입니다.

저는 우리 한국 사람이 복을 받기를 원합니다. 세계 인구의 5분의 1밖에 안 되는 사람들이 전 세계의 양식 3분의 2를 먹어치우는 서양에서도 더 잘살아보겠다고 적극적인 사고방식이니 신앙의 씨앗이니 악착같이 야단법석인데 이때까지 고생하며 험난한 길을 걸어온 우리 민족이 좀 잘살아보겠다는데 뭐가 잘못이란 말입니까? 가뜩이나 소극적이고 염세적인 기질이 많은 한국인에게 적극적인 사고방식을 많이 심어주어 좀 더 정신적으로 활력소를 얻도록 하는 것이 어찌 잘못이라 할 수 있겠습니까? 저도 그런 점에는 동의합니다. 더 잘살 수 있다면, 그리고 더 잘살았으면 좋겠습니다. 사실 우리나라에는 고통당하는 사람이 너무나 많습니다. 하루하루 사는 것이 지겨울 정도로 고통스러운 분들입니다. 그들을 볼 때 복을 좀 받았으면 좋겠다고 생각합니다. 날마다 세상을 비관하고 열강 틈에 끼어 이 눈치, 저 눈치만 보는 그런 소극적인 태도가 습관으로 굳어진 한국 사람들에게 교회가 나서서 가능성을 보여주고 적극적인 정신을 고취하게 하는 것을 마다할 사람이 어디 있을까요? 이것은 하나님께서도 원하실 것입니다.

그렇지만 한 가지 전제가 되어야 합니다. 성경 진리를 유행에 따른 인기 사상으로 각색해서 가르치면 안 된다는 것입니다. 하나님의 뜻을 흐리게 하는 어떤 소리를 해서는 안 됩니다. 기복사상으로 가득 찬 '축복 성회', 이런 말로 사람들을 유도하면 그 자체는 별것 아닌 것 같고 큰 모순이 없어 보이지만 그 밑바닥에는 심각한 문제가 일어나고 있음을 염두에 두어야 합니다.

기복신앙에 물든 사람은 모든 신앙생활이 하나님 중심이 아니고 자기중심이 되어버리고 맙니다. 자기도 모르게 그렇게 됩니다. 자기중심적인 신앙은 자연적으로 하나님 나라 중심의 신앙보다 세상 중심의 신앙, 즉 세속화로 흘러갑니다. 세속적인 형통을 무조건 하나님의 축복으로 해석하여 정당화하는 것은 성령의 역사로 보이지 않습니다.

며칠 전 한국 모 재벌의 아들과 점심을 함께하면서 심각한 이야기를 나누었습니다. 그 아들은 신앙이 굉장히 좋은 사람이 었습니다. 미국에서 공부하면서 가까이 있었던 사람이기 때문 에 그의 신앙을 잘 알고 있었습니다. 그런데 그도 이제 공부를 마치고 귀국하여 자기 아버지 회사에서 일하는데 어떤 때는 밤 마다 잠을 이룰 수 없다고 합니다. 신앙 양심으로는 할 수 없는 일인데 회사를 위해 안 할 수도 없는 상황이라는 게 문제였습니 다. 그래서 좀 자유롭게 하고 싶다는 유혹을 받는다고 합니다. 오해하지 말고 생각해보십시오. 한국 교회 상황에서 갑자기 부 자가 된다든지 돈을 많이 번다든지 하는 사람들치고 그야말로 편안한 양심으로 잠자리에 들 수 있는 사람이 얼마나 될까요? 자신이 치부하는 모든 수단이 양심에 비추어 거리낌 없고 떳떳 한 사람이 얼마나 될까요? 목사들은 돈 잘 버는 사람 집에 가면 무조건 하나님이 축복했다고 고무하고 그 위에 축복까지 더해 주고 옵니다. 이것이 떳떳한 축복기도일까요?

제가 자주 인용하는 역사적 사실이 있습니다. 제정 러시아 의 혼란기 때 러시아정교회가 어떤 일을 했느냐입니다. 레닌이 기독교를 아편이라고 한 이유가 있습니다. 당시 교회는 귀족층 과 부자들이 잠을 더 편안히 잘 수 있도록 자장가를 불러주는 역할을 했고, 착취당하고 빈한한 자들에게는 귀족층과 상류층 에 더 굽실굽실하고 순종을 잘하도록 길들이는 조련사 역할만 했습니다. 그 결과 오늘날의 소련 교회가 어떻게 되었는지 우리가 아는 바와 같습니다.

그의 나라와 의를 구하는 것이 우리의 신앙 과제라면 그 대명제를 앞에 놓고 아무리 성경을 검토해보더라도 오늘날 많은 부흥회 석상에서 나열되는 축복 개념들, 사례들, 예화들이 과연 성경적으로 정당화될 수 있을까요? 과연 성령께서 요구하시는 진리일까를 끝까지 의심하지 않을 수 없습니다. 예수를 그렇게 진실하게 믿고 십일조를 어기지 않는 신자들 가운데 일평생 가난한 사람들이 얼마나 많습니까? 그런 분에게는 뭐라고 말해야 할까요? 주님께서 말씀하신 대로 가난한 자들에게 복음이 전파된다고 했을 때 그 복음은 무슨 복음일까요? 부자될 수 있다는 복음입니까? 그렇지 않을 것입니다.

복음에는 분명히 그들에게 위로가 될 하나님 음성이 있고 그 가난이 하나님 안에서 저주가 아니라고 말하는 확실한 이유가 있습니다. 그러나 만약 기복 사상을 모든 신자에게 강요한다면 가난한 자들에게 전할 복음이 없어지고 맙니다. 평생 예수 잘 믿었지만 정말 가난한 신자들이 너무 많은 것은 사실입니다. 어떻게 보면 어린아이처럼 순진하여 고집스럽게 신앙 양심을 지키고 살다가 세상에서 출세하지 못하고 남에게 밀리고 바보 소리 듣고, 결국은 자녀 공부마저 제대로 시키지 못하는 부모들이 많습니다. 그러나 교회 안에서는 오히려 이런 사람들이 냉대를 받는 실정입니다.

왜 축복관이 이렇게 병 들었을까요? 성경이 말하는 말세의 축복관이 과연 그런 물질적인 축복관인지 양심에 손을 얹고 성령의 음성을 들으면서 생각해볼 필요가 있습니다. 마지막 날 진정 하나님 나라에 합당한 신자 상은 어떤 것입니까? 자기의 모든 것을 하늘나라에 쌓은 사람이요, 물질은 가졌지만 가진 것에 마음을 두지 않는 사람이요, 그야말로 위기의식을 느끼면서 이 세상을 살아가는 자들이 아닐까요? 이런 신앙을 교인들에게 가르치기보다는 현실적인 축복을 받는 데 관심을 돌리는 일은 목사의 양심에 분명히 문제가 됩니다. 차라리 정주영 씨나 이병철 씨를 데려다가 강의를 듣는 것이 부자되는 방법으로는 더 시원하게 들립니다.

통합측 모 부흥사는 오늘날 부흥회에서 일어나는 부작용의 병폐는 돈 때문이라고 주저하지 않고 지적합니다. 부흥사가 돈하고 결탁이 되어있다는 말입니다. 3 · 7제니 7 · 3제니 하는 유행어라든지, "헌금 액수가 얼마면 주겠다" 하는 식의 묵계가 상식이 되었습니다. 과연 이런 법이 어디 있습니까? 건전한 부흥사들과 부흥 집회가 덤으로 비난을 받는 것은 유감이지만 우리는 좀 더 냉정하게 직시해야 합니다.

부흥회를 여는 교회 역시 부흥사들과 똑같이 잘못되어 있는 것도 사실입니다. 도대체 부흥회를 여는 동기가 무엇입니까? 교회 짓기 위해, 사택을 사기 위해 부흥회를 합니다. 결국,

돈 때문 아닙니까? 그러면 성령께서 돈주머니를 가득히 지고 기다려야 할 판입니다. 신앙 없는 사람의 눈으로 보아도 얼마나 답답한 현상일까요? 이런 일들이 바로 우리 코앞에서 일어나고 있음을 절대 묵과해서는 안 됩니다.

(2) 은사 집회라는 것

두 번째 문제는 '은사 집회'라는 것입니다. 신학적으로나 성경적인 입장에서 분석할 때 이 '은사 집회'라는 말 자체가 대단히 의문입니다. 무슨 의미인지 모르겠습니다. 그 집회만 참석하면 은사를 받는다는 말인지, 아니면 그 집회에 오면 은사를 받도록 해주겠다는 말인지, 아니면 은사를 받은 사람이 모인 군중대회라는지 도통 알 수가 없습니다.

사도행전이나 초대교회 역사를 아무리 훑어보아도 '은사 집회'를 가졌다는 기록이 없습니다. 있을 수 없는 일입니다. 은사는 성령께서 합당하다고 여기는 자들에게 주권적으로 주시는 은혜입니다. 그것은 달라고 아우성쳐서 얻는 것이 아닙니다. 물론, 사모는 해야 합니다. 그러나 어디까지나 성령께서 주권에 따라 자기 마음대로 주시는 것인 만큼 은사라는 타이틀을 걸어 놓고 부흥회를 인도할 수는 없습니다.

이것은 성령께서 기뻐하지 않는 일입니다. 은혜보다 은사가 더 강조되는 것은 성령의 뜻이 아니기 때문입니다. 바꾸어 말하면 예수님보다 성령이 더 우대받는 것은 성령의 뜻이 아니라는 것입니다. 성경을 잘 살펴보면 "아버지께로부터 나오시는 진리의 성령이 오실 때에 그가 나를 증언하실 것이요"(요 15:26)라고 합니다. 어디까지나 성령은 예수 그리스도를 증언하기 위해 오셨습니다. 성령께서는 자신이 우대를 받고 추앙의 대상, 예배의 대상이 되기 위해 오신 분이 아닙니다. 신학적으로 똑똑히 정리해놓자는 말입니다. 찰스 스펄전은 성령을 일방적으로 우대한다거나 감정만 앞세우는 감정 위주의 신앙을 강조한다면 성령을 적그리스도가 되게 하는 것이라는 의미로 경고한 바 있습니다. 타당한 말이라고 생각합니다.

오늘날 잘못된 부흥 집회를 보면 성령의 은혜 집회가 아니라 성령을 적그리스도로 만드는 집회처럼 보일 정도입니다. 성령은 절대로 그것을 원하지 않으실 것입니다. 은사를 주기 위해 성령이 집회를 인도한다고 가르칠 수는 없습니다. 저는 분명히 그렇게 믿고 있습니다. 은혜를 더 받게 한다는 말씀은 예수 그리스도가 우리를 위해 해주신 일을 더 깊이 체험하고 깨닫도록 성령께서 일하신다는 데 초점이 있습니다. 그리고 은혜를 받아 이 세상에서 주의 제자로 일하려는 자들에게 능력으로 일하도록 하고 필요하면 은사를 허락하는 것이 성령의 뜻입니다. 은사가 우선 강조되는 그런 집회는 성령께서도 원하시지 않는다는 것입니다.

역사적으로 볼 때 사람들이 성령의 은혜를 체험하면 지적인 것보다 감정적인 것이 더 앞섭니다. 이것은 사실입니다. 체험한 사람은 다 아는 일입니다. 그렇다고 감정을 마치 모든 은혜의 근거가 되는 양 집회를 인도하거나 사람들을 가르치는 것은 성경적이 아닙니다.

가끔 부흥 집회에 참석해보면 항상 마음에 떠오르는 생각이 있습니다. "성령의 역사와 인위적으로 조성한 집회에서 나오는 감정과는 어떻게 구별할 수 있을까"입니다. 어느 쪽이 성령의 역사이며 어느 쪽이 분위기를 타고 나오는 감동인지 구별할 수 있을까요? 부흥사들은 인위적으로 어떤 분위기를 만듭니다. 왜 찬송가를 그렇게 미친 듯이 불러야 합니까? 은혜받고 부르는 찬송은 미친 듯이 불러도 정상이지만, 은혜받기 전에 미친 듯이 부르는 찬송은 인위적인 것입니다. 나오지 않는 찬송을 억지로 부르게 합니다. 박자가 느리면 좀 더 빨리 해야 하고, 나중에는 엉덩이가 들썩들썩할 때까지 해야 하니 그런 것이 인위적인 것이 아니고 무엇입니까? 로큰롤을 부르는 집단 속에 들어가보면 얼마나 흥분하는가를 알 수 있습니다. 저도 이것을 경험했는데, 잘못하면 옷을 벗을 뻔했던 일도 있습니다. 그 마력은 무서울 정도입니다.

그런 감정으로 사람들 마음을 흥분시키고 그 속에서 일어나는 일시적인 변화를 추구하려는 공작은 이단 집단에서 더 많이 활용합니다. 전자오르간만 가지고 찬송을 부르는 것과 북이 나 여러 악기를 함께 사용하며 부르는 것, 어느 쪽이 더 흥분될 까요? 그러면 그 흥분이 성령의 역사일까요? 이런 문제에 왜 부 흥사들은 쉬쉬할까요? "문 닫아라. 성령 나간다." 도대체 이런 상식 이하의 소리가 어떻게 교회 안에서 가능한지 한심스럽기 조차 합니다.

저는 조너선 에드워즈에 많은 관심이 있습니다. 그분에게 는 참 매력적인 면이 있습니다. 기독교 역사상 가장 유명한 설 교를 했던 인물 중 하나로 남아 있는데, 그 설교는 "진노하신 하나님의 손안에 든 죄인들"이라는 제목의 설교였습니다. 1730 년대 미국에서 한창 대각성 운동이 일어날 때 전한 설교입니다. 조너선 에드워즈는 시력이 나빠서 원고를 들고 촛불 가까이에 서 읽어야 할 정도로 병약한 사람이었으며 목소리에는 힘이 없 었습니다. 청중들에게 감동을 주거나 어떤 활력을 불어넣을 수 있는 제스처도 능란하지 못했습니다. 그야말로 수동적이며, 표 현 또한 대단히 소심했습니다. 이분이 "진노하신 하나님의 손안 에 든 죄인들"을 설교할 때 그는 촛불을 옆에 놓고 그냥 읽어 내 려가는 듯이 말했는데도 성령의 역사가 얼마나 무섭게 일어났 는지 모릅니다. 설교 내용은 거의 지옥, 하나님의 심판, 하나님 의 진노로 가득했습니다. 마른 뼈다귀처럼 생명력을 잃어버린 당시 교인들에게 하나님의 심판을 선언하는 이 말씀을 차근차

근한 음성으로 조용히 읽어 내려가는데 회중 속에서 큰 소동이 일어나기 시작했습니다. 사람들이 가슴을 치고, 나뒹굴고, 고함치고, 통곡하는 등 얼마나 극적으로 변했던지 결국은 설교를 중단하고 말았습니다.

설교자는 참다못해 "여러분, 좀 조용히 하십시오. 그렇게 하면 제 이야기가 안 들립니다. 조용히 좀 해주세요"라고까지 하소연했다고 합니다. 그리고 에드워즈 뒤에서 사회와 기도 순서를 맡았던 몇몇 목사까지 설교자의 옷자락을 붙잡고 "아이고, 에드워즈 목사님, 하나님이 어디 심판만 하시는 분이신가요? 사랑의 하나님도 아닙니까? 사랑의 하나님도 아닙니까?"라고 하면서 흐느꼈다고 합니다. 그래서 어떤 인위적인 요소가 가미되지 않았던, 기독교 역사에서 가장 유명하고 능력 있는 설교로 남아 있습니다.

성령의 역사는 인위적으로 오는 것이 아닙니다. 부흥강사가 강단에서 춤을 춘다고 성령의 역사가 더 뜨겁게 옵니까? 그렇다면 장구나 북을 갖다 놓고 춤추면 더 효과가 있겠지요. 두들기는 만큼 성령의 역사가 더 강하게 일어난다면 몽둥이로 치면 더 나을 것입니다.

빌리 그레이엄 목사에게서 대단히 인상적인 자세 하나를 발견합니다. TV를 통해 보면 그는 30~40분 설교하고 나서 "여러분, 오늘 저녁에 그리스도를 영접하실 분은 이 자리에 다 나오세요"라고 초청한 다음 가만히 묵도합니다. 청중을 설득시키느라 인위적인 제스처를 쓰지 않습니다. 조용히 기도하면서 성령께서 친히 일하시기를 기다립니다. 성령의 역사를 그렇게 값싸게 생각하지 마십시오. 성령은 기운이 아니라 하나님이십니다. 물질이 아닌, 인격자입니다. 그러므로 인위적인 분위기를 유발하려 하는 이 모든 것을 비판하지 않을 수 없습니다.

은사 집회를 강조하면 그릇된 신비주의자, 다시 말해 철저하게 자기 본위적인 신앙인이 되고 맙니다. 진정한 성령의 역사는 조너선 에드워즈가 말한 것처럼 감정적인 체험이 아니라 성령의 은혜 아래 하나님의 실재를 깊이 인식하는 것이요, 마음의 청결함을 받아 온유한 자로서 선한 생활의 열매를 맺는 것입니다.

에드워즈 목사가 1741년에 쓴 《성령 사역의 증표》에서는 진정한 성령 역사의 증표를 5가지로 설명했습니다. 첫째, 예수 그리스도를 찬양합니다. 둘째, 어둠의 권세를 공격합니다. 셋째, 성경을 높입니다. 넷째, 건전한 교리를 함양하고 증진합니다. 교리적으로 더 건전해진다는 말입니다. 다섯째, 하나님과 사람을 향한 사랑이 넘치게 됩니다. 그리고 한 가지 더 예리하게 지적하기를, 타락한 인간 본성에는 육신적인 광신을 용납하는 비옥한 밭이 있습니다. 겉으로 보기에는 영적인 것 같으나 실상은 자기 사랑에 깊이 뿌리 박은 신앙일 수 있습니다. 어떤 체험에서 감정이 아무리 고조되어 있더라도, 쉴 새 없이 입에서 "할렐루야"가 쏟아져 나온다 해도, 또 하나님과 사람을 향한 체험적인 사랑이 넘친다고 해도 우리에게는 자기중심적이고 자기 유발적인 밑바닥이 있을지 모른다고 했습니다.

이것은 현대 교회를 위해 매우 중요한 통찰입니다. 신비주의적인 체험이나 은사에만 집착하는 사람은 자기 본위의 신앙입니다. 하나님 중심이 아닙니다. 한마디로 영적으로 '엔조이'하는 스타일입니다. 성경적으로 건전하지 못한 것입니다. 사도행전을 훑어보면 은사받았다고 거기 집착하여 매달리는 사람이 없습니다.

참된 부흥을 위한 제언

결론적으로, 주님의 눈에 비치는 말세 교회는 가장 중요한 것이 회개입니다. 요한계시록 일곱 교회에 나타나는 병폐를 우리는 잘 알고 있습니다. 주님은 일곱 교회 중 다섯 교회를 향하여 회개하라고 외치십니다. 오늘날 진정한 부흥은 어디에서 일어나야 합니까? 인격과 삶의 변화를 가져다주는 진정한 회개에서 시작되고 끝나야 합니다. 이것이 하나님께서 원하시는 오늘날의 부흥입니다.

많은 신자가 안일주의와 세속주의적인 신앙관을 회개하지 않은 채 어떤 부흥을 기대할 수 있을까요? 주일이면 성경책을 끼고 교회로 물밀 듯이 모이는 사람들의 마음속에 우상으로 자리잡혀 있는 자기중심적인 신앙을 회개하지 않고서 어떻게 참된 부흥이 가능하겠습니까? "평안하다, 평안하다" 하는 식으로 달래기만 하는 메시지로 많은 사람을 우롱하는 이 마당에 하나님이 원하시는 진정한 부흥은 무엇일까요? 주님 안에 살 때 부끄럽지 않도록 교회가 회개하고, 개인이 회개하고, 교회 지도자들이 회개하고, 그렇게 회개함으로써 말세를 사는 사람답게 무장시켜 주는 데 부흥의 핵심이 있다고 생각합니다.

이 근본적인 병폐 제거에 실패한다면 아무리 많은 사람이 은사 체험을 했더라도, 아무리 헌금이 많이 쏟아져 나오더라도, 아무리 많은 사람이 구름 떼같이 모이는 대성회를 이루었더라도 그것은 성령의 사역이라고 인정받지 못합니다. 오늘날 이 시대에 나타나신 성령께서 정말 우리 마음 가장 깊은 곳을 들여다보신다면 무엇을 말씀하실까요? "회개하라, 회개하라"일 것입니다. 그래서 저는 목사의 한 사람으로서 마음에 가책을 많이 받고 있습니다. 저는 이런 말을 할 자격이 없습니다. 부흥사들이 제 말을 듣는다면 무엇이 잘나서 저러나 그럴지도 모릅니다. 그러나 아무리 못나고 볼품이 없더라도 바른말을 하자는 것입니다. 왜? 교회를 위해, 우리 자신을 위해서입니다. 그렇게 하지 않으면 우리 모두 같이 망하고 맙니다. 한국 교회가 제정 러시아 때의 정교회와 같이 되지 않는다고 누가 장담할 수 있습니까? 오늘날과 같은 이런 상황이라면 아무도 장담하지 못합니다.

한국 교회 부흥사들에게 간곡하게 부탁합니다. 하나님 앞에 은혜받아 그렇게 밤낮으로 헌신하는 것에는 경의를 표합니다. 현실적으로 교회가 안고 있는 이 암적인 병폐를 직시하고 이것을 치유하시는 하나님의 종들이 되길 바랍니다. 비록 약간의 견해 차이가 있어도 진정 하나님이 사용하시는 주의 종들이 많이 일어나서 오늘날 잠자는 교회, 병든 교회, 세속화된 교회, 이단 앞에서 벌벌 떠는 이 무력한 교회를 다시 힘 있게 깨어나게 하고 일으키는 능력의 역사가 많이 일어나길 우리 모두 기도합시다. 하나님께서는 부흥 집회나 어떤 한 교회만을 통해서 영광받으시는 것이 아닙니다. 모든 교회가 잘 되어야 하고 모든 종이 건전해야 하고 모든 부흥회가 일어나야 합니다. 이것을 위해 우리는 기도해야 합니다.

●1982년 10월, 할렐루야교회

11

교회의 분열을 이기고
연합하려면

한국 교회의 양적 성장은 세계적으로도 유명합니다. 하루에 열 개 정도의 개척교회가 세워지고 있습니다. 비슷한 부흥의 불길은 이미 남아메리카나 또 중부 아프리카, 심지어 공산치하 중국에서도 일어나고 있습니다. 성령께서 언젠가 아직 열리지 않은 공산권에까지 이 불길을 몰고 가시기를 기도합니다.

　한국 교회가 양적으로 급성장하면서 신자들 사이에 오르내리는 유행어가 몇 가지 생겼습니다. "요즘 제일 어려운 것이 교회 선택이야", "함부로 교회 찾아가서 등록하면 큰일 나" 등등. 이러한 우려 탓인지 개인적인 이유로 교회를 옮기는 사람들이 몇 개월간 교회를 결정하지 못하고 방황하는 사례를 자주 봅니다. 이런 현상은 교회를 선택하는 폭이 넓어졌다는 긍정적인 면도 있지만, 한편으로는 교회의 순수성에 대한 신뢰가 흔들리고 있음을 보여주는 증거도 됩니다.

좋은 교회일까, 나쁜 교회일까 하는 의문으로 시작해서 진짜 교회냐, 가짜 교회냐로 이어지는 불안한 의혹이 만연하는 이 현실을 절대로 가볍게 보아서는 안 됩니다. 이런 불안한 의혹이 많아진 이유가 어디 있습니까? 교회가 많아져서 그렇습니까? 꼭 그렇게 볼 수만은 없습니다. 우리의 의혹을 부채질하는 직접적인 요인이 여럿 있지만, 그중 하나가 다발적인 교회 분열 현상이라고 지적할 수 있습니다. 그래서 저는 이 글에서 한국 교회를 대상으로 하되 범위를 좁혀 장로교회를 중심으로 교회의 순수성 그리고 그 순수성과 분열에 관하여, 그리고 순수성과 연합 운동 사이에 끼어 있는 함수 관계를 고찰해보고자 합니다.

교회의 순수성을 평가하는 유일한 척도

우리가 잘 알듯이 무엇이 순수한가, 그렇지 않은가는 어떤 절대적인 표준이 있을 때 통하는 말입니다. 그렇다면 교회의 순수성을 측정하는 절대 표준은 무엇입니까? 이것이 첫 번째 질문입니다. 예를 들어, 사랑의교회가 순수한가 그리고 진짜 교회인가 질문한다면, 그것을 평가하는 기준은 무엇입니까?

로마 가톨릭교회—소위 천주교—는 수 세기 자신의 교회 자체를 절대 표준으로 제시해왔습니다. 그래서 천주교회에 소속되어 있으면 순수한 교회이고 그것을 떠나면 잘못된 교회 혹은 이단이라고 낙인찍었습니다. 지금도 그들은 개신교를 작은 집 혹은 이탈자의 집이라고 부르며 악선전을 서슴지 않고 있습니다. 그 이유는 교회의 순수성을 재는 절대 표준을 가톨릭교회라는 제도 자체에 두고 있기 때문입니다.

개신교 안에서도 비슷한 잘못을 저지르고 있습니다. 개탄스러운 교권주의자들은 자기 교단을 절대 기준으로 착각하는 듯한 인상을 줍니다. 자기 교단을 떠나면 자유주의자요, 분열주의자라는 정죄를 서슴지 않는 것을 보면 정말 슬픕니다. 이런 일은 다른 교회를 평가하는 표준을 교단으로 삼았기 때문입니다. 이것은 성경의 지지를 받을 수 없는 일입니다.

제가 20대 중반까지 소속되어 신앙을 키워오던 모 교단은 해방 후 한국 교회 안에 회개 운동과 경건 운동의 기치를 높이 들었던 좋은 교단이었습니다. 그러나 본의 아니게 그들도 다른 교회를 평가하는 척도로 자기 교단을 내세우는 폐단에 빠졌습니다. 자기 교단에 소속되지 않은 교회는 마귀당이요, 심지어 구원이 없다고까지 가르치는 사태로까지 나아갔습니다.

저 역시 이런 불행한 가르침에 깊이 물들었던 사람 중 하나였습니다. 중학교 시절에 수학여행을 가서 어느 도시에 있는 교회에 수요예배를 참석하려고 찾아갔습니다. 하지만 그 교회는 제가 속한 교단이 아니었습니다. 그래서 예배를 보지 않고 앉아서 구경만 하다가 나왔습니다. 기도할 때도 눈을 감지 않았습니다. 혹시 여기에는 구원이 없을지도 모르고 또 마귀당일지도 모르므로 그들과 같이 기도할 수 없다는 생각으로 취한 행동이었습니다. 왜 이런 비극이 일어납니까? 그것은 자기 교단을 척도로 삼았기 때문입니다. 어떤 교회나 교단이 아무리 흠이 없고 거룩해 보여도 그 자체가 참 교회 여부를 평가하는 기준은 될 수 없습니다.

교회가 순수한가, 그렇지 않은가 하는 평가의 척도는 하나뿐입니다. 그것은 성령의 영감으로 기록된 하나님 말씀입니다. 이런 의미에서 교회를 놓고 볼 때 성경적인가, 복음적인가, 또 신학적인 입장에서 사도적인가 하는 말은 전부 같은 말입니다. 다시 말해, 하나님 말씀에 기초를 둔 교회인가를 묻는 것과 다름없습니다. 에베소서 2장 20절은 "너희는 사도들과 선지자들의 터 위에 세우심을 입은 자라"고 기록합니다. 여기서 '너희'는 교회를 말합니다. 사도들의 터 위에 세워졌다는 것은 사도들이 증거하고 기록해서 우리에게 전해준 말씀 위에 세워진 교회라는 뜻입니다.

사도는 이미 죽었습니다. 사도의 특권은 어떤 개인이 계승하지 못합니다. 모든 교회가 그 사도성을 계승합니다. 어떻게 계승합니까? 사도들이 전해준 그 말씀을 믿고 고백하는 것으로 계승할 수 있고, 뿐만 아니라 사도들이 전해준 말씀을 그대로 가르치고 선포하고 복종하는 것으로 계승할 수 있습니다. 만일 교회가 사도의 가르침을 그대로 받아, 믿고 고백하고 또 그대로 가르치고 복종할 수 있다면 그 교회를 일컬어 순수한 교회, 참 교회라고 할 수 있습니다.

마태복음 28장 19~20절에서 주님은 "너희는 가서 모든 민족을 제자로 삼아 아버지와 아들과 성령의 이름으로 세례를 베풀고 내가 너희에게 분부한 모든 것을 가르쳐 지키게 하라"고 명하셨습니다. 이 말씀에 근거해서 신학자 칼빈은 교회의 순수성을 나타내는 신학적인 증표 세 가지를 지적했습니다. 첫째, 말씀을 옳게 전파하고 가르치는 교회인가? 둘째, 성경이 교훈한 대로 성례식을 시행하는 교회인가? 셋째, 권징을 하는 교회인가? 이 세 가지가 시행되면 그 교회는 순수한 교회라고 칼빈은 정의합니다.

이런 의미에서 마태복음 28장 말씀과 칼빈의 참 교회 정의는 부합됩니다. 세례를 주라고 명령했으니 교회는 당연히 세례를 주고 성찬을 베풀어야 합니다. 가르치라고 명령했으면 말씀대로 선포하고 교육해야 합니다. 지키게 하라고 명했으니 그렇게 하지 못하면 교회가 권징을 시행해야 합니다. 이 세 가지가 잘 되는 교회를 진짜 교회 혹은 순수한 교회라고 합니다.

그렇다고 해서 교파적인 차이를 무시하자거나 교리적인 차이가 없어야 한다는 의미가 아닙니다. 십자가와 부활이라는 본질적인 진리에 어긋나지 않더라도 서로 견해 차이가 날 수 있습니다. 교파마다 신학적인 차이에 따라 강조점이 다를 수 있습니다. 이런 상이함은 인정해야 합니다. 그러나 복음 자체를 놓고 평가할 때 교회의 순수성에 관한 부분은 조금이라도 어긋나지 말아야 합니다.

이런 의미에서 여러분의 교회도 순수합니다. 또 여러분이 속한 교파도 순수합니다. 어느 교회도 자신은 순수하지 못하다고 함부로 말할 수 없습니다. 모두가 예수님을 증거하고 십자가를 믿고 있는 한 그렇습니다. 또 부활의 능력을 신뢰하고 성령의 함께하심을 믿는 한 그러합니다. 우리 모두가 하나님 말씀에 복종하려고 노력합니다. 그러므로 함께 모인 사랑하는 형제들의 교회는 순수하다고 믿어도 됩니다.

교회 분열과 연합 운동에서 교회의 순수성

두 번째로 교회의 순수성이 교회 분열이나 교회 연합과 어떤 관계를 갖느냐에 대해 살펴보겠습니다. 이것은 매우 중요한 주제입니다.

(1) 교회의 분열

교회의 분열이 무엇입니까? 어거스틴은 이단과 분열을 구별하여 이렇게 말했습니다. "이단은 거짓 교회를 세워 신앙의 순수성을 부패하게 하는 것이고, 분열은 종종 동일한 신앙, 같은 신앙 안에서 성도 사이 교제의 줄을 끊어놓는 것이다." 성도 간에 교제의 줄을 끊어놓는 것이 분열이라고 한 정의에 비추어 보면 교회의 분열에는 두 유형이 있습니다. 하나는 근본적으로 신앙이 달라 나누어지는 것이고, 다른 하나는 신앙이 같으면서도 어떤 이유로 분열하는 것입니다.

신앙이 다르다는 것은 앞에서 언급한 것처럼 사도들이 전해준 복음을 똑같이 받아들이고 믿고 고백하길 거부하는 사람이나 모임이 있을 때를 말합니다. 극단적으로는 이러한 사람들이 이단이라는 말까지 듣게 되며, 또 그렇게까지는 가지 않더라도 거짓 교회, 가짜 교회라는 정죄를 면치 못합니다. 이런 사람들이 교회 안에 함께 있다면 교회의 순수성까지 잃어버릴 위험이 크므로, 순수성을 지키려면 교회가 분열을 생각하지 않을 수 없습니다. 분열이라는 아픈 과정을 통해서라도 교회는 순수성을 방어하지 않으면 안 되는 막바지에 도달합니다.

이런 이유로 분열한 가장 역사적인 사건은 종교개혁 시절 천주교와 개신교의 분리라 할 수 있습니다. 잘 알듯이 교리가 너무 다르다 보니 사도들의 터 위에 세워진 동일한 신앙이라는 근본적인 터가 흔들렸고, 그 결과 교회는 분리되었습니다. 그 후로 개신교는 성경적인 교회를 사수해왔습니다.

　　한국 장로교회 역사에서 신앙이 동일하지 않아 나뉜 예를 찾는다면 1945년 4월 29일에 제3차 장로회 총회를 기점으로 일어난 예수교장로회와 기독교장로회의 분열일 것입니다. 그것은 보수주의 신앙과 자유주의 신앙의 분열이었습니다.

　　당시 자유주의 신학을 추종하던 교회가 교리적으로 얼마나 거리가 있었는지 잘 설명해주는 에피소드가 있습니다. 해방 후에 우리나라를 방문했던 세계적인 신학자 부르너가 교회 지도자들을 모아 강의하는 중에 이런 질문을 받았습니다. "아담과 이브가 역사적인 인물입니까? 아니면 상상 속 인물입니까?" 여기에 대해 부르너는 "나는 아담과 이브가 어느 종류의 유인원 계통에서 태어났는지 모르겠습니다"라고 했습니다. 그의 대답은 아담과 하와가 실존 인물이 아니라는 것을 간접적으로 시사할 뿐만 아니라 어느 정도 진화론을 지지한다는 견해를 드러낸 것이었습니다. 이러한 사람을 현대 신학의 거두(巨頭)라고 환영하고 그의 신학 노선을 따라가는 장로교 지도자들과 교회가 있었습니다. 이렇게 성경을 근본적으로 뒤집어엎는 사람들이 교회 안에 일어난다면 부득불 나뉠 수밖에 없습니다.

신앙의 동질성은 결속의 시작이요, 하나 되게 하는 유일한 규범인데 신앙의 동질성이 깨어지면 분열을 피하지 못합니다. 나는 이러한 분열을 떳떳한 분열이라고 말하고 싶습니다.

두 번째 유형은 신앙의 바탕이 같은데도 발생하는 비극적인 분열입니다. 이것만큼 가슴 아픈 일이 교회에 또 있겠습니까? 성도의 교통을 잔혹하게 끊어버리는 이런 일은 다시는 일어나서는 안 됩니다. 하지만 주위에는 이런 일이 너무나 자주 발생합니다.

저 자신을 돌아볼 때 이 주제로 말씀드릴 자격이 없다고 생각합니다. 제가 평신도 시절에 출석하던 교회도 나누어지는 아픔을 경험했기 때문입니다. 그럴 만한 특별한 이유가 있었던 것도 아니었습니다. 사소한 감정 문제가 발단이 되었고, 종국에는 그와 같은 분열을 막지 못했습니다. 결국, 어느 한쪽에 동조할 수밖에 없는 상황에 빠졌습니다. 제 신앙 경력에서 가장 부끄러운 발자취라고 고백할 수밖에 없습니다.

그리고 몇 년 전, 한국 교회사에 또 하나의 오점으로 남게 될 어떤 교파 운동에 가담하기도 했습니다. 이런 의미에서 이런 주제로 이야기할 만한 양심을 가진 사람인가에 대해 상당히 가책을 받고 있습니다. 과거 역사를 돌이켜보고 오늘날의 교회 현실을 곰곰이 생각하면서 하나님 앞에 제 잘못을 깊이 회개하지 않을 수 없습니다.

한국 장로교파 중에 현재 공식적으로 그 존재가 확인된 교단 수만 무려 30개가 넘습니다. 그들 모두 장로교라는 이름을 지니고 있습니다. 어떤 정부 자료에는 장로교단만 50개가 넘는다는 기록을 본 일도 있습니다. 모두가 예수교 장로회입니다. 30개 가운데 이단이라고 규정하는 곳도 한 군데 정도 있습니다. 장로회 총회 신학교라는 간판을 단 건물만도 강남 지역에서 7개나 봅니다. 이런 현상은 신앙이 동일한 교회가 사분오열되었음을 대표적으로 말해줍니다. 나뉘어선 안 될 형제들이 서로 등을 돌리고 있는 뼈아픈 현실을 지적합니다.

제가 판단하기로, 한국 장로교회의 분열 중에 긍정적으로 받아들일 수 있는 것이 있다면 1952년 보수주의 신학과 자유주의 신학 간의 신앙논쟁 때문에 야기된 분열밖에 없습니다. 그 외의 분열은 어느 것 하나도 합리화할 수 없고 정당화시킬 수 없습니다. 심지어 1959년에 있었던 통합과 합동 측의 분열도 20여 년이 지난 오늘날 조용히 되돌아보면 WCC라는 단체 때문에 쪼개진 비극이었는데, 그런 것은 어떤 희생을 치르더라도 사전에 막았어야만 했습니다. 하지만 불행하게도 그렇게 하지 못했습니다.

한국 장로교회가 신앙 노선이 같으면서도 이렇게 다발적인 분열을 하는 원인은 크게 2가지로 나누어 지적할 수 있습니다.

(2) 도덕적인 원인

첫째는 도덕적인 원인입니다. 교회 안에 만연하는 비리와 세속화에 반발해 일어난 정화 운동이 마침내 분열로까지 발전하는 경우입니다. 1947년에 있었던 고신파의 분열이 가장 좋은 예입니다. 해방과 함께 출옥한 옥중 성도들은 한국 교회가 진정 회개하지 않는다는 이유를 들어 다른 장로교 총회를 만들었습니다. 그리고 다른 예를 든다면 1980년대에 있었던 개혁측 교단의 분열도 비슷한 경우입니다. 교권주의자들에 의해 부패해가는 교회 현실을 묵과하지 못하고 분기하다가 결국 또 하나의 장로교 총회를 만드는 치욕을 감수하지 않으면 안 되었습니다. 이러한 모든 분열은 당시에는 교회를 바로잡아보고자, 또 더 이상의 부패를 막고 좀 더 성경적으로 살아보려는 도덕적인 이유로 일어난 분열이라 할 수 있습니다.

그러나 교회의 정화 운동이 분열을 정당화할 수 있느냐 하는 것은 다른 문제입니다. 칼빈의 견해를 인용하면 이해가 쉽습니다. 당시 극단적인 완전주의자(재세례파)들이 여기저기서 물의를 빚고 있었습니다. 그들은 교회에는 흠이 전혀 없어야 하고 성경 말씀대로 철저하게 살지 못하면 교회가 될 수 없다고 주장했습니다. 칼빈은 이 완전주의 단체들을 비판하면서 "교회 부조리를 대단히 대범하게 파헤치면서도 앞장서서 분열을 선동하는 자들에게서 찾아볼 수 있는 명분은 무엇인가? 그것은 자기

들 외의 사람들을 모두 경멸하면서 자신만이 우월하다는 것을 드러내 보이려는 것이다"라고 혹평했습니다. 재세례파가 교회 부조리를 지적하고 회개하라고 외치는 것이 잘못되었다는 말이 아니라 그것을 핑계 삼아 주의 몸 된 교회를 나누는 것까지 정당화하려는 교만한 태도를 비판한 것입니다. 성경적인 입장은 복음에 다소 부합하지 못하는 생활이 교회 안에 만연한다 해도 그것이 거짓 교회라거나 순수하지 못한 교회라고 단정하는 근거가 되지 못한다는 것입니다.

고린도 교회의 예를 들어봅시다. 그 교회는 사실 참 한심한 교회였습니다. 우상숭배가 만연하고 질서가 없었습니다. 영적으로는 은사 운동으로 몹시 저질화되었고, 심지어 아버지가 찾아가는 여자에게 아들까지 찾아가 몸을 더럽히는 음행 사건이 일어났습니다. 그리고 파벌이 생겨서 아볼로파, 바울파 하면서 서로 싸웠습니다. 더욱이 성만찬에 나와서는 예수님의 살과 피를 먹고 마시는 은혜 속에 성찬을 지키는 것이 아니라 배고픈 자들이 자기 허기를 채우는 도구로 이용하기까지 했습니다. 이런 교회야말로 얼마나 비난을 받아야 마땅하겠습니까?

그럼에도 이런 교회를 앞에 놓고 바울은 그들 역시 하나님의 교회라고 합니다. "그리스도 예수 안에서 거룩하여지고 성도라 부르심을 받은 자들"(고전 1:2)이라는 고귀한 칭호를 그들에게 붙여줍니다. 우리는 이런 바울의 태도에 깊이 주목해야 합니다.

칼빈의 말을 다시 한번 들어봅시다. 지상 교회에서 말씀의 선포와 성찬 그리고 세례식이 성경대로 시행되는 한 비록 다른 면에서 악덕이 드러나고 있다고 해도(원문에서는 "솟아나고 있다"는 의미입니다) 결코 공동체인 교회를 버려서는 안 된다고 그는 단호하게 선언합니다. 그리고 교리나 성례식을 집행하는 가운데 어떠한 잘못이 섞여 있을 수 있으나 그렇다고 해서 그런 과오를 이유로 교회의 사귐으로부터 멀어진다든지 분열해서는 안 됩니다.

바른 교회, 바른 생활이라 하는 개혁 정신이 성령께서 바라는 것이고 그 불이 꺼지지 않게 하려고 생명을 걸어야 하는 것이 마땅하지만, 그러한 정화 운동의 결과가 동일한 신앙을 고백한 교회 안에서 분열을 유발하는 원인이 된다면 그 운동의 명분이 분열 책임을 지지 않아도 될 만큼 정당화될 수는 없습니다. 이것은 시시비비의 문제가 아니라 신앙 양심의 문제라고 생각합니다.

교회 안에서 도덕적 타락이 보이고 말씀대로 살지 않는 자들이 생기면 우리는 어떻게 해야 합니까? 교인 일부가 말씀대로 살지 않고 도덕적으로 잘못되어 있다고 분리해서 나가야 합니까? 교파를 다시 만들어야 합니까? 저는 절대 그럴 수 없다고 확신합니다. 교회가 부분적으로 부패할 경우가 있습니다. 성 어거스틴은 이렇게 충고합니다. "할 수만 있다면 긍휼을 가지고 훈계하라. 그러나 그것도 할 수 없는 상황에서는 인내로 참으

라. 사랑으로써 이웃의 잘못을 슬퍼하고 탄식하라. 그러면 마침 내는 하나님이 그들을 벌하시며 바로잡으시며, 또 그것이 잘 안 되면 추수할 때 가라지를 뽑고 쭉정이를 가려내실 때까지 기다려야 한다." 우리는 어거스틴의 말 속에 담긴 겸손과 인내의 정신을 명심해야 합니다.

오늘까지 장로교는 이런 위대한 선배들이 가르쳐주고, 성경으로부터 배울 수 있는 이 진지한 교훈, 관용과 인내와 겸손과 눈물과 참회, 이런 태도를 자기 것으로 삼지 못하고 남을 비판하기에 바빴고, 내 눈에 있는 들보는 보지 못하고 남의 눈에 있는 지극히 작은 티 하나를 가지고 지금까지 많은 논란을 거듭해왔습니다.

(3) 정치적인 원인

다음으로 신앙이 동일하면서도 교회의 분열을 일으키는 두 번째 이유는 정치적인 부분에 있습니다. 흔히 말하는 교권 투쟁으로 빚어지는 현상입니다. 한국 장로교회의 분열은 80퍼센트가 정치적인 이유로 인해 일어났다고 해도 과언이 아닙니다. 여기에는 저주받을 지방색, 인간적 이해관계 등이 복잡하게 얽혀 나중에는 왜 그렇게 갈라졌는지, 왜 그렇게 적대시하고 미워하는지조차도 알 수 없을 만큼 추악한 모습을 드러내는 꼴이 되었습니다.

교권이 분열해 일어나는 가소로운 일 가운데 하나는 분열의 명분을 교회의 순수성에 호소한다는 것입니다. 다시 말해, 바른 진리를 보수하고 교회의 순수성을 유지하기 위해 분열할 수밖에 없었다는 그럴듯한 명분을 내세우는 것입니다. 그렇게 하려면 본의 아니게 다른 형제들을 교리적으로 잘못되었다고 비난하지 않을 수 없게 됩니다. 한때 한국 장로교단에 크게 유행했던 신복음주의라는 용어는 자기 입장을 변호하고 또 남을 질타하기 위해 사용되었던 일종의 신학적 무기였습니다. 냉정하게 생각해보면 칼빈주의니 개혁주의니 하는 말 자체도 각자 입장이 순수하다는 것을 증명하고 변호하기 위해 사용하는 용어에 지나지 않는 것입니다. 한국 장로교에 소속된 30개 이상의 교단 중에 칼빈주의 신학을 배경으로 하지 않는 교단이 어디 있습니까? 개혁주의 노선을 따르지 않는 교단이 있습니까? 보수가 아닌 교단이 있습니까? 한두 개를 빼놓고는 모두가 보수이고 개혁주의입니다.

그럼에도 교권주의자들은 자기만이 개혁주의 신앙을 가진 것처럼 강조하고 자신이 진정한 보수주의이고 칼빈주의라고 강조합니다. 그래서 다른 사람들은 준칼빈주의자 혹은 비칼빈주의자라고 낙인찍는 상황까지 생깁니다. 이럴 때 불쌍한 것은 평신도들입니다. 그들은 아무것도 모르고 있기 때문입니다.

도덕적인 이유로 분열되었든 정치적인 이유로 분열되었든

간에 일단 분열되면 양편은 서로 자기 교회가 순수하며 자기 교회만이 진리를 사수한다고 주장합니다. 대다수 평신도는 존경하는 지도자가 강단이나 사석에서 우리 교회는 진리를 사수하는 교단에 속했고 또 우리 교회만이 참 보수라고 하는 말을 종종 듣습니다. 이런 일종의 독선과 아집에 사로잡힌 지도를 받다 보면 다른 교단에 속한 교회 이름만 보아도 교회 같아 보이지 않고 마음을 열고 교제하려는 충동이 전혀 생기지 않습니다. 참으로 비극적인 일이 아닐 수 없습니다.

어느 모임에서 우리 교단이야말로 진리를 사수한다고 외치는 설교를 들은 일이 있습니다. 그는 한국 교회가 전부 다 부패해가고 있고 진리가 좌경화되어 가고 있다고 주장했습니다. 이런 현실에서 자기 교단은 진리를 방어해야 하고 그 진리를 사수하기 위해 끝까지 싸워야 한다고 역설했습니다. 하나님의 능력이 그 교단에 함께하신다고 확신 있게 선언했습니다.

그때 제 옆에 믿음이 좋아 보이는 어떤 중년 부인이 있었습니다. 그녀는 설교를 들으면서 계속 "아멘, 아멘" 했습니다. 내 눈에는 그 부인이 오히려 처량하고 불쌍해 보였습니다. 차라리 그 설교자가 정말 양심적이고, 한국 교회를 염려한다면 이렇게 교단끼리 서로 분열된 것을 가슴 아파하는 회개의 외침을 들려주면서 평신도들에게 이렇게 말했어야 합니다. "여러분, 지도자들이 잘못해서 이 꼴이 되었습니다만 여러분이야말로 교단

옥한흠, 일상을 말하다

이 비록 갈렸다 해도 다른 형제들을 눈엣가시로 여기지 말고 서로 사랑하고 위해야 합니다. 하나 되기 위해 기도하고 노력합시다." 만일 그가 이렇게 했다면 그 부인과 함께 저 역시 그 자리에서 "아멘"을 외쳤을 것입니다. 그러나 저는 동조할 수 없었습니다. 그 부인은 너무 순진하여 아무것도 모르고 있었습니다. 얼마나 많은 평신도가 지도자들의 일방적인 주장에 함께 물들어 독선으로 흐르는지 모릅니다. 한국 교회가 사분오열된 이유로는 이렇게 지도자의 그늘에서 겪은 아픔이 큽니다. 누가 과소평가할 수 있겠습니까?

저는 신앙의 바탕이 같으면서도 도덕적인 혹은 정치적인 이유로 일어난 분열을 정말 부끄럽게 생각합니다. 사실상 사분오열된 장로교 현실 앞에 고개를 들 자가 있겠습니까? 순진한 평신도들을 우롱한 책임에서 자유로운 지도자가 어디 있겠습니까? 너나 할 것 없이 우리는 모두 이 분열의 상처와 고통 앞에 죄인입니다.

교회 연합 운동의 명암

이제 교회 연합 운동에 대해 생각할 차례가 되었습니다. 연합 운동이란 분열된 교회를 하나로 묶으려는 노력을 의미합니다. 교리적인 순수성을 붙들고 있는, 다시 말해 신앙의 동질성을 가진 교회들끼리 화목하고, 나아가 하나의 틀 안에 다시 묶어보려는 움직임을 연합 운동이라 합니다. 이것이야말로 선교 제2세기를 맞은 한국 교회가 앞장서서 기도하고 노력해야 할 지상과제라고 생각합니다.

어떤 분들은 교회가 하나 되는 것은 꼭 제도상의 하나 됨을 뜻하지는 않는다고 말합니다. 그들의 의견을 정리해봅시다. 다시 말해, 이 교단 저 교단을 합하고 이 교파 저 교파를 합쳐 하나로 묶는 조직적인 일치를 의미하는 것은 아니라는 말입니다. 그러므로 정치적으로 교회를 통합하려는 시도는 오히려 교회가 지닌 영적인 통일성을 저해할 수 있습니다. 교단이 서로 나누어 있어도 본질적으로는 그리스도의 몸이고 하나입니다. 교파가 몇 개로 나누어져 있든지 간에 우리 신앙을 성경적인 입장에서 동일하게 고백한다면 그것은 근본적으로 하나라고 할 수 있습니다. 그런데 구태의연하게 억지로 하나 되려고 노력하는 것은 오히려 기본적인 교회 본질을 어떤 면에서 침해하는 모양이 됩니다. 교회가 나뉘고 교단 이름이 다르게 보여도 살아계신 예수 그리스도의 몸이 되어 있으므로 문제가 되지 않습니다.

여러분은 이런 견해에 무조건 동의할 수 있습니까? 저는 여기에 동의하지 못하는 이유를 밝히고자 합니다. 물론, 그와 같은 논리에 상당한 진리가 들어 있음을 부인하진 않습니다. 조직의 줄로 엮어놓았다고 해서 그것이 내적으로 하나가 된다고는 말할 수 없습니다. 모든 교회를 한 교단으로 합친다고 해서 영적인 통일성이 유지된다고 장담할 수도 없습니다. 또한, 교회가 연합했으니 교회가 순수하다고 보장할 만한 어떤 절대적인 조건도 없습니다.

교포사회에서 역사가 다른 두 교회가 너무 미약해서 하나로 합한 일이 있었습니다. 그러나 기껏해야 5년을 못 넘기고 또다시 갈라졌습니다. 이것은 무엇을 의미합니까? 형식상 묶어놓았다고 해서 그것이 하나라는 것을 보장하진 못한다는 뜻입니다. 교파 간에도 마찬가지입니다. 이런 의미에서 제도상의 연합 운동을 부정적으로 보는 자들의 주장이 상당한 설득력을 갖습니다.

그럼에도 교회 연합 운동이 영적 통일성을 해칠지 모른다는 견해에 동의할 수 없는 이유가 몇 가지 있습니다. 첫째로, 교회가 본질상 이미 하나이므로 교회나 교파가 많이 있더라도 크게 문제가 되지 않는다는 주장에는 어느 정도 분열을 정당화하려는 의도가 숨어 있습니다. 이것은 성령의 하나 되게 하심을 힘써 지키라고 하시는 주님의 명령(엡 4:3)을 고의로 어기는 행위입니다. 이것은 다발적인 분열로 멍이 들 대로 든 현실을 앞에 놓고 회개해야 하는 자들이 회개치 않으려는 또 하나의 죄를 더하는 것에 불과합니다.

분열은 범죄입니다. 지역 교회를 쪼개 나가든지 교파를 나누는 것은 죄악입니다. 그것은 도덕적인 이유에서든 정치적인 이유에서든 간에 그리스도의 몸을 나누고 성도의 교제를 단절하는 범죄행위입니다. 이것은 회개해야 할 죄입니다. 다시 하나 되려는 연합 운동으로 그 회개가 표현되어야 합니다. 말로 어물쩍 넘어가선 안 됩니다. 그러므로 연합 운동에 대해 우리에게 별로 필요하지 않다고 하거나 그 운동을 하려는 사람은 순진해서 그렇다는 식으로 비판하는 사람들에게는 성령의 음성을 거역하는 또 하나의 죄를 더하는 일이라고 분명히 말해두고 싶습니다.

둘째로, 분열의 비극을 묵과할 수 없는 중요한 이유가 하나 있습니다. 이것은 우리가 적극 연합 운동을 해야 하는 중요한 이유가 됩니다. 그것은 한국 교회가 지나친 사분오열로 교회의 순수성이 위협받게 되었다는 사실입니다. 앞에서 언급한 사도적인 교회, 성경적인 교회, 복음적인 교회라고 평가하는 이 교회의 순수성이 위협받고 있습니다.

어떠한 이유로 그렇게 되었을까요? 어느 시대에나 교권 쟁탈이 심해지면 교리가 혼란해집니다. 예를 들면, 장로교 간판을 붙인 모 교단을 봅시다. 개혁주의이자 칼빈주의 교단입니다. 말씀대로 살려는 사람들이 모여 있습니다. 하지만 그런 기질이 지나쳐 다소 독선적인 경향마저 띠고 있습니다. 그런데 너무나 놀라운 일은 이 교단이 노량진에 있는 모 교회 목사를 공공연히 옹호하고 나선다는 것입니다. 그 목사는 이단이 아니며 그가 맡은 교회도 잘못된 게 없다는 주장입니다. 거액을 들여 신문에다 큰 활자로 광고를 내면서까지 옹호합니다.

그렇다면 정말로 노량진에 있는 그 교회가 교리적으로 잘못이 없다는 말입니까? 우리는 이미 그 교회가 무엇이 잘못되었는지 잘 압니다. 그 교회는 기성교회를 혼란시키는 분열주의자들이며 비진리이고 이단입니다. 예수 그리스도의 구원 사역의 기초가 되는 에덴동산 사건을 사실로 받지 않는 자들이 어떻게 전통 진리를 가르친다고 할 수 있을까요? 그런데 그와 같은 교회를 이단이 아니고 진리라고 변호하는 이유가 어디 있을까요? 몇천 명 모이는 교회가 자기 교단에 들어와 있으니 그것을 놓치기 아까웠을까요? 교세를 확장하고 외부적으로 자기 교단이 크다는 인상을 주려면 그런 큰 교회가 필요했기 때문입니다. 교권이라는 이해관계에 빠지면 진리는 2차적인 문제가 됩니다. 교회가 교리적으로 순수한가 하는 부분은 관심 밖의 일이고 일단 정책상으로 교단 세력을 확장해야 한다고 생각하니 그렇게 기막힌 난센스를 빚어내는 것입니다. 아무것도 모르고 이런 교단에 소속된 평신도가 얼마나 불쌍한가를 생각해보십시오.

교회의 분열이 교리의 순수성을 위협하는 데는 신학교 난립에 따라 제대로 된 교수를 모셔오지 못하는 현상이 큰 몫을 차지합니다. 오늘날 한국 교회에 신학교가 몇 개인지조차 정확히 알 수 없는 상황입니다. 그러나 1년에 수천 명이 목사 안수를 받는 것은 잘 알려져 있습니다. 지난 1세기 동안 한국 교회는 일꾼을 제대로 키우지 못했습니다. 훌륭한 신학자들을 키우는 데 거의 투자하지 못했습니다. 모두 자기가 노력해서 자비로 공부했습니다. 한국 교회가 인재를 키우기 위해 재정을 투자한 적은 거의 없습니다. 있었다고 해도 극소수에 불과합니다. 이런 상황에서 신학교가 갑자기 난립하므로 교수가 부족할 수밖에 없었습니다. 자격 있는 교수가 많지도 않았고, 신중하게 검토도 하지 않고 필요에 따라 적당한 사람을 임명해 가르치라고 합니다. 더욱 기가 막힌 것은 자격 없는 학생들을 무작정 받아들였다는 사실입니다. 교수는 부족한데 학생들을 무작정 받아들인다면 어떤 현상이 벌어질까요? 진정한 신학 교육은 찾아볼 수 없게 됩니다. 신학 교육이 제자리를 찾지 못한다면 결국 교리적으로 혼탁해질 수밖에 없습니다. 다시 말해, 신학적인 방향 감각을 잃어버리는 비극이 일어납니다.

우리가 목사의 자격을 함부로 논한다는 것이 어색한 일이지만 일반적으로 무자격 목사들이 날로 많아지고 있다는 것은 누구나 우려하는 현실입니다. 이런 목사들이 많이 배출되어 강단에 서면서 요즈음에는 희한한 일이 많이 일어나고 있습니다. 괴상한 것을 하나님 말씀이라는 딱지를 붙여서 강단 위에 올려

놓기를 서슴지 않고 있습니다. 예수라는 이름만 붙이면 모두 다 진리인 줄 압니다. 얼마나 기가 막힌 현실입니까? 이런 현상은 무엇을 의미합니까? 교회 분열 탓에 복음의 순수성이 오염되고 있음을 말해줍니다. 둑은 한꺼번에 터지는 것이 아닙니다. 처음에는 조그마한 구멍에서 새기 시작합니다. 오늘날 교권주의자들이 계속 신학적으로 독선을 부리거나 타협을 허용한다면 언젠가는 교회의 순수성을 완전히 잃어버리는 무서운 결과를 가져올 것입니다.

건전한 교파가 있음을 부정하는 것이 아닙니다. 역사적으로도 하나님은 건전한 교파를 허용하셨습니다. 건전한 교파 운동을 적극 장려해야 한다고 생각합니다. 그러나 한집 안에 같이 있다가 서로 갈라져 나온 교단에 대해서는 우리 모두 깊이 반성해야 할 시점에 이른 것 같습니다. 그 어떠한 명분을 내세워도 떳떳할 수 없습니다. 그러므로 우리는 연합 운동을 통해 다시 성도의 교제를 회복해야 합니다. 이것이 하나님의 명령입니다. 교회의 머리 되신 주님이 간절히 소망하십니다. 여기에 순종하지 못하면 어떻게 우리가 기도할 수 있겠습니까?

베드로는 남편 된 자들이 자기 아내를 연약한 그릇으로 알고 귀히 여기지 아니하면 기도가 막힌다고 경고합니다(벧전 3:7). 불협화음이 일어나 마음이 갈리면 아무리 베드로와 같은 사도라도 기도가 막힐 수밖에 없습니다. 몸 된 교회의 형제들이 뚜렷한 성경적인 명분을 찾을 수 없는 이런저런 이유로 갈라졌다면 그들의 기도가 어떻게 하나님을 기쁘시게 할 수 있겠습니까? 그런 점에서 제 마음에는 항상 고통이 있습니다. 형제들이 하나 되는 일에 한마음이 되지 못하는 마당에 우리가 "주여, 할렐루야"라고 외친들 그 기도가 정말 하나님의 마음을 움직일 수 있겠습니까?

연합 운동의 기본 원리

마지막으로 연합 운동을 하는 데 있어 몇 가지 기본 원리를 생각해보겠습니다.

첫째는, 현존하는 교회나 교단을 상호 인정하고 존중하는 풍토부터 만들어야 합니다. 우리는 서로 갈라진 현실을 먼저 인정해야 합니다. 합하기 전에 인정하고 존중해야 합니다. 서로 마음을 열고 받아들여야 합니다. 적대적인 대립이나 배타적인 독선을 고집하면 성령을 거스리는 죄를 범합니다.

둘째는, 분열의 책임을 각자의 책임으로 받아들이는 자발적 회개 운동이 필요합니다. 이런 회개 운동이 없이는 교회 분열을 치유하는 길이 끝내 열리지 못합니다. 교회 연합 운동은 마음의 변화가 먼저 선행해야 합니다. 태도가 새로워지고 거짓

되지 않은 사랑에서 비롯된 진실한 말을 할 수 있을 때 비로소 하나 될 수 있습니다. 우리가 참된 회개를 할 수 있다면, 분열은 이제 부끄러운 낙인이 되고, 가소롭고 용서할 수 없으며, 하나님 뜻을 위배하는 일로 여길 것입니다. 또 복음을 배척하는 것으로 느낄 것입니다. 더 나아가서는 교회가 분열할 때 침묵으로 방관한 우리가 간접적인 동조자였다는 가책을 안고 하나님 앞에서 눈물을 흘릴 것입니다. 다시 말해, 그 분열을 막지 못한 것까지 불순종으로 여기고 회개합니다. 이런 운동이 선행된다면 교회 연합을 위해 하나님이 명령하시는 것이라면 무엇이든지 다 복종하는 사람이 됩니다.

셋째는, 교회의 하나 되는 표준을 예수 그리스도의 복음에 두어야 합니다. 이 복음이야말로 교회와 교회 사이를 한자리에 앉게 하는 공통 터전이요, 자기와 다른 교회를 평가하고 서로 하나 될 수 있음을 확인하는 기준이 됩니다. 연합의 표준이 자기 교회나 자기 교단이어서는 안 됩니다. 만일 표준을 내 교단, 내 교회에 둔다면 하나 되고자 노력할수록 분열이 더욱 조성되는 악순환을 면치 못합니다. 먼저, 자기 교회를 복음으로 시험해보아야 합니다. 그런 후에야 두 교회가 합해도 된다는 확신이 생길 것입니다.

넷째는, 하나님이 원하시는 교회상을 이상으로 두고 거기 일치하는 교회를 세워가려는 간절한 염원이 있어야 합니다. 어

느 교회든지 간에 분열의 상처를 안고 있다면 현실에 만족해서
는 안 됩니다. 아무리 부흥하고 놀라운 업적을 남긴다 해도 분
열의 과거를 가진 이상 그 교회 자체로 만족해서는 안 됩니다.
그것이 양심적인 교회, 순종하는 교회일 수는 없기 때문입니다.
하나님이 원하시는 이상적인 교회는 그리스도 안에서 하나 된
교회입니다. 이러한 이미지를 마음에 두고 겸손하게 최선을 다
해 노력해야 합니다.

다섯째는, 만남의 광장으로 다 함께 나와야 합니다. 교회
연합에서 어느 교회가 다른 교회 아래로 들어간다는 것은 있을
수 없습니다. 또 어느 교회가 이쪽으로 온다는 것 역시 가능하
지 않습니다. 양편에 있는 교회가 똑같이 한 방향으로 나와야
합니다. 쌍방이 모두 함께 만남의 광장으로 나아올 때 진정한
교회 연합 운동이 가능합니다. 다시 말하면, 예수 그리스도 앞
에 모든 교회가 나와야 하며, 그때 비로소 교회와 교회가 서로
마주 보고 나아가는 은혜로운 행진이 시작됩니다. '네가 나갔으
니 들어오라'는 식으로는 가능하지 않습니다. 나간 자는 누구이
고 남아 있는 자는 또 누구입니까?

결국 찢어진 것은 그리스도의 몸인데, 나는 찢지 않았는데
네가 찢었다고 말하는 게 무슨 소용입니까? 그 책임은 쌍방이
공동으로 져야 할 문제이지 '너는 오라. 나는 여기 있겠다'라는
자세는 있을 수 없습니다. 가끔 교단 안에 보면 '영입위원회'라

는 기구를 만들어 다른 형제들이 그 조그만 창구멍을 통해 들어오길 기다리고 있고, 그리로 들어오지 않으면 받아들이지 않는다는 행정절차를 내세우는 경우가 있습니다. 물론, 이것은 질서를 위해 필요합니다. 그러나 질서 유지 차원에서 끝나야지 연합운동이 그 좁은 창구로만 가능하다는 생각은 공동묘지에 갖다묻어버려야 합니다. 우리는 한 사람도 빠짐없이 거듭나야 합니다. 거듭난 새 피조물이 되어 서로 그리워하면서 만나기를 갈망하는 자세로 나아가야 합니다.

장로교회의 이 비극적인 분열 앞에서 제가 먼저 이 자리에 오신 평신도들에게 사과드립니다. 교회의 지도자로서 얼굴을 들 수 없는 부끄러움을 느낍니다. 이 분열을 통해 평신도들이 너무나 큰 영적 손해를 보았다는 것도 우리는 잘 압니다. 그러나 이제부터 과거를 돌아보지 말고 성령의 하나 되게 하심을 힘써 지키라는 주님의 명령을 앞세워 믿음이 같은 형제들끼리 서로 하나 되길 힘쓰고 서로 용납하고 용서하고 위해 기도하는 아름다운 성도의 교제가 무르익는 한국 교회가 되길 진심으로 축원합니다.

●1985년 5월, 사랑의교회

12

교회 집회,
슬기롭게 활용하기

교회는 성도의 교제

우리가 '교회 집회'라고 할 때는 교회를 중심으로 신자들이 한 자리에 앉는 대소(大小) 모임 전부를 통칭합니다. 신앙생활을 하면서 교회 집회와 어떠한 관계를 유지하느냐는 우리의 육적·영적 생활 전반에 영향을 끼칩니다. 그러므로 성경에서 교회 집회에 대해 살펴보고, 실제적인 면을 검토하고자 합니다.

교회가 처음으로 시작되던 초대교회 당시에 성도들이 어떻게 모였는가는 사도행전에 근거해 쉽게 찾아볼 수 있습니다. 첫

모임에는 120여 명이 모였으나 오순절 직후에는 금방 3천 명으로 급증했습니다(행 2:41). 예루살렘 교회는 양적으로 대단히 큰 교회였지만, 현대 교회와는 집회의 성격이 완전히 달랐습니다. 요새 3천 명 규모의 교회라면 집회에 성실하게 참석하는 수는 30퍼센트도 채 안 됩니다. 그러나 최초의 3천 명 교회는 그렇지 않았습니다. 사실 교인 수가 3천 명이라고 나와 있지만, 그것은 남성만 헤아린 것이므로 여성까지 합하면 그 수가 6천 명일지만 명일지 모를 일이었습니다. 이렇게 많은 사람이 예수를 믿고 돌아왔으니 함께 모이는 일이 굉장히 어수선했을 것 같고, 어떤 면에서는 질서를 잃기도 쉬웠습니다.

그러나 사도행전 2장 42~46절을 잘 보면, 깊이 새겨야 할 교훈이 있습니다. "그들이 사도의 가르침을 받아 서로 교제하고 떡을 떼며 오로지 기도하기를 힘쓰니라"라고 하였는데, 교제하는 것과 떡을 떼는 것과 기도에 힘쓰는 것은 성도들이 모이지 않으면 할 수 없는 일입니다. 혼자서도 할 수 있는 기도까지 그들은 모여 했습니다. 사도행전 전체를 통해 '개인 기도'의 사례를 찾기가 쉽지 않은데, 이는 대단히 큰 의미가 있습니다. 첫 장부터 그들은 한자리에 모여 합심해서 기도에 힘쓰는 습관을 지닌 자들이었습니다.

가르침을 받는 것도 모여서 하는 단체 행동입니다. 서로 교제하는 것도, 떡을 떼는 것도 단체로 합니다. 여기서 떡을 떼는 것을 성찬식으로만 한정할 필요는 없습니다. 대부분 학자는 성찬식은 물론이고 가정에 돌아가 식탁에 둘러앉아 성도가 함께 나누는 식사까지 포함된다고 여깁니다. 이처럼 교회가 본격적으로 출발하자마자 성도들은 모이는 일을 대단히 활발하게 실천했음을 알 수 있습니다.

계속 보겠습니다. "또 재산과 소유를 팔아 각 사람의 필요를 따라 나눠 주며 날마다 마음을 같이하여 성전에 모이기를 힘〔썼다〕"라고 씁니다. 집에서 떡을 떼고, 성전에 모이고, 기쁨과 순전한 마음으로 음식을 먹고, 하나님을 찬미하는 이 모든 것은 혼자 하는 일이 아닙니다. 두말할 것 없이 전 교인이 함께 모여했거나 아니면 흩어져 몇 가정끼리 모였을 것입니다.

이와 같은 성도들의 모임을 한 마디로 '성도의 교제'라고 할 수 있습니다. 모임이나 교제라는 말 자체에는 큰 차이가 없습니다. 모임이 형식을 강조한다면 교제는 본질을 나타낸다는 것이 특징입니다. 우리가 교회를 정의할 때 택함받은 하나님의 자녀 혹은 그런 사람들의 모임이라고 정의합니다. 그런데 요즈음에는 신학자들이 모임보다는 교제라는 용어를 더 많이 사용합니다. 그래서 교회를 성도의 교제라고 정의하는 학자들도 있을 정도입니다. 이 정의가 전적으로 잘못된 게 아니라는 것은 사도행전 2장을 보면 쉽게 알 수 있습니다.

2장 본문에 예배라는 말이 나오지 않는 것에 주의해야 합니다. 그들의 모임을 예배라는 어떤 형식적이고 의식적인 틀 안에 묶어 놓기보다 오히려 말씀의 가르침을 받고 교제하고 떡을 떼며 기도하기를 힘쓰는 생동감 넘치는 형태로 표현한 것은, 교회란 곧 성도의 교제를 의미한다는 사실을 잘 나타냅니다.

교회가 모이기를 힘쓰는 이유

요한일서 1장 3절을 보면 중요한 말씀이 나옵니다. "우리가 보고 들은 바를 너희에게도 전함은 너희로 우리와 사귐이 있게 하려 함이니 우리의 사귐은 아버지와 그의 아들 예수 그리스도와 더불어 누림이라." 여기서 '너희'는 교회를 의미합니다. 요한이 아시아에 있는 교회에 요한일서를 써서 보낸 것은 믿지 않는 사람들을 전도하려는 것이 아니라 믿는 교인들에게 무엇인가를 교훈하기 위해서였습니다. 그러면 무엇을 위해 이 서신을 보냈을까요?

그것은 사귐, 즉 교제가 있게 하기 위해서였습니다. 이 교제는 하나님과 성도 사이의 교제, 그리고 성도와 성도 간의 교제를 말하는데, 이 두 가지 교제를 더해 교회 안에서의 예배, 성도들의 모임, 더 나아가 교회라고 합니다. 하나님과의 교제가 되고 성도들과 교제가 되는 곳, 이곳이 교회입니다. 그리고 이 교제는 성도의 모임이 있는 자리에서 가능한 것입니다. 교회에서 설교하는 목적은 이 교제를 원만하게 하기 위해서입니다. 우리가 말씀으로 상고하는 이유도 하나님과 나와의 교제가 원만히 되고 나와 다른 성도 사이에 영적 생명의 교제도 이루어지게 하기 위해서입니다. 그러므로 이 교제가 잘되려면 우선 성도들이 부지런히 모여야 합니다.

교회는 본질상 성도가 모이는 것을 굉장히 중요시합니다. 그리고 그 모임이 교제의 성격을 가지고 모일 때마다 큰 위로와 기쁨을 체험합니다. 만일 성도들이 한자리에 모여 기쁨을 맛보고 힘을 얻고 아픈 상처가 고침받는 일을 경험하지 못하고 있다면 그것이 예배든지 성경 공부든지 간에 그 모임은 생명력을 잃었다고 해야 합니다.

초대교회 모임을 보면 정기모임과 비정기모임을 구별하기 어렵습니다. 교회사를 보면 주후 2세기로 접어들면서 정기 집회를 제도화했습니다. 그들은 일, 수, 금, 토, 이렇게 주중에 4번 모였습니다. 그들이 주일에 모인 이유는 요사이 우리가 모이는 이유와 같았습니다. 주일은 예수 그리스도가 부활하신 날이요, 주님이 제자들을 찾아와 애찬을 나누시던 날이요, 오순절에 성령이 임하신 날이었습니다. 그래서 주일은 성도들에게 대단히 중요합니다. 당시 그들은 주일을 지킴으로써 유대교를 믿는 구약 성도들과 자신을 구별했습니다.

그들이 토요일을 지킨 것은 처음 예수 믿는 사람 중에 많은 수가 유대인이어서 전통적으로 지켜오던 안식일을 갑자기 폐할 수 없었다는 데 이유가 있었습니다. 사도들까지도 토요일과 주일을 병용해 지키고 있었습니다.

그다음 수요일과 금요일은 예수님의 고난과 죽음을 기념하기 위해 모인 날이었는데 정오까지 금식하면서 죄를 고백하는 공중 기도회를 했고, 그다음에는 가난한 자와 어려움 당한 자를 위한 기도회를 열었으며, 그다음에는 가난한 자와 어려움을 당한 자를 찾아 위로하는 일을 주로 했습니다. 이상과 같이 초대교회에서는 7일 중 나흘을 정기적으로 모였습니다.

세월이 흐르면서 안식일을 지키는 관습은 점점 없어졌지만, 그 외에 정기집회와 비정기적으로 모이는 대소 집회는 활발하게 열렸습니다. 초대교회의 다양한 집회에 관한 열심은 교회의 생명이 성도들의 집회와 얼마나 절대적인 관계가 있었는지를 웅변적으로 교훈하는 예가 됩니다.

볼테르는 왕에게 기독교를 없애려면 성경을 태우는 것만으로 안 되고 그들이 모이지 못하도록 주일을 폐지하는 것이 상책이라고 충언한 일이 있습니다. 성경은 불에 태우면 잿속에서 다시 생기고, 무덤에 갖다 묻으면 되살아나니 사람의 힘으로는 세상에서 성경을 쓸어버릴 수가 없다는 것입니다. 예수 믿는 사람도 마찬가지로 목을 베면 오히려 신자가 늘어나니 기독교를 말살하는 가장 바람직한 방법은 성도들이 공적으로 모이는 주일을 아예 폐지해버리는 것이 좋은 방법이라는 것이었습니다. 사실 성도가 모이지 못한다면 기독교가 없어질 확률은 대단히 큽니다. 그 예로 북한에는 주일이 없는데, 이것으로 공산주의자들은 성도들이 모일 만한 시간과 기회를 완전히 말살해버렸습니다. 이렇게 되면 기독교가 형식적으로라도 존재할 수 없게 됩니다. 이것은 성경적으로도 증명되는 사실입니다. 모임이 완전히 차단되면 교회 자체의 생명이 위협받는 것은 물론이고 뿔뿔이 흩어진 개인의 신앙마저 유지할 수 없게 됩니다. 기독교 2천 년사를 통해 성도들이 어떤 핍박 속에서도 모이는 것만은 양보하지 않고 끝까지 유지하려고 했던 것을 자주 보는데, 이는 교회 집회가 기독교의 생존 자체에 영향을 미치기 때문이었습니다.

모임과 전도는 구원받은 성도의 당연한 생활이었다

지금은 중국이 많이 개방되었지만, 6~7년 전만 해도 교회 집회는 지하에서만 명맥을 유지하고 있었습니다. 몇 년 전 외국 잡지에 소개된 기사를 보니 신자들이 5~10여 명씩 집에서 주기적으로 비밀리에 모이는데 밖에는 두세 사람이 감시하고 있었습니다. 이렇게 목숨을 내어놓고 모임을 유지하려는 이유가 어디 있습니까? 모이는 것을 등한히 한다든지 포기해버리면 그때는 교회 자체의 생명이 위협받기 때문입니다. 그만큼 모이는 것이 우리에게는 생명처럼 중요합니다.

한 가지 더 생각해볼 것은 왜 성경에는 열심히 모이라는 교훈이 많지 않은가 하는 문제입니다. 히브리서 10장 24~25절에서만 부지런히 모임에 참석할 것을 권고합니다. "서로 돌아보아 사랑과 선행을 격려하며 모이기를 폐하는 어떤 사람들의 습관과 같이 하지 말고 오직 권하여 그날이 가까움을 볼수록 더욱 그리하자." 이 말씀 외에는 성경의 어느 곳에서도 모임 참석을 권하는 말이 나오지 않습니다. 그러나 부인할 수 없는 분명한 사실 하나는 이러한 명령이 없음에도 성경 페이지마다 부지런히 모이는 성도들 이야기로 가득하다는 것입니다. 명령은 적지만 생활은 가득하며, 말은 없지만 행동은 활발합니다.

전도도 마찬가지입니다. 평신도에게 전도하라고 명하거나 권면하는 본문은 성경에서 찾기 어렵습니다. "너는 말씀을 전파하라 때를 얻든지 못 얻든지 항상 힘쓰라"(딤후 4:2)라는 말씀도 목회자 디모데에게 열심히 설교할 것과 또 말씀을 가르치라는 선배 바울의 충고로 기록된 것입니다. 그렇지만 신약 전체는 전도하는 행동, 전도하는 생활로 가득한 것을 우리는 봅니다.

어떤 사람들은 이렇게 주장합니다. "성경에 주일마다 모이라고 하거나 또 수요 예배에 참석하라고 압박하는 말씀이 어디 있습니까? 또 구역에 와서 성경 공부하라는 본문이 어디 있습니까?" 듣기에 매우 그럴듯합니다. 그러나 이것은 성령이 누구시며 무엇을 하는 분인가를 모르는 데서 나오는 유치한 궤변에 지나지 않습니다. 한번 생각해보십시오. 성경이 명령하지 않는다고 해서 모이는 것을 등한히 하거나 그만둔다면 어떤 결과가 나올까요? 성경이 평신도에게 전도하라는 명령을 하지 않았다고 해서, 전도를 마치 소명받은 소수를 위한 달란트처럼 여기고 식구들에게도 예수 믿으라는 말 한마디 하지 않는다면 그 결과는 어떻게 되겠습니까? 과연 교회가 살아남을 수 있고 기독교가 모든 민족을 제자 삼으라고 하신 주님의 명령에 복종할 수 있겠습니까? 그러므로 명령이 희소하다는 것을 전도하지 않는 생활, 모이기를 등한히 하는 생활에 대한 핑계로 내세울 수 없습니다. 어떤 의미에서 말 없는 명령이나 요구, 그것이 더 강한 구속력을 갖습니다.

사도행전 2장을 보면 초대교회 성도들은 성령으로 충만하자마자 명령이나 강요를 받지 않았는데도 성도와의 교제와 예수를 증거하는 데 기쁨으로 참여했습니다. 사실 성도의 생활 중에 교제와 전도를 빼면 나머지는 전부 다 부수적이라 해도 과언이 아닙니다. 심지어 사도행전에 나온 교회에서는 예수 그리스도를 증거하는 것과 성도들이 열심히 모여 교제하는 것 외에는 별 특징이 없어 보입니다. 명령 없어도 그들은 부지런히 모였습니다. 그들에게는 성령께서 주시는 내적 충동이 있었습니다. 예수 안에서 새 피조물이 된 사람이면 전도와 모임은 누구나 느끼는 본능적인 욕구입니다. 어린아이가 태어나면 시키지 않는데도 젖을 빠는 것처럼 본능적인 것이며, 거듭난 사람이면 누구에게나 자연스럽게 기대하는 일입니다. 새로 태어난 자로서 하나님의 새 생명을 소유한 이상 그는 거의 자동으로 모이기를 기뻐하며 성도와의 교제를 사모합니다. 그리고 그 속에서 하나님이 주시는 은혜를 누리고 싶어 합니다. 명령이 없는 대신에 성도의 모임과 사랑의 교제가 마치 화원에 만발한 장미와 같이 가득하고, 거기서 나타나는 놀라운 은혜와 이적 이야기가 아름답게 묘사된 곳이 신약성경이라 할 수 있습니다.

요사이 교인 중에는 신앙생활을 하면서도 교회와는 직접적인 관계 맺기를 기피하는 사람들이 가끔 있습니다. 지정된 교회에 등록하고 그 교회의 지도를 받으면서 신앙생활 하는 것을 원하지 않는 것입니다. 이런 유형의 신자를 두고 중생받지 못한 명목적인 신자라고 단정한다면 지나친 말일까요? 만일 그들이 성령으로 태어나는 새 생명을 받았고, 그리스도 안에서 새 생활을 시작했다면 몸의 지체가 가지는 유기적인 교제를 무시할 수 없습니다.

주님은 교회를 당신의 몸이라고 지칭하셨습니다. 몸의 각마디는 서로 떨어져 있으면 살아남지 못합니다. 누구든지 일단 예수를 믿으면 자연스럽게 교회를 중시하게 되고 성도의 모임을 사모합니다. 이것은 새 생명의 충동입니다. 그러므로 예수를 몇 년 믿었다고 하면서 교회와 관계를 일절 맺지 않고 집에서 혼자 기도하고 성경 공부하면서 신앙생활을 하겠다는 사람은 건전하다고 할 수 없습니다. 교회에 나가는 대신 마음이 맞는 사람들끼리 모여 성경 공부하고 교제 나누는 것으로 만족하고, 골치 아프게 기성교회와 관계를 맺을 필요가 없다고 생각하는 사람을 성경대로 사는 성도라고 하기는 어렵습니다. 그리고 더 한심한 사람들은 나비같이 이 교회 저 교회를 유람하면서 설교를 즐기는 것으로 신앙생활을 한다고 착각하는 부류의 신자들입니다. 성경 어디에서 이런 이미지를 찾을 수 있습니까? 어딘가 크게 잘못되어 있는 것이 틀림없습니다.

혼자서는 건전한 신앙을 유지할 수 없다

교회 집회를 책임 있는 교제요, 의무로 여기고 충성하지 못한다면 자기 신앙의 순수성을 점검해보아야 합니다. 교회는 주님의 몸이기에 성도의 모임은 지체로서 도움을 주고받고 상호사역에 해당함을 잊어서는 안 됩니다. 우리 가운데 아무도 부인할 수 없는 진리 하나는, 성도 개인적으로는 홀로 건전한 신앙을 유지할 수 없다는 사실입니다. 이것은 역사가 증명합니다. 물론, 구원은 개인이 예수를 믿음으로 선물로 받으므로 독자적입니다. 그러나 신앙생활과 영적 성장은 혼자서 하는 일이 아닙니다. 만일 혼자서 신앙을 지탱해야만 한다면 얼마 가지 않아 그 신앙은 병들게 됩니다.

우리는 다 함께 하나님의 양자가 된 사람들입니다. 그러므로 함께 모여야 하고 함께 만나야 하고 함께 생명의 교제를 나누어야 합니다. 이것이 하나님이 기뻐하시는 성도의 생활입니다.

이 영적 교제를 무시하는 개인주의는 무슨 구실로도 정당화될 수 없습니다. 성경에 보면 하나님께서는 우리에게 두 종류의 은혜를 약속하셨습니다. 하나는 혼자서 받는 은혜요, 다른 하나는 여럿이 함께 받는 은혜입니다. "두세 사람이 내 이름으로 모인 곳에는 나도 그들 중에 있느니라"(마 18:20). 혼자 골방에서 아무리 몸부림쳐도 이 말씀이 약속하는 은혜를 체험할 수는 없습니다. 두세 사람의 성도가 모인 아름다운 교제의 자리에서만 이와 같은 예수 그리스도의 임재를 체험할 수 있고 충만함을 맛볼 수 있습니다. 물론, 골방에서 하나님 앞에 간절히 매달릴 때 주시는 기도 응답도 있지만, 두세 사람이 땅에서 합심해서 예수의 이름으로 구할 때 얻는 기도의 응답과는 다릅니다. 이것은 혼자서 받을 수 없는 은혜입니다. 성도가 함께 모여 하나님 앞에 찬양과 감사로 예배드리면서 받는 은혜는 혼자 찬송하며 예배드릴 때 받는 은혜와 다릅니다. 로이드 존스는 이런 말을 했습니다. "집회를 한 시간이라도 빠지면 나는 굉장히 겁이 납니다. 내가 결석한 그 시간에 하나님께서 특별한 은혜를 주셨다면 나는 그 은혜에서 제외된 사람이 되기 때문입니다. 하나님 앞에 다시 매달리더라도 그 시간에 허락하셨던 은혜를 다시 주지 않으시기에 함께 모이는 시간을 결코 등한히 할 수 없습니다."

과거를 돌아보면 기독교 역사를 흔들어놓는 큰 사건은 거의 모두 성도가 모인 공집회에서—몇 사람이 모였든지 간에— 체험한 은혜를 통해 비롯되었습니다. 그러므로 만일 우리가 성도의 모임을 등한히 하고 집회에 잘 참석하지 않는다면 그런 시간에 주시기로 준비한 하나님의 풍성한 은혜를 놓칠 수 있습니다.

우리가 이 자리에서 잠깐 짚고 넘어가야 할 문제가 있습니다. 개인적인 신앙생활과 모임을 통한 공적 신앙생활 중 무엇이 우선일까요? 두말할 것 없이 공적 신앙생활이 앞선다고 생각합니다. 예수님이 우리를 부르실 때 그는 우리를 교회로 초대하셨습니다. 그러므로 교회라는 공동체에서 신앙의 도움을 충분히 받은 사람이어야 개인의 영적 생활이 건강하게 유지될 수 있습니다. 모이는 교회가 먼저 있을 때 흩어지는 교회가 존재하는 것입니다.

우리가 교회에서 은혜를 받고 돌아가지 못하면 개인 신앙생활에서 자주 좌절을 맛보는데, 이것은 전혀 이상한 것이 아닙니다. 다시 말하면, 모임을 등한히 하더라도 혼자서 받는 은혜가 있다고 이론적으로 주장할 수는 있겠지만 실제적으로는 그렇지 않다는 것을 경험적으로 잘 압니다. 교회 집회를 과소평가하는 사람치고 똑똑한 믿음을 가진 사람을 보았습니까? 교회 집회가 주는 은혜가 없으면 개인의 골방에도 은혜가 있을 수 없음을 명심하는 것이 좋겠습니다. 교회 집회를 등한히 하는 자가 성숙한 신앙인이 되는 경우를 본 일이 있습니까? 저는 그런 일이 전혀 없다고 자신 있게 말할 수 있습니다.

믿음 좋은 신앙인을 보면 어떤 환경에서든지 예배시간만큼은 지키려고 애쓸 뿐 아니라 가능하면 한 번이라도 더 참석하려고 최선을 다합니다. 이것이 정상적인 그리스도인의 삶이라고 생각합니다. 그러므로 우리가 성숙한 신앙인으로 능력 있게 살길 원한다면 교회 모임에 더욱 열심을 내야 합니다.

기독교의 생명이 성도의 모임을 통해 체험되는 교제에 달렸으므로 어느 교회든지 집회가 활발하지 못하면 곧 병들어버립니다. 그런 교회는 분위기가 매우 냉랭합니다. 이런 교회는 주보만 보아도 금방 알 수 있습니다. 주일 낮 예배만 두드러지고 다른 집회는 형식에 지나지 않는 것 같습니다. 주중에 모이는 프로그램이 빈약하여 성도의 교제가 제대로 형성될 만한 여건을 갖추지 못합니다. 그런 교회에서는 강한 생명력을 느끼기가 어렵고 우리 자신이 뜨겁게 녹는 은혜를 체험할 수도 없습니다. 이런 교회는 정말 불행합니다. 이것만 보더라도 집회와 개인의 신앙생활 그리고 교회 집회와 교회의 영적 건강이 얼마나 밀접한 관계인지를 알 수 있습니다.

교회 집회, 균형 있는 생활을 위하여

다음으로, 현대 교회가 안고 있는 집회의 문제점을 잠깐 검토해보고자 합니다. 한국 교회는 감사하게도 잘 모이는 교회로 전 세계에 알려졌습니다. 한 번에 100만 이상의 성도가 회집한 예는 기독교 역사상 여의도가 유일했습니다. 외관상으로는 큰 문제가 없어 보입니다. 그러나 교회 안을 들여다보면 우려할 만한 일이 없지 않습니다.

먼저는, 교회가 지나치게 많은 집회를 열어 교인들에게 큰 부담을 안겨주는 경향이 있습니다. 그 결과 신앙생활을 기쁘게 하지 못하고 빨리 지치고, 일상생활과 교회 생활 사이에서 균형을 잡지 못해 가정에 문제가 발생하는 것을 자주 봅니다. 교회를 나와야 할 횟수가 너무 잦아 일상의 균형이 무너지는 폐단이 일어납니다. 거의 매일 교회에서 크고 작은 모임이 있고, 한 번 참석하면 적어도 3~4시간씩 보내는 경우가 허다합니다. 그 결

옥한흠, 일상을 말하다

과 집안에 믿지 않는 식구가 있거나 손이 필요한 자녀나 부모님이 계시면 반드시 난관에 부딪힙니다. 물론, 어떤 교인은 교회에 자주 나오더라도 가정일에 지장이 없도록 잘합니다. 그런 사람에게는 자주 모이는 일을 더 권장합니다. 그러나 약한 믿음을 가진 대다수 교인을 생각하지 않을 수 없습니다. 그들의 남편들은 자기 부인이 교회에 미쳐 도무지 집안 살림을 하지 않기 때문에 이 문제가 시정되지 않는 한 절대로 예수 믿지 않겠다는 말을 입버릇처럼 하고 다닙니다. 이런 현상은 바람직하지 못하며, 나중에 전도의 기회마저 막는 결과를 가져오고 동시에 하나님 영광까지 막는 비극적인 사태를 낳습니다.

중고등부 생활을 할 때 학생들이 신앙생활에 재미를 붙이면 교회에 푹 빠져 지냅니다. 그래서 주보 만들고 성가 연습하고 갖가지 행사를 계획하고 준비하느라 거의 1년 내내 교회에서 살다시피 할 때도 있습니다. 교회에서는 이런 학생들을 신앙 좋은 아이로 인정해 더 많이 요구합니다. 결국, 그들은 학업을 등한히 하기 쉽고 사회적으로 낙오자가 되는 예도 적지 않습니다. 부모가 교회는 주일과 토요일에만 나가고, 그 외에는 집에서 공부하라는 엄명을 내려 철저하게 공부시킨 아이들은 오히려 신앙도 좋고 공부도 잘해서 10, 20년이 지난 오늘날 사회에서 사람 구실을 제대로 하는 자들이 많은데, 교회에 미쳐 절제 없이 생활한 아이들은 학업 수준이 뒤떨어져 입시에서 쓴잔을 마시고 일생 그 손해를 보상받지 못하는 경우를 자주 봅니다. 그러므로 교회에서는 집회와 일상생활을 균형 있게 유지하도록 지도해야 합니다. 이런 지도를 잘못하면 학생들의 장래를 크게 망칠 수도 있습니다. 이와 비슷한 실수는 어른들 세계에서도 흔히 볼 수 있습니다. 교회가 집회를 너무 자주 열고 부담을 주면 기본적인 사회생활에도 적응을 잘하지 못하는 폐단이 일어납니다. 하나님의 자녀에게는 성(聖)과 속(俗)이 이원화될 수 없습니다. 모든 삶이 하나님을 영화롭게 하는 것이어야 합니다.

그렇다면 교회가 모임은 어느 정도로 유지하는 것이 가장 바람직할까요? 이 질문에 대한 명쾌한 답은 없습니다. 모임 빈도라든지 열정, 개인적 여건이 전부 다르기 때문입니다. 신앙 수준에 따라 모이는 횟수도 달라질 수 있고, 또 사람 형편에 따라서도 변화무쌍합니다. 집안 살림에 지장받지 않고 또 남편과의 관계에서도 별 충돌 없이 자녀교육도 원만하게 잘하면서 동시에 교회에도 부지런히 나와 교제하는 자들도 많습니다. 모든 교인이 이 정도 수준이라면 교회 집회의 횟수가 하등 문제가 안 됩니다. 오히려 자주 모일수록 더 유익이 클 것입니다.

그러나 아무리 신앙이 훌륭하다거나 모일 여건이 좋더라도 기본 생활이 무너질 정도로 교회 모임에만 미쳐서는 안 됩니다. 이렇게 하는 것은 하나님도 원하지 않으십니다. 특히 중고등부에서는 학생들을 지나치게 교회 모임에 동원하는 일이 없어야 합니다. 학생들 각자의 학교생활이 어느 정도로 되어 가는지 잘 살펴 적정선을 유지하게 하는 것이 바람직합니다.

이것과 반대되는 문제점이 하나 있습니다. 어떤 교회는 주일 낮에 한 번 모이는 것으로 만족합니다. 심지어 강단에서 목사가 이렇게 말하기도 합니다. "여러분, 이렇게 복잡하고 바쁜 세상에서 주일 낮에 한 번 나오는 것도 얼마나 믿음이 좋아야 하는지 모릅니다. 여러분이 여기 나온 것만 해도 믿음의 증거입니다. 그러니 지금 하나님과 깊이 교제하면서 위로를 받고 돌아가셔서 일주일간 열심히 생활하다가 다음 주일에 또 뵙길 바랍니다." 이런 지도자를 현대적인 감각을 가진 신사적인 목사라고 칭찬하고, 그러한 교회는 인기를 끕니다.

주일에 한 번 나오는 것으로 모든 집회가 다 완전하게 마무리되는 것처럼 가르치는 교회, 이것도 잘못이라고 생각합니다. 성경을 보면 아무리 바쁘고 어려워도 그렇게 해서는 안 된다고 가르칩니다. 그런 교회에 출석하는 교인을 살펴보면 두 가지 유형으로 나뉘는데 하나는 교회를 다니긴 하지만 사회생활은 거의 세속화된 사람입니다. 주일 날 예배 참석을 빼고는 신자로서 뚜렷한 짠맛을 내지 못하는 사람들입니다. 이렇게 될 경우, 과연 그들이 자기 몸을 산 제사로 주님께 헌신할 수 있을까요? 시간은 우리 것이 아닙니다. 하나님이 맡기셨고 우리는 잘 관리해야 하는 청지기에 지나지 않습니다.

또 다른 유형은 마음에 갈증이 생겨 어디든 좋은 모임이 있다는 소문을 들으면 분별하지 않고 찾아가는 사람들입니다. 열심도 있고 시간은 있는데 교회가 적절한 모임을 마련하지 않아 일어나는 현상입니다. 이런 교인들은 잘못하면 이단 종파에 빠질 위험이 많습니다. 어느 교회에서는 정기집회 외에는 성도가 교제할 만한 모임이 별로 없어 열심이 많은 자들은 주중에 베뢰아 선교회관으로 몰려간다고 들었습니다. 대단히 우려되는 상황입니다. 베뢰아는 근본적으로 잘못된 귀신론을 주장하는데 기독교 진리를 무속적인 샤머니즘과 혼합시킨 교리입니다.

교회 집회에 열심히 참석할 수 있게 기회를 만들어주지 않으면 일부 교인들이 잘못된 곳으로 쉽게 유혹을 받을 수 있음을 명심해야 합니다. 신학박사 학위를 가진 사람이 있으면 성경을 공부하겠다고 부인들이 그룹으로 모이는 일도 왕왕 일어나는데 그것도 그렇게 바람직한 일은 아닙니다. 교인은 어디까지나 교회의 지도로 모이고 양육받는 것이 최선입니다. 자기 자녀를 남의 부모 품에 맡겨 키우기를 좋아할 어머니가 어디 있겠습니까? 그러므로 교회 집회에 너무 지나치게 모이길 강요하는 것도 교인들에게 짐이 되고, 지나치게 등한히 하는 것도 병이 됩니다. 우리는 양극단을 지혜롭게 피해야 합니다.

그러면 바람직한 집회 수는 어느 정도가 적당할까요? 한국 교회의 사정이나 개인의 신앙 수준에 따라 좌우되기는 하지만

옥한흠, 일상을 말하다

일반적으로 초신자는 최소한 주 3회 정도는 집회에 참석할 수 있어야 합니다. 예수 믿기 시작하면서 집회에 나오는 습관을 잘 길러야 믿음 성장에 지장을 받지 않습니다. 주일 낮 예배는 물론이고 저녁 예배까지도 한 번 정도는 나오는 것이 바람직합니다. 그다음에 구역예배나 아니면 교회에서 새 신자를 위해 마련한 프로그램에 들어오도록 적극 권유할 필요가 있습니다. 새 형제를 인도한 다음, 낮 예배에만 빠지지 않고 출석하고 저녁 예배나 그 외 집회는 믿음이 자라는 대로 차차 나와도 된다고 가르친다면 예배에 나올 만큼 믿음이 자라기도 전에 좋지 못한 교회 출석 습관이 더 빨리 자리 잡게 됩니다. 처음부터 잘못 든 버릇은 고치기 어렵습니다. 집회 출석은 습관으로 만들어야 힘이 들지 않기 때문에 처음 교회로 인도한 시간부터 저녁 집회까지 참석하도록 도와주는 것이 좋습니다.

다음으로 기성 신자를 생각해봅시다. 일반적인 수준에서 신앙생활을 제대로 하는 신자라면 적어도 일주일에 4회 정도는 모임에 나와야 한다고 생각합니다. 주일 오전과 오후 예배와 수요일 그리고 정기적으로 모이는 소모임 등 네 번 정도면 최소한의 집회 출석이 됩니다.

그러면 적극 헌신하려는 교인이라면? 그들에게 집회 수를 제한할 필요는 없습니다. 정기집회든 비정기집회든 간에 바라는 만큼 참여하도록 기회를 줍니다. 사랑의교회에서 봉사하는 순장의 경우를 예로 들어봅시다. 주일 낮, 주일 저녁, 그다음에 수요일 저녁은 꼭 나옵니다. 성경으로 다른 사람을 가르치면서 자신이 빠지면 덕이 되지 않으므로 나오도록 합니다. 그리고 순장 교육을 받는 시간에 참석합니다. 다음으로 다락방 모임에 나가서 인도하고 철야 기도회에도 자주 참석합니다. 이 정도만 해도 벌써 5회 이상입니다. 여기에는 다락방 순원을 개별 심방하거나 그들 요청에 따라 별도 모임을 갖는 경우는 들어 있지 않습니다.

교회가 지속적인 생명력을 유지하면서 발전하려면 전 교인의 20~30퍼센트 정도는 좀 지나칠 정도로 열심히 모이는 핵심 멤버가 되어야 합니다. 물론, 이 말은 그들이 가정생활에서도 모범이 된다는 전제로 하는 이야기입니다.

집회와 관련된 몇 가지 원칙

결론적으로, 교회 입장에서 집회와 관계된 몇 가지 원칙을 제시하겠습니다.

첫째, 집회는 교회의 본질적인 요소이므로 중요하게 다루어야 합니다. 교회 지도자이나 평신도 리더는 이 점을 늘 인식해야 합니다. 교인들이 모이기 싫어한다고 해서 집회를 등한히 하거나 양보하면 안 됩니다. 모이기를 사모하고 부지런히 모이기를 힘쓰지 아니하면 교회 기능의 상당수가 마비될 가능성이 큽니다. 그러므로 교회는 집회를 중요한 주제로 삼고 다루어야 하며, 이것은 목회자의 중대한 사명이기도 합니다.

둘째, 교회 집회의 결정권을 평신도에 맡기지 말고 교역자가 주관해야 합니다. 교역자가 필요하다고 할 때 교인들은 언제나 순종하도록 훈련되어 있어야 합니다. 교인의 협조나 찬성 여하에 따라 모임이 좌우되면 가능한 한 모이지 않는 방향으로 기울어지기 쉽습니다. 그러므로 교회 집회에 있어서는 평신도가 교역자에게 끌려가는 편을 택하는 것이 좋습니다.

제가 몇 년 전 처음으로 제자훈련을 시작할 때 등록 교인은 고작 10~15명이었습니다. 그중 부인 5명을 데리고 제자훈련을 시작했는데 금요일 오전에 모이자고 했더니 어느 여집사 한 분이 이렇게 바쁜 세상에 정기집회에 나가는 것도 힘든데 어떻게 또 모이느냐고 약간 항의조로 이야기했습니다. 그때 저는 그 부인에게 한 달만 내 말에 순종해 와달라고 부탁했습니다. 한 달간 모여보고 그 모임이 유익하다고 생각되지 않으면 안 나와도 된다고 했습니다. 그 집사님은 한 달이 지난 후에도 그만두겠다는 말을 하지 않았습니다. 그리고 나중에는 이런 고백을 했습니다. "이렇게 모이기 전에는 제 신앙이 굉장히 좋은 줄 알았고, 성경 지식도 상당하다고 생각했는데 막상 모이고 보니 준비가

지독히 안 되어 있고 바탕이 연약한 사람이었습니다." 그러고는 처음에 모이지 말자고 한 자신의 경솔함을 용서해달라고 말했습니다. 사소한 예지만 중요한 교훈으로 삼을 수 있습니다. 그러므로 교회 집회의 빈도와 집회의 필요성에 관한 견해는 전적으로 교역자를 따르는 것이 바람직하다고 생각합니다.

셋째, 교인들이 자기 신앙 수준, 생활 여건, 받은 은사에 따라 자유롭게 선택하는 비정기모임을 다양화하는 것이 꼭 필요합니다. 비정기모임을 다양화하면 교인 참여도가 매우 높아지고 집회의 중요성을 별도로 가르치지 않아도 모이는 경력이 축적되면서 자연스럽게 모이는 일을 우선으로 생각합니다.

넷째, 정기 모임과 비정기 모임을 잘 조화해야 합니다. 정기 모임만 강조하고 비정기 모임은 대수롭지 않게 다룬다면 의식주의로 굳어버리기 쉽습니다. 이와 반대가 되면 무질서한 그룹 운동으로 변질할 위험이 있습니다. 그러므로 교회 지도자는 두 모임을 적절하게 조화해 교인들이 양면을 통해 만족할 만한 은혜를 얻을 수 있게 할 책임을 지는 것입니다.

끝으로, 집회 시간을 경제적으로 잘 관리해야 합니다. 모임이 7시에 시작해 9시에 마치게 되어 있는데 사전 약속을 무시하고 늦게 시작해 마치는 시간도 한두 시간씩 연장된다면 여러 면으로 좋지 못한 영향을 미칩니다. 교회 집회는 시간을 낭비한다는 인상을 남겨서는 안 됩니다. 교회 모임이 끝나면 즉시 이어지는 사회생활에 지장을 주지 않도록 시간 약속을 잘 지켜야 합니다. 교회가 이런 부분에서 신뢰를 줄 때 참여자들이 부담감을 느끼지 않고 기대를 가지고 모임에 나올 수 있습니다. 그리고 그런 모임은 참여자들의 사랑을 받습니다.

지금까지 저는 교회 지도자가 어떤 원칙에서 집회를 이끌어가야 하는가를 놓고 몇 가지 원칙을 제시했습니다. 이제는 교인들 편에서 필요하다고 생각되는 원칙을 제시하고 싶습니다.

첫째는, 교회가 지도하는 대로 순종해야 합니다. 집회에 관한 한 교회가 모이라고 할 때 비판하지 말고 순종하는 것이 좋습니다.

둘째로, 모이는 생활을 습관화해야 합니다. 좋은 습관을 지닌 신자와 나쁜 습관을 가진 신자는 그 차이가 대단히 큽니다.

셋째로, 우선순위를 세워야 합니다. 성도는 성도들의 모임을 우선적으로 생각해야 합니다. 계모임, 동창 모임, 아니면 수영, 에어로빅 등 여러 모임이 있고 그래서 시간적으로도 쫓기는 게 사실이지만 신자는 항상 성도가 모이는 일을 우선적으로 염두에 두고 스케줄을 짜야 합니다. 잦은 교회 모임을 불평하는 사람들은 대부분 우선권 문제가 해결되지 않은 상태임을 볼 수 있습니다.

넷째로, 생활의 균형이 깨지지 않도록 최선을 다해야 합니다. 교회 생활과 가정생활 가운데서 어느 한쪽을 선택하길 강요

받는 궁지에 몰리지 않도록 평소 부지런해야 하고, 시간을 나누어 써야 하고, 세심한 주의를 아끼지 않아야 합니다. 부지런한 자만이 교회 생활과 가정생활을 잘 조화시킬 수 있습니다.

마지막으로, 성경에서 가르치는 대로 모이기를 힘쓰는 성도가 되어야 합니다. 말세가 가까울수록, 주님이 오시는 그날이 가까움을 볼수록 모이기를 힘쓰는 것이 우리가 영적으로 끝까지 승리하는 비결입니다.

이 자리에 모인 형제, 자매들에게 성도의 모임을 통해 부어주시기로 작정한 하늘의 은총이 충만하기를 바랍니다. 그리고 누구보다 모이기에 힘쓰는 자만이 체험할 수 있는 은혜를 주님께서 모두에게 주시기를 빕니다.

●1983년 10월, 서울영동교회

옥한흠, 일상을 말하다

옥한흠, 일상을 말하다

초판 1쇄 발행 2021년 12월 27일

지은이 | 옥한흠
펴낸이 | 김윤정

편집 | 오아영
마케팅 | 김지수

펴낸곳 | 하온
출판등록 2021년 1월 26일(제2021-000050호)
주소 | 서울시 종로구 삼봉로 81, 두산위브파빌리온 442호
전화 | 02-739-8950
팩스 | 02-739-8951
메일 | ondopubl@naver.com
인스타그램 | @ondopubl